CHARLES MAURRAS

MES IDÉES POLITIQUES

ØMNIA VERITAS.

Charles Maurras
(1868-1952)

MES IDÉES POLITIQUES

1937

Publié par
Omnia Veritas LTD

www.omnia-veritas.com

AVANT-PROPOS

La politique naturelle

L'inégalité protectrice

L e petit poussin brise sa coquille et se met à courir. Peu de choses lui manque pour crier : "Je suis libre..." Mais le petit homme ?

Au petit homme, il manque tout. Bien avant de courir, il a besoin d'être tiré de sa mère, lavé, couvert, nourri. Avant que d'être instruit des premiers pas, des premiers mots, il doit être gardé de risques mortels. Le peu qu'il a d'instinct est impuissant à lui procurer les soins nécessaires, il faut qu'il les reçoive, tout ordonnés, d'autrui.

Il est né. Sa volonté n'est pas née, ni son action proprement dite. Il n'a pas dit *Je* ni *Moi*, et il en est fort loin, qu'un cercle de rapides actions prévenantes s'est dessiné autours de lui. Le petit homme presque inerte, qui périrait s'il affrontait la nature brute, est reçu dans l'enceinte d'une autre nature empressée, clémente et humaine : il ne vit que parce qu'il en est le petit citoyen.

Son existence a commencé par cet afflux de services extérieurs gratuits. Son compte s'ouvre par des libéralités dont il a le profit sans avoir pu les mériter, ni même y aider par une prière, il n'en a rien pu demander ni désirer, ses besoins ne lui sont pas révélés encore. Des années passeront avant que la mémoire et la raison acquises viennent lui proposer aucun débit compensateur. Cependant, à la première minute du premier jour, quand toute vie personnelle est fort étrangère à son corps, qui ressemble à celui d'une petite bête, il attire et concentre les fatigues d'un groupe dont il dépend autant que de sa mère lorsqu'il était enfermé dans son sein.

Cette activité sociale a donc pour premier caractère de ne comporter aucun degré de réciprocité. Elle est de sens unique, elle provient d'un même terme. Quand au terme que l'enfant figure, il est muet, *infans*, et dénué de liberté comme de pouvoir ; le groupe auquel il participe est parfaitement pur de toute égalité : aucun pacte possible, rien qui ressemble à un contrat. Ces accords moraux veulent que l'on soit deux. Le moral de l'un n'existe pas encore.

On ne saurait prendre acte en termes trop formels, ni assez admirer ce spectacle d'autorité pure, ce paysage de hiérarchie absolument net.

Ainsi, et non pas autrement, se configure au premier trait le rudiment de la société des hommes.

La nature de ce début est si lumineusement définie qu'il en résulte tout de suite cette grave conséquence, irrésistible, que personne ne s'est trompé autant que la philosophie des "immortels principes", quand elle décrit les commencements de la société humaine comme le fruit de conventions entre des gaillards tout, formés, pleins de vie consciente et libre, agissant sur le pied d'une espèce d'égalité, quasi pairs sinon pairs, et quasi contractants, pour conclure tel ou tel abandon d'une partie de leurs "droits" dans le dessein exprès de garantir le respect des autres.

Les faits mettent en pièce et en poudre ces rêveries. La Liberté en est imaginaire, l'Égalité postiche. Les choses ne se passent pas ainsi, elles n'amorcent même rien qui y ressemble et, se présentant de toute autre manière, le type régulier de tout ce qui se développera par la suite est essentiellement contraire à ce type-là. Tout joue et va jouer, agit et agira, décide et décidera, procède et procédera par des actions d'autorité et d'inégalité, contredisant, à angle droit, la falote hypothèse libérale et démocratique.

Supposons qu'il n'en soit pas ainsi et que l'hypothèse

égalitaire ait la moindre apparence. Imaginons, par impossible, le petit homme d'une heure ou d'un jour, accueilli, comme le voudrait la Doctrine, par le chœur de ses pairs, formé d'enfants d'une heure ou d'un jour. Que feront-ils autours de lui ? Il faut, il faut absolument, si l'on veut qu'il survive, que ce pygmée sans force soit environné de géants, dont la force soit employée pour lui, sans contrôle de lui, selon leur goût, selon leur cœur, en tout arbitraire, à la seule fin de l'empêcher de périr : Inégalité sans mesure et Nécessité sans réserve, ce sont les deux lois tutélaires dont il doit subir le génie, la puissance, pour son salut.

Ce n'est que moyennant cet Ordre (différencié comme tous les ordres) que le petit homme pourra réaliser ce type idéal du Progrès : *la croissance de son corps et de son esprit*.

Il grandira par la vertu de ces inégalités nécessaires.

Le mode d'arrivée du petit homme, les êtres qui l'attendent et l'accueil qu'ils lui font, situent l'avènement de la vie sociale fort en deçà de l'éclosion du moindre acte de volonté. Les racines du phénomène touchent des profondeurs de Physique mystérieuse.

Seulement, et ce nouveau point importe plus peut-être que le premier, cette Physique *archique* et *hiérarchique* n'a rien de farouche. Bien au rebours ! Bénigne et douce, charitable et généreuse, elle n'atteste aucun esprit d'antagonisme entre ceux qu'elle met en rapport : s'il n'y a pas eu l'ombre d'un traité de paix, c'est d'abord qu'il n'y a pas eu trace de guerre, de lutte pour la vie, entre l'arrivant et les recevants : c'est une entraide pour la vie qu'offre la Nature au petit hôte nu, affamé, éploré, qui n'a même pas en bouche une obole qui lui paye sa bienvenue. La Nature ne s'occupe que de le secourir. Il est en larmes, elle le caresse et le berce, et elle s'efforce de le faire sourire.

Dans un monde où les multitudes dolentes élèvent à longs cris des revendications *minima*, que ceux qui les entendent ne manquent pas de qualifier de calamiteux *maxima* , - en ce monde où tout est supposé devoir surgir de la contradiction d'intérêts aveugles et la bataille d'égoïsmes irréductibles, - voici quelque chose de tout autre et qu'on ne peut considérer comme hasard d'une rencontre ni accident d'une aventure ; voici la constance, la règle et la loi générale du premier jour : cette pluie de bienfaits sur le nouveau-né. Au mépris de tout équilibre juridique, on le fait manger sans qu'il ait travaillé ! On le force, oui, ont le force à accepter sans qu'il ait donné ! Si les mères répondent qu'il faut bien faire vivre ce qu'on a fait naître, leur sentiment n'est point à classer entre les durs axiomes du Juste, il procède du souple décret d'une Grâce. Ou, si l'on tient absolument à parler justice, celle-ci se confond certainement avec l'Amour. C'est ainsi ! Nulle vie humaine ne conduit son opération primordiale courante sans qu'on lui voit revêtir ces parures de la tendresse. Contrairement aux *grandes plaintes* du poète romantique, la *lettre sociale*, qui paraît *sur l'épaule nue*, n'est pas *écrite avec le fer*. On n'y voit que la marque des baisers et du lait : sa Fatalité se dévoile, il faut y reconnaître le visage d'une Faveur.

Mais le petit homme grandit : il continue dans la même voie royale du même bénéfice indû, littéralement *indu* ; il ne cesse de recevoir. Outre qu'on lui a inculqué une langue, parfois riche et savante, avec le grave héritage spirituel qu'elle apporte, une nouvelle moisson qu'il n'a point semée est récoltée de jour en jour : l'instruction, l'initiation et l'apprentissage.

La pure réceptivité de l'état naissant diminue selon que s'atténue la disproportion des forces entre son entourage et lui ; l'effort, devenu possible, lui est demandé ; la parole qu'on lui adresse, plus grave, peut se teinter de sévérité. Aux premières douceurs qui l'ont couvé, succède un mâle amour qui excite au labeur, le prescrit et le récompense. La contrainte est parfois employée contre lui, car le petit homme, plus docile, en un sens, l'est moins dans un autre : il se voit capable de se défendre, pour résister même à son vrai bien. Il doit peiner, et la peine peut lui coûter. Mais ce qu'il met du sien est largement couvert et compensé par la somme et par la valeur de gains nouveaux, - dont le compte approximatif ne peut être dressé ici qu'à moitié.

En effet, nous devons laisser de côté ce que le petit homme acquiert de plus précieux : l'éducation du caractère et le modelage du cœur. Ce chapitre, vaste et complexe, est infesté de sots, de fripons, d'effrontés, qui y gardent une certaine marge de chicane pour soutenir la basse thèse de l'enfant-roi et de l'enfant-dieu, de qui la sublime originalité serait violée par les parents, détournée par les maîtres, appauvrie ou enlaidie par l'éducation, alors qu'il est patent que ce dressage nécessaire limite l'égoïsme, adoucit une dureté et une cruauté animale, freine des passions folles et fait ainsi monter du " petit sauvage " le plus aimable, le plus frais et le plus charmant des êtres qui soient : l'adolescent, fille ou garçon, quand il est élevé est civilisé. La vérité se rit des sophismes les plus retors. Mais, parce que notre exposé de faits doit démontrer plutôt que décrire, il vaut mieux en négliger une belle part et couper aux longueurs d'un débat onéreux. Tenons-nous à l'indiscutable, au *sans réplique* : il nous suffit de la haute évidence des largesses unilatérales que le prédécesseur fait au successeur sur le plan de l'esprit. Là, l'enfant n'est pas suspect de pouvoir acheter d'une ligne ou compenser d'un point les immenses avoirs dont il a communication, tels qu'ils ont été capitalisés par son ascendance, et lourds de beaucoup plus de siècles qu'il n'a d'années. Son cercle nourricier étant ainsi devenu énergie et lumière est immensément élargi, et rien n'y apparaît qui puisse ressembler encore à aucun régime d'égalité contractuelle. Si l'on veut, un échange a lieu. Mais c'est celui de l'ignorance contre la Science, celui de l'inexpérience des sens, de la gaucherie des membres, de l'inculture des organes, contre l'enseignement des Arts et Métiers : véritable et pur don fait à l'enfant du prolétaire comme à l'enfant du propriétaire, don commun " au boursier " et à l'héritier, car le plus pauvre en a sa part ; en un sens, elle est infinie, ne comportant point de retour.

Ainsi nourri, accru, enrichi et orné, le petit homme a bien raison, alors, de prendre conscience de ce qu'il vaut et, s'il "se voit le bout du nez", d'estimer à leur prix les nouveautés brillantes dont il aspire à prendre l'initiative à son jour. Mais, jusqu'à la preuve faite, jusqu'à l'œuvre mise sur pied, il ne peut guère qu'accéder à l'heureux contenu des cornes d'abondance inclinées devant lui. Comme il s'est donné la peine de naître, tout au plus s'il doit se donner la peine de cueillir, pour se l'ingérer, le fruit d'or de la palme que le dieu inconnu fait parfois tomber à ses pieds.

Liberté "plus" Nécessité.

La croissance achevée, voici la seconde naissance. Du petit homme sort l'adulte. La conscience, l'intelligence, la volonté apparues, exercées, il se possède. C'est à son tour de vivre, son *moi* est en mesure de rendre à d'autres *moi* tout ou partie, ou le plus ou le moins, de ce qui lui fut adjugé sans aucune enchère.

Son effort personnel ressemble à celui de ses pères, il tend aux mêmes fins de mélancolie éternelle et d'universel mécontentement qui pousse tout mortel à essayer de changer la face du monde. Cela ne va jamais sans vertige ni griserie. Les étourdissements de la chaude jeunesse ne peuvent pas beaucoup contribuer à lui ouvrir les yeux sur la vérité de sa vie. Commençons par feindre de faire à peu près de même, et suivons notre jeune adulte dans le tourbillon de cette activité que le désir, l'exemple et leurs entraînements nouent, dénouent, stimulent, traversent.

L'éternel ouvrier se met donc à l'œuvre ; il fait et il défait, arrache et ajoute, détruit et reconstruit, à moins que, voyageur et médiateur, il ne trafique, achète, vende. Ainsi peut-il entrer dans tous les tours et retours de commandement et d'obéissance qui le font s'éprouver et parfois se connaître : constant ou non avec lui-même, fidèle ou non envers autrui, il ne peut manquer de prendre la hauteur de ses frères, supérieurs ou inférieurs, les dépassant, dépassé d'eux, selon sa valeur ou sa chance, mais rencontrant fort peu d'égaux bien qu'il lui soit usuel, commode et courtois de faire et dire comme s'ils l'étaient tous.

Ce qu'il peut reconnaître de véritable égalité entre les hommes qui se révèlent à lui ressemblerait plutôt à une chose qui serait *la* même chez tous. Comment se représenter cette identité ?

C'est un composé de science et de conscience : quelque chose de *même* qui porte les uns et les autres à voir, sentir, retenir, en tout objet, ce qui est aussi le *même*, invariable, invarié, fixé ; une faculté d'adhérer spontanément aux axiomes universels des nombres et des figures ; à se réfugier et à se reposer dans les perceptions ou les acquisitions immémoriales du bon sens et du sens moral ; la distinction du bien et du mal ; l'aptitude à choisir ou à refuser l'un et l'autre. Enfin, d'un mot, ce qui, avec des formes ou des intensité diverses, constitue, en son essentiel, le Personnel.

Pour en rendre l'idée plus claire, supposons l'architecte de la Cité de l'Âme ou son géomètre et dessinateur-arpenteur, occupé à délimiter, avec la plume ou le crayon, les vastes espaces vagues occupés et disputés par les sentiments, les passions, les images, les souvenirs, tous éléments divers d'énergie comme de valeur, qui son naturels à chaque homme : la courbe irrégulière dont il les cerne peut tendre à former un cercle ou un ovale ou toute autre figure, mais flottante, mobile, extensible, étant douée des élasticités de la vie. Or, voici qui va obliger le même praticien à se servir de son compas, et d'une ouverture constante, pour le rayon qui décrira un petit cercle concentrique à circonférence rigide : le cercle déterminera le réduit où tient, où s'accumule le trésor, le dépôt des biens spirituels et moraux dont la Raison et la Religion s'accordent à faire l'attribut de l'humanité. Tout homme, ayant cela, vaut tout autre homme, pour cela. Là siège donc l'impénétrable et l'inviolable, l'inaltérable, l'incoercible, le sacré. Les neuf dixièmes de l'Amour, qui sont physiques, reçoivent là leur mystérieux dernier dixième, demi-divin, étincelle qui l'éternise ou le tue. C'est le lieu réservé du plus haut point de nos natures. Et, comme il se répète tel quel en chacun des hommes les plus dissemblables, c'est leur mesure, enfin trouvée. Combien de fois ce mètre mental et moral pourra-t-il être reporté sur la stature et le volume des innombrables exemplaires réalisés de l'être humain ? L'intensité de leurs passions ! L'étendue de leurs besoins ! Leurs talents ! Leurs vigueur ! Leurs vices ! Celles de leurs vertus qui sont de source corporelle ou d'origine mixte ! Tout ce que la Personne associe et agrège de minéral, de végétal et d'animal, dans le socle vivant de son humanité !

De l'humaine expansion universelle émerge ce point de repère. Il ne faut pas penser que les modernes l'aient découvert. Sophocle et Térence l'ont bien connu. Les auditeurs de leur théâtre ne l'ignoraient point. Quelques abus que l'on fasse de certains de leurs textes, nos Anciens ne doutaient pas que la personnalité fût également présente dans l'esclave et dans le maître. Le petit serviteur platonicien portait en lui, comme Socrate, toute la géométrie. Ce qui ne veut point dire qu'il fût l'égal de Socrate ni considéré ni à considérer comme tel : autant eût valu soutenir que nous sommes tous égaux parce que nous avons tous un nez. Mais, que cette identité générale existe, qu'elle serve et puisse servir d'unité de rapport, *il suffit* : toute l'activité rationnelle et morale des hommes s'en trouve soumise à une *même législation*. Il est autre par ailleurs. Il est le même là. Que l'action personnelle tienne à la vie privée, qu'elle tienne à la vie sociale et politique, tout ce qu'elle a de *volontaire*, engagé au cadre des droits et des devoirs, tombe sous le critère du Juste et de l'Injuste, du Bien et du Mal.

Tel est le petit cercle, et sa juridiction. Il ne saurait l'étendre à toute la vivante forêt des actions inconscientes et involontaires qui recouvre et qui peuple toute la grande figure diffuse dont il est entouré. La mesure des lois morales ne peut suffire à la police de cette aire immense.

Voilà d'abord (ce qui n'est discuté par personne) la loi du corps : se couvrir pour ne pas s'enrhumer, s'appuyer pour ne pas tomber, se nourrir pour ne pas périr. Mais il doit exister d'autres lois. Un chœur de bienfaits collectifs s'est déjà imposé au naissant animal humain en vue de sa croissance physique et morale. Si grandir et mûrir l'émancipe des liens originels, ne va-t-il pas être soumis à d'autres conditions qui auront aussi leur degré de nécessité ? Il n'est point promis à la solitude. Il ne la supporterait pas. L'homme adulte, quelque trouble agitation qui l'emporte, et souvent par l'effet de ce trouble, ne cesse de subir un premier mouvement qui est de rechercher son semblable, pour se l'adjoindre ou se joindre à lui.

Or, prenons que, d'abord, il ne va pas lui proposer ou imposer quelque condition définie d'entente délibérée. Son mouvement sera *personnel*, tout à l'heure : il n'est encore qu'*individuel*.

Avant d'être électives, ses affinités ont été instinctives. Elles ont même commencé par être fortuites et confuses : souvent dues au concours des seules circonstances. L'enfant a déjà beaucoup joué, avec bien des compagnons (et les premiers venus) avant d'aller articuler le gentil "*voulez-vous jouer avec moi ?*" des jardins publics de nos grandes villes. L'habitude d'être ensemble s'est nouée toute seule ; cette *consuetudo* où la Morale antique vit un caractère de l'Amitié. Cela est resserré par les camaraderies de l'adolescence. Enfin, avec l'intelligence de la vie, les motifs d'ainsi faire apparaissent de plus en plus raisonnables et bons : *dès lors tout se passe,* on peut le dire hardiment, *comme si l'homme prenait conscience des avantages prodigieux que lui a valus sa fonction sociale innée et qu'il ait décidé de les accroître en imitant l'ouvrage de la Nature, non sans le renouveler par son art. Ainsi la créature de la Société* veut *à son tour inventer et créer l'Association.*

Dans la réalité, cela est moins net. Un jet incompressible de confiance initiale lui fait désirer et solliciter de son semblable le secours, le concours, ou les deux ensemble. Mais là, un instinct, non moins fort, engendre un mouvement inverse, un jet de défiance, qui conduit à désirer et solliciter des précautions et garanties dans l'usage de ce secours ou de ce concours. Soit par quelque coup de génie, soit par tâtonnements, il cherche et trouve comment éliminer de l'association ce qu'il en redoute : le risque de variation, le danger de perversion. Il cherche, il trouve comment associer à la durée la sécurité. Les clauses d'un Contrat vont s'ajouter à tous les biens de l'association désirée : qu'elles soient jurées ou non, orales ou non, écrites sur la brique ou sur la pierre, la peau de bête, le tronc d'arbre ou le papier, il y est fait mention de la foi des personnes qui décident enfin d'engager leur volontés libres selon leurs esprits conscients.

La première confiance dans l'association initiale ne peut étonner ; elle jaillit du sentiment d'un même destin de faiblesse et d'effort, de besoin et de lutte, de défense et de labeur. *À moi ! À l'aide ! Le coup d'épaule. Le coup de main.* Rien de plus naturel à l'homme : faible, il se trouve toujours trop seul ; fort, ne se sent jamais assez suivi ni servi. Aurait-il cherché si avidement le concours de ses semblables s'ils n'avaient été dissemblables, s'ils avaient tous été ses pairs, et si chacun lui eût ressemblé comme un nombre à un autre nombre ? Ce qu'il désirait en autrui était ce qu'il ne trouvait pas exactement de *même* en lui. L'inégalité des valeurs, la diversité des talents sont les complémentaires qui permirent et favorisèrent l'exercice de fonctions de plus en plus riches, de plus en plus puissantes. Cet ordre né de la différence des êtres engendra le succès et le progrès communs.

Quant à la méfiance entre associés, elle devait tenir, elle tient aux modes de collaboration : à l'embauche et à la débauche, à l'horaire, aux saisons, au plexus des conditions favorables et hostiles ; elle tient surtout aux produits qui résultent du travail en commun : ce sont des objets matériels, qu'il faut partager ; ils sont prédestinés aux réclamations continues que font naître tous les partages. L'associé se met en garde contre l'associé tout aussi spontanément qu'il peut l'être contre le pillard et le filou.

Si donc la nécessité impose la coopération, le risque de l'antagonisme ne sera jamais supprimé non plus : la surabondance des produits issus du machinisme ni fera rien. Dans l'abondance universelle, il y aura toujours du meilleur et du moins bon, les différences de qualité seront appréciées, désirées, disputées. Ce qui aura l'honneur et le bonheur d'apaiser les faims élémentaires, éveillera d'autres désirs, nombreux, ardents, entre lesquels renaîtra la contestation. L'histoire nous apprend que les guerres, étrangères ou intérieures, ne sont pas toutes nées de la pénurie. Les litiges civils ont aussi d'autres causes. Est-ce que les plus riches ne se disputent pas leur superflu ? On s'efforce de prévenir ce mal universel en le prévoyant ; on se règle, on se lie soi-même. Que le Contrat produise à son tour des difficultés, c'est la vie et son jeu d'intérêts passionnés. Les semences de guerre sont éternelles, comme les besoins et les volontés de la paix.

Il faut s'associer pour vivre. Pour bien vivre, il faut contracter. Comme si elle sortait d'un véritable élan physique, l'Association ressemble à un humble et pressant conseil de nos corps dont les misères s'entr'appellent. Le Contrat provient des spéculations délibérantes de l'esprit qui veut conférer la stabilité et l'identité de sa *personne* raisonnable aux changeantes humeurs de ce qui n'est pas lui. Pour illustrer la distinction, référons-nous aux causes qui conjoignent le couple naturel - puissantes, profondes, mouvantes comme l'amour, - et comparons-les à la raison distincte du pacte nuptial qui les rassemble et les sublime pour un foyer qui veut durer.

Nouée, scellée par le Contrat, l'Association mérite d'être tenue pour la merveille des chimies synthétiques de la nature humaine. Cette merveille, bien introuvable à l'origine des connexions sociales, naît à leur centre florissant, dont elle est le fruit. L'Association contractuelle a été précédée et fondée - et peut donc être soutenue - par tout ce qui a part à *"la constitution essentielle de l'humanité"* : il faut lui souhaiter de poser avec force sur les conglomérats préexistants, mi-naturels, mi-volontaires, que lui offre l'héritage gratuit de millénaires d'histoire heureuse, - foyers, villes, provinces, corporations, nations, religion.

Bref, le Contrat, instrument juridique du progrès social et politique, traduit les initiatives personnelles de l'homme qui veut créer à son tour des groupements nouveaux, qui soient au goût de sa pensée, à la mesure de ses besoins, pour la sauvegarde de ses intérêts : l'art, le métier, le jeu, la piété, la charité ; il suffit de songer à ces compagnies, à ces confréries, pour sentir combien la personne y peut multiplier la personne, l'humain passer l'humain, les promesses et les espoirs se féconder les unes les autres. Une action qui sait faire servir les constructions de la Nature à la volonté de l'Esprit confère à ses ouvrages une fermeté surhumaine.

Bien qu'on l'ait beaucoup dit, il ne faudrait point croire que l'Association volontaire ait fait un progrès particulier de nos jours.

Sa puissance s'est plutôt affaiblie, et la cause en est claire. Elle tient à la décadence de la personne et de la raison.

Le Moyen Âge a vécu du contrat d'association étendu à l'édifice entier de la vie. La foi du serment échangé d'homme à homme a présidé aux enchaînements de la multitude des services bilatéraux dont la vaste et profonde efficacité s'est fait sentir durant de longs siècles. Maître statut des volontés, l'engagement contractuel naissait à la charrue, s'imposait à l'épée et réglait le sceptre des rois. Mais cette noble mutualité juridique, vivifiée par la religion, était fortement enfoncée et comme entée sur le solide tronc des institutions naturelles : autorité, hiérarchie, propriété, communauté, liens personnels au sol, liens héréditaires du sang. Au lieu d'opposer l'Association à la Société, on les combinait l'une à l'autre. Sans quoi, le système eût rapidement dépéri, s'il fût jamais né.

Depuis, l'on s'efforce de faire croire à l'homme qu'il n'est vraiment tributaire ou bénéficiaire que d'engagements personnels : ainsi prétend-il tout régler d'un *je veux* ou *je ne veux pas*. Les créations impersonnelles de la Nature et de l'Histoire lui sont représentées comme très inférieures aux siennes. On lui fait réserver ses caractères de la convenance, de l'utilité et de la bonté à ce qu'il a tiré lui-même de l'industrie individuelle de son cerveau, du choix plus ou moins personnel de son cœur. Cependant est-ce lui qui, en naissant, s'est soustrait à la mort certaine ? Il a été saisi et sauvé par un état de choses qui l'attendait. Est-ce lui qui a inventé la discipline des sciences et des métiers à laquelle il emprunte si largement ? Il a reçu tout fait ces capitaux du genre humain. S'il ne se plaint pas de ces biens, il y songe trop peu et distingue de moins en moins tout ce qu'il doit encore en recevoir et en tirer.

Hérédité et volonté

Car cette haute source surhumaine n'est point tarie. Nous n'avons pas épuisé non plus le risque des malheurs auxquels est sujette toute vie d'homme, qu'elle ait six mois, vingt ou cent ans ! Après le froid, la faim, le dénuement, l'ignorance, bien d'autres adversités la menacent qui peuvent la vaincre ou dont elle peut triompher selon son courage, son intelligence et son art.

Cela dépend assez de l'homme. Il peut dérégler sa conduite d'après tels ou tels des principes improvisés qui viennent flatter son désir. Mais il peut aussi accorder une attention sérieuse aux usages et aux mœurs établis avant lui. Ce Coutumier a ses raisons, cette Raison est vérifiée par l'expérience.

Parce qu'il y a une Barbarie, prête à détruire et à rançonner les sociétés, - parce qu'elles enferment une Anarchie toujours disposée à les violenter, - parce qu'il se fait un mélange de Barbarie et d'Anarchie fort apte à ruiner et à rompre tous les contrats du travail social, - parce que ces deux menaces sont toujours en suspens, - il est arrivé à nos ancêtres de s'établir soldats et bons soldats, citoyens et bons citoyens, pour préserver leur paix, maintenir leurs foyers, et le résultat doit compter, puisque, sans lui, nous ne serions pas où nous sommes. La loi civile et militaire n'est point née d'une volonté arbitraire de législateur ni du caprice d'une domination. On a subi des nécessités fort distinctes en fondant des piliers de l'ordre. Il est conseillé de ne pas les ébranler en raison des maux qu'ils épargnent.

D'autres maux seraient épargnés, et de grands biens procurés, Si l'orgueil individuel était moins rétif à concevoir les conditions normales de l'effort humain, les lois de son succès, l'ordre de son progrès, tout ce code approximatif de la bonne fortune dont la

Nature semble avoir rédigé les articles dans un demi-jour un peu crépusculaire, mais où l'homme voit clair dès qu'il le veut bien. Ce qui l'a conservé est ce qui le conserve et qui le gardera. Ces procédures tutélaires devraient être un objet de son étude constante : elles permettraient de faire par science, en sachant ce qu'on fait, ce que l'on conçoit trop comme pure routine. Et de longues écoles en seraient raccourcies.

Le poète-philosophe Maurice Maeterlinck a beaucoup intéressé nos jeunes années quand il nous traduisit d'Emerson la fameuse parabole du charpentier qui se garde bien de placer au-dessus de sa tête la poutre qu'il veut équarrir : il la met entre ses pieds, pour que chacun de ses efforts soit multiplié par le poids des mondes et la force réunie du chœur des étoiles. Mais le charpentier peut être ivre, ou fou ; il peut s'être fait une idée fausse de la gravitation ou n'en avoir aucune idée s'il place en haut ce qu'il faut mettre en bas, la fatigue et l'épuisement lui viendront avant qu'il ait fait son travail, ou il y aura prodigué un temps excessif et un labeur sans mesure, en courant d'énormes risques de malfaçon. C'est ce qui arrive à l'homme qui néglige le concours bienfaisant des lois qui économiseraient son effort. Il VEUT tout tirer de son fond. Esprit borné, cœur vicié, il nie les vérités acquises pour suivre les chimères qu'il n'a même pas inventées.

Cependant, quelque chose de bon et de doux que nous n'avons pas nommé encore : *la Famille,* lui ayant ouvert les seules portes de sa vie, un conseil que fortifient son idée de l'honneur et le sens de sa dignité incline tout adulte civilisé à recommencer les établissements de cette providence terrestre. Mais c'est ce que beaucoup *veulent* contester aujourd'hui ! Tout récemment, nos Russes, abrutis ou pervertis par des Juifs allemands, avaient estimé que l'on pourrait trouver infiniment mieux que n'a fait la mère Nature en ce qui concerne la réception et l'éducation des enfants. L'épisode de leur naissance a toujours un peu humilié l'esprit novateur. Le libéralisme individualiste et le collectivisme démocratique sont également choqués, non sans logique, de voir que les enfants des travailleurs les plus conscients et les plus émancipés soient ainsi jetés dans la vie sans être consultés au préalable ni priés de se prononcer, par un vote, sur une aussi grave aventure. Ils ne pouvaient rien à cela : du moins nos Russes ont-ils voulu s'appliquer fermement à étatiser et à centraliser les foyers domestiques qui jusque-là, chez eux, comme ailleurs, formaient de petites républiques assez libres vivant par elles-mêmes, suivant la loi des morts, plus ou moins modifiée par la fantaisie des vivants. A ce système irrationnel, ils ont substitué des administrations, services et offices d'État. Forts du sentiment de leurs *pédologues,* inventeurs d'une science supérieure à la Pédagogie (qui, d'après eux, était insuffisamment marxiste, même parfois anti-marxiste) ils décrétèrent que l'enfant arraché aux parents le plus tôt possible serait donné aux crèches, garderies et jardins publics. Ce qui était le pis-aller d'autrefois devenait la règle nouvelle. L'enfant fut ensuite invité à se former lui-même par l'élection de ses maîtres et moniteurs. Grand progrès, qui fût malheureux ! Les petits Russes ont mal poussé. On a vu croître, en hordes errantes, une jeunesse infirme, malade, criminelle. On a dû en tuer beaucoup, et revenir à l'ancienne mode, en vérifiant ce principe que l'Antiphysique est plus cher et moins sûr que le Physique. Qui peut utiliser la chute d'eau, la marée et le vent, se dispense d'aller chercher dans les entrailles de la terre un combustible artificiel. En politique, les forces utilisables sont à portée de la main. Et de quelle puissance ! Dès que l'homme se met à travailler avec la Nature, l'effort est allégé et comme partagé. Le mouvement reprend tout seul. Le fils trouve tout simple de devenir père ; l'ancien nourrisson nourricier ; l'héritier entreprend de garder et d'augmenter l'héritage afin de le léguer à son tour ; le vieil élève élèvera. L'ancien apprenti sera maître ; l'ancien initié, initiateur. Tous les devoirs dont on a bénéficié sont inversés et reversés à des bénéficiaires nouveaux, par un mélange d'automatisme et de conscience auquel ont part les habitudes, les imitations, les sympathies, les antipathies, et dont il faut même se garder d'exclure les agréments de l'égoïsme, car ils ne sont pas en conflit obligatoire avec le bien social...

Mais Mirabeau est le seul révolutionnaire qui ait compris quelque chose à cela. La plupart font le rêve contraire : ils ont la rage de reconstruire le monde sur la pointe d'une pyramide de volontés désintéressées. Que les choses aiment mieux reposer sur une base spacieuse et naturelle, ils n'en supportent pas l'importune évidence.

Cependant, que dit la Nature ? Dans son ample conseil où toutes les ressources de la vie sont conviées et mises en action, rien ne prévaut sur le maintien et la protection du toit domestique, car c'est de là, palais royal ou simple cabane, que tout est sorti : travaux et arts, nations et civilisations. On n'a pas assez remarqué que, dans le Décalogue, le seul motif qui soit invoqué a l'appui d'un commandement affecte le IVème article : celui qui fonde la famille et que les Septante traduisent en ces termes frappants : *"Tu honoreras ton père et ta mère afin de vivre longuement sur cette bonne terre que le Seigneur Dieu t'a donnée."* Une vie particulièrement longue est-elle accordée, en fait, aux mortels qui ont observé cette règle ? On ne sait, mais il est certain que la longévité politique appartient aux nations qui s'y sont conformées. Aucun gouvernement heureux ne s'en est affranchi. On a tout vu, hormis cela. L'histoire et la géographie des peuples, étant fort variées, produisent des régimes dont la forme extérieure varie aussi mais, que le Pouvoir nominatif y soit unitaire ou plural, coopté, hérité, élu ou tiré au sort, les seuls gouvernements *qui vivent longuement,* les seuls qui soient prospères, sont, toujours et partout, publiquement fondés sur la forte prépondérance déférée à l'institution parentale. Pour les Dynasties cela va de soi. Mais les grandes Républiques, toutes celles qui ont surmonté et vaincu les âges, ont été des patriciats avoués Rome, Venise, Carthage. Celles qui désavouent ces principes de la Nature ne tardent pas à se désavouer elles-mêmes par la pratique d'un népotisme effréné, comme le fait notre République des Camarades qui est d'abord une *République de fils à papa*, de gendres et de neveux, de beaux-frères et de cousins.

Comme les familles sont inégales de forces et de biens, un préjugé peut accuser leur règne d'établir d'injustes inégalités de début entre les membres d'une même génération. Avant d'aborder ce reproche, regardons aux visages ceux qui le font. Ou ce sont des Juifs qui, depuis un siècle, doivent tout à la primauté de leur race, ou ce sont des suppôts de la Noblesse républicaine. Leur impudent oligarchisme secret, les bas profits qui en sont prélevés établissent quels mensonges enveloppe leur formule d'égalité. Mais ces mensonges montrent aussi qu'on ne détruit pas la Nature : avec des sangs inégaux, la Nature procrée des enfants sains ou infirmes, beaux ou laids, faibles ou puissants, et elle interdit aux parents de se désintéresser de leurs créatures en les laissant jouer, toutes seules, leur sort entier sur le tapis vert du concours ou de l'examen. Que le concours soit surveillé, que les épreuves de l'examen soient loyales, que tricherie et fraude soient sévèrement réprimées, ainsi l'exige la justice, et il faut le crier, car rien n'est plus certain. Mais il n'est pas certain du tout que la justice exige en toute chose le concours, ni que tout soit concours dans la vie. Rien ne prouve, non plus, que certaines faiblesses, avérées sur le champ de course, ne puissent être compensées ailleurs et que, enfin, le brevet du champion, le diplôme du *fort en thème* et de la bête à concours, soient les seuls titres sur lesquels il faille classer les humains.

Le tournoi et la joute sont de belles épreuves : la vie en contient d'autres, qui ne sont pas des jeux, et d'où la convention est absente. La valeur personnelle que l'on ne saurait trop cultiver a droit aux grandes places, on ne saurait trop l'y porter ; mais, en raison même de ce qu'est le mérite, il ne lui est ni très difficile ni même désagréable, au fond, de rattraper ou de dépasser, sur un terrain ou sur un autre, les titulaires d'autres valeurs non personnelles. En fait, le mérite personnel aura toujours le dernier mot. L'homme qui s'est fait lui-même en a reçu, avec un tempérament solide, une fierté robuste, un original quant-à-soi. L'homme qui tient de ses aïeux en garde aussi le juste orgueil. Quand ces puissances variées s'additionnent en un même sujet, c'est tant mieux pour lui et, plus encore, pour la collectivité. Quand elles rivalisent, cela est encore excellent. Quand elles luttent haineusement, c'est tant pis. Mais la haine est-elle fatale ?

La compétition, même la plus modérée, serait désastreuse s'il n'existait qu'un but au monde et si la vie n'offrait qu'un objectif aux désirs et aux ambitions ; si, surtout, la première place dans la société ou l'État devait être nécessairement dévolue au gagnant des gagnants, au lauréat des lauréats, l'épreuve des épreuves devant comporter la publique et suprême désignation du Meilleur ainsi appelé à régner en vertu de son numéro Un. Mais il n'en est rien. D'une part, les sociétés bien portantes et les États bien constitués ne mettent leur couronne ni à l'encan ni au concours et, pour le reste, dans l'extrême variété des emplois de la vie et des talents de l'homme, les conciliations, les équivalences, les accommodements possibles abondent. On dira que les conflits abondent aussi. Mais croit-on, en vérité, que la sélection artificielle des mérites personnels soit aussi dépourvue de frottements douloureux ? En laissant son empire "au plus digne" Alexandre le livrait aussi aux batailles de ses lieutenants qui le déchirèrent, comme de juste, au nom du sentiment de la dignité et de la supériorité de chacun. De pareils mots d'ordre étendus à toute la vie civile l'agitent et l'attristent. Cela finit par établir, parmi le peuple des coureurs, un degré d'émulation passionnée qui secrète une affreuse envie. La santé publique n'y gagne rien, le niveau général ne tarde pas à en subir des affaissements graduels : même dans les races les mieux douées, Démocratie finit en Médiocratie.

Tous les déclamateurs insisteront sur le dommage des dénivellements excessifs. En effet, trop perpétuées, les inégalités outrées peuvent tendre à capter une somme de biens qui seraient ainsi rendus inutiles et stériles. Cependant, rien n'est plus rare ni plus difficile que la durée des très grandes fortunes et, parvient-elle à se produire, elle implique souvent sa justification : surtout dans un pays actif et nerveux comme le nôtre, cette durée exige d'exceptionnelles vertus. À l'ordinaire, les vastes biens sont plus aisément réunis que conservés, conservés que transmis. Des puissances de dépossession et de transfert constant semblent attachées aux domaines très étendus dont l'apparence est la plus stable. La paresse et la dissipation sont filles de l'abondance excessive. Mais, de son côté, la pauvreté contient un aiguillon énergique et salubre, qui n'a qu'à poindre l'homme pour la faire disparaître elle-même assez rapidement. Ces compensations et oscillations naturelles, ont-elles pour objet final de faire régner un sage équilibre ? Toujours est-il que leur effet de modération et de tempérance n'est pas douteux. En quelque sens que tourne la roue de la fortune, elle tourne : les jalousies et les envies ne sont pas éternellement offusquées des mêmes objets.

L'erreur est de parler *justice* qui est vertu ou discipline des volontés, à propos de ces arrangements qui sont supérieurs (ou inférieurs) à toute convention volontaire des hommes. Quand le portefaix de la chanson marseillaise se plaint de n'être pas sorti "des braies d'un négociant ou d'un baron", sur qui va peser son reproche ? A qui peut aller son grief ? Dieu est trop haut, et la Nature indifférente.

Le même garçon aurait raison de se plaindre de n'avoir pas reçu le dû de son travail ou de subir quelque loi qui l'en dépouille ou qui l'empêche de le gagner. Telle est la zone où ce grand nom de justice a un sens.

Les iniquités à poursuivre, à châtier, à réprimer, sont fabriquées par la main de l'homme, et c'est sur elles que s'exerce le rôle normal d'un État politique dans une société qu'il veut juste. Et, bien qu'il ait, certes, lui, État, à observer les devoirs de la justice dans l'exercice de chacune de ses fonctions, ce n'est point par justice, mais en raison d'autres obligations qu'il doit viser, dans la faible mesure de ses pouvoirs, à modérer et à régler le jeu des forces individuelles ou collectives qui lui sont confiées.

Mais il ne peut gérer l'intérêt public qu'à la condition d'utiliser avec une passion lucide les ressorts variés de la nature sociale, tels qu'ils sont, tels qu'ils jouent, tels qu'ils rendent service. L'État doit se garder de prétendre à la tâche impossible de les réviser et de les changer ; c'est un mauvais prétexte que la "justice sociale" : elle est le petit nom de l'égalité. L'État politique doit éviter de s'attaquer aux infrastructures de l'état social qu'il ne peut pas atteindre et qu'il n'atteindra pas, mais contre lesquelles ses entreprises imbéciles peuvent causer de généreuses blessures à ses sujets et à lui-même.

Les griefs imaginaires élevés, au nom de l'égalité, contre une Nature des choses parfaitement irresponsable ont l'effet régulier de faire perdre de vue les torts, réels ceux-là, de responsables criminels : pillards, escrocs et flibustiers, qui sont les profiteurs de toutes les révolutions. Les spéculateurs qui écument l'épargne publique ne font jamais leur sale métier avec une impunité plus tranquille que lorsque les jalousies populaires sont artistement détournées contre la "richesse acquise" ou mobilisées contre les "deux cents familles". La Finance coupable excelle alors à faire payer en son lieu et place une Agriculture, une industrie, un Commerce fort innocents de conditions qui tiennent à leur état naturel.

Quant aux biens imaginaires attendus de l'Égalité, ils feront souffrir tout le monde. La démocratie, en les promettant, ne parvient qu'à priver injustement le corps social des biens réels qui sortiraient, je ne dis pas du *libre jeu,* mais du *bon usage* des inégalités naturelles pour le profit et pour le progrès de chacun.

Celui qui, pour l'égalité, supprime toute concentration de richesses, supprime aussi les réserves indispensables que doit requérir et mobiliser toute entreprise passant un peu l'ordinaire : il ne sert de rien de remplacer ces trésors privés par ceux de l'État, la décadence assurée et rapide de tous les États grevés d'une telle charge accuse l'insuffisance de ce moyen de remplacement.

Celui qui, pour l'égalité, supprime la transmission normale des biens qui n'ont pas été dévorés en une génération supprime aussi l'une des sources de cette concentration précieuse il supprime en outre tout ce qui compose et prolonge des capitaux moraux qui sont encore plus précieux. Des moyens d'éducation disparaissent : la tenue des mœurs, leur élégance, leur perfection, leur affinement. Barbare et triste système où tout est réduit aux mesures d'une vie d'homme ou de femme ! On rêve de n'atteindre que d'injustes privilèges personnels ? On se figure n'appauvrir que certaines classes comblées ? On dépouille la collectivité tout entière. Une heureuse succession de nappes d'influence superposées déversait un bienfait auquel les plus déshérités avaient part, surélevait l'état général du pays, y établissait une haute moyenne de culture et de politesse : et l'on fait sombrer tout cela dans la même grossièreté.

L'étranger qui nous visitait sous l'ancien régime admirait le français délicat, pur et fin, que parlaient de simples artisans du peuple de Paris. Leur langage réfléchissait comme une surface polie un ordre de distinction naturelle inhérent aux sociétés bien construites : *dispares ordines sane proprios bene constitutae civitatis,* comme la sagesse catholique le constate Si fortement...

Il n'est pas de bien social qui ne soit récolté dans le champ presque illimité des différences humaines. Mettons-y le niveau, et tout dépérit. On déshonore la Justice et l'on trahit ses intérêts en imposant son nom à la fumée qui sort de ces ruines.

La haineuse envie des grandeurs fait-elle préférer ces ruines ? Sachons du moins qu'elles ne seront pas évitées. La médiocrité ne dure pas parce qu'elle ne conserve et ne renouvelle rien, faute de générosité, de dévouement, de cœur. Les violences internationales toujours menaçantes, les érosions intérieures dues à la complaisance pour de basses erreurs viennent très vite à bout d'un pareil régime : elles le détruisent ou plutôt il s'y détruit. L'avenir humain veut pour défenseurs un certain héroïsme, une certaine chevalerie qui ne peut-être l'égal partage de tous. Les exceptions humaines sont indispensables à l'humanité. Si on les brime, elles déclinent, puis disparaissent, mais en emportant toute vie. Il faut des seigneuries fortes pour qu'il y ait des bourgeoisies prospères, des bourgeoisies prospères pour des métiers actifs et des arts florissants. Les têtes puissantes et généreuses font plus que la beauté et l'honneur du monde, elles en sont d'abord l'énergie et le salut.

Il ne faut pas laisser opprimer cette vérité. Il faut oser la dire, et le plus haut possible, et sans replier sur soi-même d'inutiles regards, mais en ne contemplant qu'elle, sa clarté, son bienfait. L'homme pauvre s'honorera en rendant justice à la richesse, d'abord en ce qu'elle *est,* puis Si elle est *bien* employée. L'homme sans aïeux ne fait que son devoir dans le juste éloge des capitalisations séculaires et du service historique et moral de l'hérédité. Cela n'ôtera rien de sa dignité ni de sa fierté, mais justifiera son mépris pour l'aboiement de chiens dont le métier est de penser en chiens : ces polémistes de l'anarchie expriment une idée digne d'eux quand ils prétendent que les relations humaines sont nécessairement tendues et aigries par l'expérience des inégalités ; elles le sont bien plus par la proclamation d'égalités qui n'existent point. On connaît des enfants qui ne souffrent point de ne pas égaler la stature de leurs parents. On connaît des serviteurs et des maîtres entre lesquels la claire différence des fonctions établit la plus simple des familiarités, une sorte de parenté. Si la désirable fraternité des hommes voulait qu'ils fussent égaux, cette vertu ne pourrait unir les frères de chair puisqu'il existe des aînés et des cadets. Mais de supérieur à inférieur, comme d'inférieur à supérieur, la déférence, le respect, l'intérêt, l'affection, la gratitude sont des sentiments qui montent et descendent facilement les degrés de l'échelle immémoriale ; la Nature n'y met aucun obstacle réel. Elle y invite même, par la diversité des services offerts, sollicités, rendus. Tel est le dialogue du vieillard et du jeune homme. Telle est la conversation du maître et du disciple. Rien n'est plus cordial que le rapport des hommes et des chefs dans une bonne armée. Au surplus, la juste fierté de certains, l'arrogance insupportable de certains autres auraient-elles sujet de souffrir ou de faire souffrir ? Ces erreurs, ces passions et ces amertumes seront, malgré tout, moins cruelles que les effets constants du mythe forcené d'un égalitarisme impossible, quand il aiguise, consolide et perpétue ces antagonismes fortuits que la vie, en vivant, le vent des choses, en soufflant, allégerait, dissiperait, modifierait ou guérirait.

Le mal du monde est aussi naturel que le bien, mais le mal naturel est multiplié par le rêve, par le système, par les artificieux excitants de la démocratie. Au fond, si enviables que soient les grandeurs sociales, le sentiment des infériorités personnelles reste le plus cuisant de tous, pour qui interroge la vérité des cœurs. *Batte, opprobre de la montagne sacrée*, souffre incomparablement plus de n'être ni Moréas ni Racine que le pire égalitaire de n'être pas né Rothschild ou Montmorency. Se savoir idiot près de Mistral, de Barrès ou d'Anatole France est autrement dur que de vivre en petits bourgeois dans le même quartier que M. de Villars.

Au surplus, rien n'oblige de subir la moindre injustice. Il ne s'agit point de plier sous aucun tyran. L'obsession de *l'abus* possible fait oublier que sa répression est possible aussi. Quelles que soient les Puissances, il y a d'autres Puissances près d'elles, il y a un Pouvoir. Ce Pouvoir souverain a pour fonction première de frapper les Grands quand ils sont fautifs.

On n'admettra point cette vue, on la rejettera même à priori Si l'on garde sa confiance au lieu commun révolutionnaire qui suppose une inimitié essentielle entre les gouvernants et les gouvernés. Cependant leurs intérêts sont communs. Et le plus fort de tous est l'intérêt de la justice que l'un "rend", que l'autre réclame. La justice contre les Grands est peut-être la plus fréquente, sinon la plus facile, quand le Souverain, constitué sainement, ne repose ni sur l'élection ni sur l'Argent, mais fonde, lui aussi, sur l'Hérédité. *Sans* un tel pouvoir, l'impunité est assurée, comme la prépondérance, aux mauvais acquéreurs, possesseurs, successeurs des biens de fortune. *Avec* le pouvoir héréditaire, les abus sociaux sont jugés et corrigés par le bon exercice du principe dont ils se prévalent indûment ; le châtiment qu'ils en reçoivent est le plus légitime, le plus sensible, le plus courant et le plus efficace : toute la pratique de la Monarchie française le montre.

Le gouvernement des familles, si mal compris, est le plus progressif de tous. Au milieu du XIXème siècle, un révolutionnaire français de passage à Londres, s'indignait du spectacle que donnait et que donne encore, dans cette prétendue *democracy* l'institution d'une pairie héréditaire très richement dotée. Un marchand de la Cité lui répondit " *Vous auriez raison peut-être , Monsieur, pour tel ou tel membre de la Chambre Haute car Sa Grâce une Telle est connue pour son étroitesse d'esprit. Telle autre pour son ignorance crasse. Une troisième ou quatrième pour son ivrognerie. Et cela vaut certaines pertes sèches à notre communauté. Mais que la cinquième ou la dixième*

soit un sujet distingué et digne de son rang (ce qui se voit aussi)
sa position native va le mettre en mesure de nous rembourser, au
centuple, ce que tous les autres auront pu nous coûter. "

Il n'est rien de plus pratiquement vrai.

Une communauté ainsi organisée possède, en effet, sans
révolution, ni désordre, ni passe-droit, dans l'ordre et dans le
droit, des cadres assurés d'être renouvelés et rafraîchis par un
personnel brillant, supérieurement instruit et préparé aux grands
emplois qu'il peut exercer dans la première vigueur de l'âge.
Parce qu'il était fils de Philippe, Alexandre avait conquis le
monde avant que le démagogue Jules César y eût même pensé,
bien qu'il fût né dans le haut patriciat de sa République. Par le
système de la vieille France, le génie vainqueur de Rocroy put se
révéler à vingt ans. Un pays de droit héréditaire est toujours
approvisionné de "jeunes ministres" et non pas une fois tous les
demi-siècles à la faveur d'indignes aventures telles que notre
Panama en 1892, ou notre Front populaire en 1937 : sauf de tels
accidents, notre démocratie a mérité son sobriquet de Règne des
Vieux.

Le rendement des dynasties n'est donc pas fait pour un parti
ni pour un monde. C'est le bien de tous évident. Et l'intérêt du
petit peuple y est le plus engagé. D'abord, même à supposer que
les élites commencent toujours par se servir égoïstement elles-
mêmes, l'élite viagère a les dents plus longues que l'autre, elle
est forte consommatrice et accapareuse : il lui manque, disait
Renan, cette habitude de certains avantages et de certains plaisirs
sur lesquels est "blasé" "l'homme de qualité". Cette avide
prélibation de parvenus sans mœurs peut réduire d'autant la
maigre part du populaire. En outre, la mauvaise gestion
démocratique, son organisation défectueuse, son personnel
inférieur doivent ramener périodiquement, à intervalles de plus
en plus brefs, les calamités qui retombent le plus lourdement sur
les têtes des moins favorisés. Les Français ont été envahis six fois
depuis l'aurore de ce beau régime cela représente bien des
maisons détruites, des pendules et des machines volées, des

femmes enlevées et des filles violées. Plus sont fortes les crises de révolution et de guerre, plus les "petits" en souffrent, alors que les "gros" se débrouillent. S'il existe un souverain intérêt pour la classe la plus modeste de la nation, c'est bien la paix de l'ordre, la transmission régulière de ses pauvres avoirs, à proportion même de leur faible volume : cette classe éprouve un besoin particulier de ne pas se trouver sans ressources à l'heure solennelle, mais critique par excellence, qui est celle des grands et terribles frais que l'arrivée du petit homme doit lui coûter.

Là, en effet, se montre et va briller la vertu magnifique du capital, et du plus humble. Tout ce qui peut diminuer cette première mise autour du berceau est en horreur à la Nature de la société. Mais tout ce qui en conserve et accroît la réserve scelle les accords de l'humain et du surhumain. On pleure sur la dénatalité, sur la dépopulation. A-t-on assez songé à l'importance de ce petit capital domestique, dûment décentralisé, établi à courte distance des berceaux ? Toute la vie nouvelle dépend de là pourtant !

- Mais vous parlez de capital près du berceau du petit homme ? De tous les petits hommes alors ?
- Bien sûr.
- Et de tous les berceaux ?
- De tous !... À condition que vous n'alliez pas chercher équerre, mètre et fil à plomb pour me chanter : "de tous également".
- Bah ! Pourquoi pas ?

- L'avez-vous déjà oublié ? L'égalité ferait tout fondre, et personne n'aurait plus rien.

De la volonté politique pure

On est donc menacé de n'avoir bientôt plus rien dans les tristes pays où les fondements naturels de la politique sont durablement remplacés par ces absurdes inventions d'Étatisme égalitaire et de prétendu Volontarisme populaire, qui, pour être un peu moins folles qu'en Russie, ne peuvent résister longtemps à l'aggravation naturelle du poids de leur insanité.

Nos aïeux, même les moins sages, ne s'étaient rien figuré de tel. Nos neveux, s'ils en réchappent, n'y voudront pas croire. C'était déjà l'avis d'Edgar Poe, il y a cent ans, lorsqu'il écrivait l'admirable "Parabole des chiens de prairie". Eh ! quoi, fait-il dire à la postérité ahurie, *les vieux Américains se gouvernaient eux-mêmes ? Pas possible ! "Ils avaient donc en tête cette idée, la plus drôle du monde, que tous les hommes pouvaient naître libres et égaux."*

Mais cela ne dura que "jusqu'au jour où un individu nommé Mob (ou Popu) établit un despotisme auprès duquel celui d'Elagabal était un paradis. Ce Popu (un étranger soit dit en passant) était, dit-on, le plus odieux de tous les hommes qui aient jamais encombré la terre. Il était insolent, rapace, corrompu. Il avait la nature d'un géant, il avait le cou d'un chameau avec le cœur d'une hyène et la cervelle d'un paon. Il finit par mourir d'un excès de sa propre fureur, qui l'épuisa."

Rendus contemporains de ces incroyables sottise, gouvernés par ces *insolences,* ces *rapacités,* cette *corruption,* nous sommes même un peu happés par l'animal géant, ce Mob ou ce Popu, sans cœur ni cervelle, appelé à crever de ses colères de dindon... Mais nous sommes aussi dédommagés de cette honte par le spectacle merveilleux de son absurdité, élevée à la perfection.

Des gens qui ont souscrit et fait souscrire un programme dont ils ne peuvent dénier les difficultés profondes, ni les complications inouïes, ont la chance de s'accorder sur la façon de le réaliser.

- Des milliers, et des milliers de voix, auront à dire je veux. Et ce qu'elles auront ainsi voulu sera. Il suffira que ces majorités désignent des exécuteurs : cela sera exécuté.
- Même l'impossible ?

- Surtout l'impossible.

La lune ! On n'a qu'à demander la lune. Des mains dociles iront la cueillir dans le ciel. On en fera descendre, tout semblablement, la Justice et l'Égalité en calligraphiant leurs noms à l'encre rouge sur un papier à tranches d'or.

À peine désignés, les pauvres exécuteurs de ces volontés mirifiques sentent pleuvoir tout le contraire des promesses qu'ils ont jurées. Leurs mandants s'en doutent à peine. Mais, peu à peu, les évidences se font jour. *Ce qui ne peut pas être* refuse d'être. Ce qui doit être, ce que produit l'antécédent qu'on a posé, suit le cours de sa conséquence. On voulait la paix, mais en désarmant : de tous côtés éclatent les fatalités de la guerre, on doit se mettre à réarmer. On annonçait l'abondance : il faut rogner la monnaie. Les salaires ont monté, mais les prix aussi ; il faut que les salaires montent encore : comment monteront-ils Si l'on n'a plus d'argent pour les payer ?

La Démocratie accourt, les yeux bandés, au cimetière. Mais elle y mène, et c'est moins gai.

Comment s'en est-on si peu douté ! On laisse trop dire et écrire qu'elle est trahie par l'expérience de ses erreurs. Elle est trahie par elle-même. N'eût-elle jamais été mise à l'essai, tout esprit net dut lui refuser tout avenir, comme toute raison, du moment qu'elle s'offrit et se définit. Jeune et distrait, un André Chénier put avoir besoin de voir à l'œuvre les *hideux scélérats* les *bourreaux barbouilleurs de lois ;* les Rivarol ont vu tout de suite ce que ce serait : il était idiot de croire qu'un grand peuple pût marcher la tête en bas ; idiot, qu'il fût gouverné par ce qu'il y avait de vain et de vil en lui ; idiot, que les moins directement intéressés à son bien y eussent légalement le plus d'influence par leur nombre, leurs factions, leurs passions.

Toute bonne cervelle de 1789 pouvait voir briller aux purs flambeaux des Droits de l'Homme l'embrasement qu'ils annonçaient et déduire de là, effet proche ou lointain, quelque chose qui devait ressembler au Régicide, aux longues guerres, à Trafalgar, à Leipzig, à Waterloo, à Sedan, à la dépopulation, et la décadence, à tous nos reculs généraux, non sans y distinguer, claire et nette, leur qualité essentielle de produits naturels de la démocratie politique.

De même, les bonnes cervelles de 1848 et 1871 n'avaient besoin de vieillir d'un demi-siècle ni d'un siècle : de la démocratie sociale, elles virent sortir, comme le fruit de la fleur, la commune destruction des Capitaux et du Travail qui les engendre ou les reproduit.

La démocratie dans l'État ne pouvait que ruiner l'État. La démocratie dans l'Atelier et dans l'Usine devait ruiner l'Usine et l'Atelier.

Cela était d'autant plus sûr que la démocratie se donnait carrière en une heure de la vie du monde qui lui apportait un moyen facile d'exploiter une tragique confusion.

La question ouvrière et la démocratie sociale

À peu près du même âge que notre Révolution, la grande industrie avait apporté, en naissant, un énorme contingent de biens nouveaux, mais aussi un déséquilibre qui n'a pas été vu tout de suite.

Les capitaines d'industrie qui présidèrent à l'essor sans précédent de toute l'immense machinerie que renouvelait la vapeur, étaient de bons esprits, hardis et pratiques : le fait est qu'ils n'ont pas senti quel renouvellement moral devait accompagner le changement matériel obtenu. On dit qu'ils étaient sans entrailles. Ils avaient des entrailles comme vous et moi. L'explication doit être ailleurs.

La grande nouveauté de l'usine moderne, ce vaste rouage inhumain, comportait un ouvrier sans attaches, véritable nomade garé dans un désert d'hommes, avec un salaire qui, même élevé, variait trop, ne lui assurait aucune défense économique sérieuse, son sort "ne dépendant plus de son effort et de sa prévoyance, mais d'accidents dont il n'était pas maître" ; sa faculté de débattre les conditions de travail, limitée par les conditions de sa vie, le refus du travail, qu'il vînt de lui ou de l'employeur, pouvait le réduire à la mort sans phrase. Ni propriété, ni statut professionnel, point de garantie d'avenir. Aucune liberté réelle. Dès lors, quel que fût, à l'origine, son sentiment patriotique, ou son sentiment social, comment empêcher l'ouvrier de devenir agent et jouet des révolutions ?

Son premier réflexe de défense a été normal : il a eu recours à la procédure éternelle de l'homme. C'est en se serrant à ses semblables, en leur promettant de les soutenir s'ils le soutenaient, qu'il s'est appliqué à changer sa faiblesse en force ; il s'est associé ; par-là, il s'est efforcé de débattre avec les Puissants dont il avait besoin, mais qui avaient besoin de lui, les clauses d'un contrat plus libre et moins onéreux. Ce qu'il nomme d'un mot affreux la "solidarité de classe", dans son expression absolue, ne traduit pas la réalité, les mêmes classes pouvant avoir des intérêts très différents. Une certaine communauté était nécessaire à sa vie : ce n'était pas la classe, mais la classe a paru correspondre à cette nécessité.

On ne revoit pas sans horreur ni pitié ce qui a été dit et fait contre les plus légitimes des associations, depuis ce décret Le Chapelier, rendu en 1791, qui nie en propres termes les "prétendus intérêts communs" du travail, au nom de la démocratie politique et de son individualisme contractuel !

Les conséquences furent amères.

Elles le furent d'autant plus que le législateur du XIXème siècle a mis plus de temps à reconnaître le besoin élémentaire du monde ouvrier. Le préjugé juridique a soutenu et couvert tout ce qu'il a pu y avoir d'inintelligence, d'esprit de lucre ou d'autoritarisme injustifié dans la résistance de certains employeurs.

Au fond, le mal a été accru et il a duré, parce que l'employeur, le législateur et l'ouvrier vivaient tous trois dans la même erreur politique : tous trois estimaient être (ou devoir être) une Liberté et une Égalité ambulantes. Leurs droits se formulaient de manière identique. Naturellement, chacun les entendait à sa façon. Si le plus faible dénonçait quelque énorme inégalité réelle, le plus fort répondait que l'égalité serait au contraire satisfaite et parfaite, Si chacun s'appliquait à faire exactement ce à quoi il s'engageait. Jamais les termes d'une question, à ce point viciés, ne l'ont plus éloignée de tout espoir de solution. Il ne pouvait sortir de là qu'une anarchie barbare, car ses causes venaient également *d'en haut, d'en bas* et du *milieu,* milieu constitué par les Palais officiels de la législature démocratique.

De ces Palais ont ruisselé les lois qui accentuèrent l'antagonisme et poussèrent à l'extrême une guerre plus que civile. Leur Gouvernement de Partis trouvait un auxiliaire à souhait dans la lutte des classes, ses factions, ses intrigues, ses trafics et ses sursauts toujours renaissants : sur des points de France où n'existait aucune grande industrie, mais où il y avait des classes comme partout, on a vu le socialisme confectionné de pied en cap, dans un bureau de préfecture, pour le plaisir d'un candidat. Sur d'autres points, la démocratie sociale n'avait pas besoin de propulseurs officiels : elle trouvait toutes ses facilités dans les lois et dans les absences de lois pour envahir et agiter les malheureux milieux ouvriers. M. de Roux a raconté comment la législation du travail a été entreprise à reculons par le Second Empire et continuée de même par la République. La manière dont fut réprouvée en 1884 l'idée de syndicats mixtes de patrons et d'ouvriers nous renseigne sur la pensée et l'arrière-pensée du législateur ! Ces unions nécessaires étaient encore reléguées *"dans l'avenir"* par M. Millerand en 1904, quand l'idée juste de la coopération générale commençait à se faire jour...

Il est légitime de dire que, dans la même période disgraciée, les chefs, les maîtres, les patrons tentaient souvent avec succès de beaux ouvrages de philanthropie et de charité. La série de leurs fondations généreuses a été couronnée, assez récemment, ces caisses de sursalaire familial qui leur font le même honneur que les belles œuvres des jardins ouvriers à la collaboration bénévole de certains groupes religieux. Néanmoins, les grands patrons n'abordaient guère que l'accessoire de la vie ouvrière, ils furent vainement adjurés, par La Tour du Pin et son école, de considérer l'essentiel.

Ils avaient dans la tête tout ce qu'il fallait pour n'y rien comprendre. Le mouvement révolutionnaire du XVIIIème siècle n'avait pu établir en France aucun ordre viable par la faute de ses idées directrices. Ces idées lui ont survécu. Elles sont purement négatives. Qu'elles soient ingérées à dose massive ou infinitésimale, elles ont la seule vertu de critiquer et d'insurger, non de composer, non d'organiser. Il y eut un ancien régime, il n'y a pas de régime nouveau, il n'y a qu'un état d'esprit tendant à empêcher ce régime de naître[1]. La Tour du Pin avait affaire à un obstacle mental et moral plus fort que la passion et même que l'intérêt.

Pauvre bourgeoisie française ! Sans être toute radicale, comme son législateur orthodoxe, ni socialiste, comme l'ouvrier syndiqué, cette bourgeoisie professe et pratique une dilution du démocratisme révolutionnaire. S'ils en avaient la tête libre, les employeurs ne se tiendraient pas à des œuvres de bienfaisance.

Ils auraient certes engagé et poursuivi, dans de meilleures conditions, leur propre organisation syndicale, mais ces groupes de défense une fois établis, leur situation était assez claire pour leur révéler qu'il n'y avait là que des formations de combat pour la paix sociale, il fallait les compléter par une initiative puissante qui rompît avec les étroitesses de l'individualisme, en surmontât les timidités et rénovât les hiérarchies de l'accord.

---

[1] Cf. *Trois idées politiques*, *Chateaubriand, Michelet, Sainte-Beuve.*

Était-il difficile de comprendre la nécessité d'une association générale qui réunît tous les facteurs humains de la production ? Non certes pour nier telles puissantes divergences d'intérêt, traduites en querelles farouches Mais pour prendre, de haut, une vue nette et claire de convergences non moins fortes créées par l'immense intérêt commun, - l'objet de leur travail, - le principe de leur vie à tous !

Car, de l'humble, fût-il très humble, au plus puissant, fût-il très puissant, cette communauté des intérêts peut et doit modérer les contradictions et remettre les oppositions à leur place, qui est subordonnée. L'ouvrier du Fer croit avoir un intérêt absolu à imposer le plus haut salaire possible et le patron du Fer à le refouler aussi bas que possible, mais tous deux ont le même intérêt, et plus fort, bien plus fort, à ce que leur *partie* commune, le travail du Fer, subsiste et qu'il soit florissant.

D'autant plus que l'économie industrielle ne joue point dans le vaste cadre de la planète ! La planète n'est pas *"un"* atelier, comme l'ont prétendu les Say. Le cadre réel de l'économie, c'est la Nation. Si telle grève ouvrière a fait annuler les commandes étrangères reçues par les patrons français, ces commandes sont transférées à des industries d'outre-Manche ou d'outre-Rhin, et nos patrons ne sont pas seuls à en souffrir : le travail qu'ils ont ainsi perdu l'a été aussi pour nos ouvriers. Les uns sont privés de bénéfices, les autres de salaires. Si la grève de nos mines oblige à importer du charbon, salaires et bénéfices, perdus chez nous, sont regagnés à l'Étranger sur nous. Bref, ouvriers français, patrons français, nous perdons, et gagnons ensemble : toute guerre des syndicats patronaux et ouvriers rencontre sa limite nécessaire dans l'intelligence de leur sort commun, soumis au commun dénominateur national. Que la discipline en soit méconnue ou masquée, cela peut être l'effet accidentel des événements, des systèmes et de leurs conflits ; il n'en est pas moins prodigieux que, ni du premier étage patronal, ni du rez-de-chaussée ouvrier, personne n'ait élevé, avec le ton et l'éclat de voix qu'il fallait, un cri naturel de pitié, de salut et de paix.

Comment l'un ou l'autre des intéressés ou chacun d'eux n'a-t-il point dit, redit :

- Si nous devons lutter entre nous, ne luttons que jusqu'au point où la lutte deviendrait mortelle, où il devient vital de suspendre les hostilités pour nous aider et nous réunir. En admettant que nos unions classe aient eu ou gardent leur raison d'être, complétons-les par des unions de métier. À ces vastes classements horizontaux des patrons, des techniciens, des employés et des ouvriers, comparables aux bandes de la latitude terrestre ajoutons des classements verticaux pour communiquer entre nous, pour organiser nos contacts continus, pour régler ces échanges de vues normales que réclament la nature et l'objet de nos industries : fuseaux de longitude sociale trouant et traversant les épaisses couches stratifiées de l'antipathie et de l'ignorance mutuelle pour les communs labeurs de l'économie du pays. Nos divisions conduisent à la ruine totale de la Maison française. Il faut associer ses forces qui convergent. Associons sans exception depuis les plus simples manœuvres, les suprêmes grands chefs, leurs collaborateurs de tous rangs, et, dans la vérité de la vie nationale, assurons-nous les occasions et les moyens de débattre l'ensemble et le détail de nos intérêts ! Cet organisme latéral doit devenir, soit aisément, soit difficilement, mais très sûrement, fraternel. Pourquoi pas ? L'Union du Syndicat est étroite et directe, elle le restera. Il peut y avoir une autre union large et durable aussi, comparable à ces unions territoriales qui rassemblent pauvres et riches, dirigeants et dirigés, dans le corps et le cœur d'une même patrie. Ce sera la Corporation.

Cette perspective vaut bien un armistice intérieur. Admettons qu'il n'y ait d'abord qu'une trêve, et courte. Soit ! Après avoir traité une fois, on traiterait deux et trois fois. Puis on viendrait à causer de bonne amitié et la guerre impie cesserait d'être endémique, systématique. Les conditions de paix sociale seraient discernables. Entre membres du même corps, rien ne prouve que les guerres seules soient naturelles. Les entraides le sont aussi. Pourquoi ceux qui peuvent travailler ensemble pour extraire la houille ou souffler des bouteilles ne pourraient-ils pas s'appliquer ensemble à régler leurs difficultés ?

Le grand mal de l'ouvrier moderne tient au manque de sécurité ? Il n'a rien qui lui soit propre, qui assure son avenir ? Des types spéciaux de propriétés peuvent être réalisés pour lui la propriété morale de sa profession, analogue à celle du grade pour l'officier ; la propriété patrimoniale commune déjà existante (trop peu) dans le Syndicat, et qui peut être étendue à la Corporation, où, par efforts bilatéraux conjugués, elle servira de symbole et de lien au concours permanent de tous les facteurs moraux de la même industrie auprès du bien syndical et du bien corporatif devront encore naître des propriétés de famille, afin d'ajouter plus de fixité et de durée à un ordre consolidé. Ainsi disparaîtra le prolétariat. Ainsi, le travailleur cessera de flotter dans un milieu étranger. Il sera le citoyen, le bourgeois d'une Cité. Une bourgeoisie ouvrière peut et doit continuer le développement des vieilles bourgeoisies paysannes, industrielles, commerciales et "INCORPORER" l'ouvrier à la société, selon le vœu d'Auguste Comte. Encore une fois, pourquoi pas ?... Tout cela s'est vu. Nous ne faisons pas d'hypothèses dans les espaces. Les hommes ont souvent tenté de vivre ainsi, non sans réussites, aussi fameuses que variées. Leur Histoire exprime leur Nature elle n'est point défavorable à ce concordat empirique et, dans le cas nouveau, la science et la puissance de l'homme moderne remettent dans ses mains des instruments d'une efficacité nouvelle, pour créer des états de bien-être et de vie facile plus complets, plus étendus et meilleurs qu'autrefois. Pourquoi ne pas reprendre en le renouvelant ce qui a réussi ? Cela ne peut pas échouer, si l'on s'y donne, encore une fois, tête et cœur !

Pourquoi ? Et pourquoi et comment cet appel n'a-t-il pas été lancé ? Ou, quand il l'a été, comment n'a-t-il pas été entendu et n'a-t-il pu franchir les limites de la petite province occupée par le groupe avancé des pionniers de La Tour du Pin ? Qu'est-ce qui empêcha patrons et ouvriers de recueillir ces voix perdues et de leur faire un juste écho ?

Personne, semble-t-il, ne pouvait refuser son attention aux départs de cette espérance : comment ou pourquoi y répugnait-on ? S'il y avait des négociations délicates à conduire, qui pouvait hésiter à les ouvrir ?

Qui pouvait en rejeter, en principe, l'examen ? Qui ?

La Démocratie.

Elle seule, mais son action est présente partout.

La démocratie occupe l'État législateur par son gouvernement divisé et diviseur. La démocratie travaille, menace, obsède et paralyse son patronat.

La démocratie excite et agite son prolétariat.

Face au programme de réformes qu'on vient de lire et qui tend à la paix, la démocratie a rédigé le sien, qui tend à la guerre. Maîtresse d'une vaste portion du monde ouvrier, elle y a pour ainsi dire *soumissionné* une entreprise du type guerrier, tel que le postule sa pensée la plus générale *soumettre toute chose à l'établissement de l'égalité ; pour égaliser, désorganiser.*

Le Nombre démocratique vise à construire une société formée d'unités égales, qui ne peuvent pas exister. Le Nombre démocratique vise ainsi à détruire la société fondée sur des groupes inégaux seuls capables de vie et qui existent seuls.

La démocratie est guerrière. Elle fait battre les partis politiques, en émettant la paradoxale promesse de tirer un état stable et paisible de la bataille indéfinie, que prescrivent sa Constitution et sa Loi ; elle prétend ordonner et organiser le travail en allumant entre les divers facteurs du travail un système régulier d'inextinguibles inimitiés.

Mais, un jour où l'autre, la démocratie sociale fait comme la démocratie politique elle finit par avouer qu'il ne s'agit ni de paix ni de traité. Elle fera la guerre jusqu'à ce que la guerre cesse faute de combattants, le combattant non prolétaire étant éliminé par une dictature du prolétariat qui ravisse à tout ce qui n'est pas prolétaire le pouvoir politique, la puissance économique et, sans doute, comme en Russie, la vie elle-même, tous les biens du défunt étant alors destinés à une répartition présumée égale par la mise en commun des moyens de leur production.

Cette mise en commun vaudra ce qu'elle vaudra, car ou bien l'outil tombera des mains de l'ouvrier, ou, comme en Russie encore, il produira des biens variables et inégaux, selon sa force, son application, son habileté, son savoir. Le "droit" égal ne tiendra pas longtemps devant le "fait" de l'extrême, de l'infinie inégalité physique et morale des coopérants-copartageants. On peut parler avec le sourire de la très improbable durée des effets de cette improbable répartition égalitaire. Hors de Russie, où l'épreuve est faîte, ce n'est qu'un avenir posé sur les genoux des dieux ! Dans la démocratie sociale, l'actuel, le vivant, n'est pas là. Sa vie consiste essentiellement dans sa passion, qui n'a rien de social ni d'économique, passion toute politique et morale, ou, si l'on préfère, impolitique et immorale car elle pousse violemment nation et civilisation à leur chute finale, par une "lutte finale" sans merci, - sa passion de l'égalité.

Pour entretenir cette lutte, les politiciens de la démocratie sociale, habillés en docteurs, se sont appliqués à la justifier. Le temps a beaucoup dégradé leurs premiers arguments. Il n'est plus possible de soutenir, comme il y a soixante-dix ans, que les riches deviennent toujours plus riches et les pauvres toujours plus pauvres. Le cours des choses nous a valu d'autres malheurs non celui-là. Dans l'enrichissement du monde, une épargne généralisée, les diffusions de la richesse mobilière, la fiscalité au service des non possédants et au détriment des autres, la division et la spoliation des héritages, l'avilissement de la propriété rurale, ont dessiné une ou plusieurs évolutions toutes différentes de celle qu'annonçait la fausse "loi d'airain". Sauf des crises de chômage dues à des accidents locaux et temporaires, presque tous politiques, on vit en travaillant, et nul n'est réduit à l'extrémité quarante-huiteuse de mourir en combattant.

On a vu décliner et faiblir de même un autre illustre moyen de justifier de sanglantes prédications. Nulle loi de l'histoire universelle ne dévoue les classes à se combattre incessamment. Cela s'est vu. Parfois. Souvent. À certaines époques. En certains lieux comptés, déterminés. Le combat des riches et des pauvres est un épisode final des régimes démocratiques. Mais ce régime n'est ni perpétuel, ni universel, le conflit des classes n'est pas assez étendu, ni assez important pour expliquer au présent, au passé, au futur, toute la marche du genre humain, ni même pour donner la clef de ses principales démarches. Cette loi est imaginaire. Elle est fausse. Et elle a empêché de distinguer la vraie. Car, tout autrement grave et étendu a été l'autre antagonisme tout différent, qui se produit de façon immanente, non pas de classe à classe, mais à l'intérieur d'une classe, - toujours la même, - celle qui dirige ou domine Aristocratie ou bourgeoisie.

Ici ou là, peuple maigre, peuple gras peuvent se chamailler un temps. Partout le peuple gras s'est fait la guerre à lui-même. Partout et dans tous les temps, il suffit que s'élèvent de grandes maisons, les voilà aux prises : l'univers des oligarchies est une Vérone éternelle que ses Montaigus et ses Capulets se disputent avec une constante fureur. On n'y voit de paix que par la force, et qui vient du dehors, sauf dans les circonstances extrêmement rares qui ont permis la naissance des Patriciats impériaux de l'histoire. Qu'elles soient de l'Or, du Sang ou de l'Intelligence, les élites ont cette propriété de se déchirer jusqu'à ce que mort s'ensuive. La *lutte des classes* ne saurait expliquer la continuelle bataille intestine que se livre cette classe. C'est au contraire sa propre bataille, la bataille interne des patriciats, qui suscite l'action des plèbes contre elle-même ces soulèvements sont presque toujours conduits par des patriciens déserteurs de leur classe et animés contre leurs pairs des rancunes féroces que leur guerre de frères a déjà semées ou stimulées. Les Gracques étaient la fleur du patriciat de Rome. Le dernier dictateur populaire, Jules César, descendait d'Iule, d'Énée, de Vénus. Cela s'était montré dans Clisthène et dans Périclès. Cela se retrouve dans tous nos Rois des Halles, dans tous nos Mirabeau. Cela se continue sous nos yeux dans tout ce mauvais petit peuple de ploutocrates démagogues, d'avocaillons radicaux, socialistes et communistes, nés de bourgeois et de bourgeoises que leurs convoitises et leurs jalousies de bourgeois ont mobilisés contre leur bourgeoisie.

Ainsi considérées, les luttes des classes paraissent beaucoup moins spontanées qu'elles n'en ont l'air : l'initiative leur vient d'ailleurs et elle accuse un fréquent caractère d'artifice politique très pur...

Et puis, *les classes ! Les classes !* La très petite chose en comparaison du grand fait de nature et d'histoire qui ne fût jamais né sans un accord supérieur entre les classes : général, total, consistant, résistant, - les *Nations !*

Et c'est au nom du pauvre mythe de la lutte des classes qu'on rêve de démembrer cette organisation verticale des Nations au profit d'une alliance horizontale et internationale de Classes ! Ne disons pas : pot de terre contre pot de fer. Disons : simple pot de rêve ! On n'a réussi à créer aucune Internationale. Celle qui existait avant la guerre de 1914 s'y est brisé ! Après la guerre, on en a fondé deux, trois, quatre, autant dire : point. Au seul endroit où l'on en ait vu l'ombre, en Russie, ce qui s'est fondé l'a été d'abord par la nation juive dans le cadre d'une autre nation organisée, dans les frontières d'un empire préexistant, et ce monstre n'a pas cessé d'évoluer vers la restauration du National, du Militaire, et, ce qui est encore plus significatif, il s'est mis à décimer les initiateurs de sa Révolution, à emprisonner et massacrer tant qu'il a pu ses Juifs, seul et unique ciment de l'Internationale. Puis est venu le Panslavisme. Puis le Panrussisme. Regardons chez nous, même histoire. À peine installé au gouvernement, un petit ramas de Juifs, socialistes et communistes, impose les dépenses militaires auxquelles leurs journaux n'avaient cessé de s'opposer depuis cinquante ans et pour lesquelles leurs députés n'avaient jamais voté un centime ; quand il s'est agi d'expliquer la palinodie, leurs rhéteurs s'intitulent un "Gouvernement national" - "dans le sens élevé du mot".

Les antinationaux confessent ainsi que les Nations correspondent à des nécessités de nature qui sont autrement fortes que tous leurs bavardages, puisqu'elles les emportent et les roulent, eux qui refusaient de les accepter.

Il n'y a rien qui soit plus sérieux dans les autres formules par lesquelles la démocratie sociale tente d'excuser sa pernicieuse bataille. Ces formules, qui n'ont d'abord rien de social, sont les monotones mots d'ordre de politiciens révolutionnaires en faveur de l'utopie de l'égalité. On y condamne, pour immoralité, le profit : dès lors la pure obéissance au Devoir ou le pur Amour seront-ils les anges du travailleur ? C'est qu'on espère qu'ainsi il travaillera peu, ne s'appliquera pas, ne fera point d'épargne, ne se perfectionnera pas, bref ne sortira pas de sa classe et restera rivé, solidement rivé, au sentiment de l'éternité de son mal : les bonnes aigreurs, les utiles colères, les profitables envies continueront de fermenter pour les politiciens qui en tirent leur gagne-pain. Lassalle voulait apprendre à l'ouvrier qu'il était malheureux. Ses successeurs tiennent à le rendre tel.

Par les mêmes mots d'ordre, le travail de l'ouvrier ne doit qu'être rémunéré aux pièces qu'il produit, mais soumis à la mesure du temps qu'il y donne. C'est absurde ? C'est absurde pour l'homme, qui en est la victime, pour l'industrie qui y perd liberté et qualité, pour la nation, dont c'est la ruine. Mais la raison démocratique est satisfaite d'élever une difficulté de plus contre l'ouvrier qui voudrait mettre le pied sur l'échelon supérieur du métier ou de l'art. On neutralise ainsi ou l'on atténue ses qualités personnelles, son habileté spéciale, tout ce qui peut lui valoir quelque promotion à l'autorité et à la fortune. Ces évasions lui sont moralement interdites. Le seul exutoire permis est donc la politique. Par le syndicat, la tribune, le journal, des camarades pourront devenir conseillers municipaux ou généraux, députés, sénateurs, ministres, présidents mais patrons, non, jamais. On leur enseigne que c'est impossible. On a soin d'ajouter que ce serait suspect. Lorsque, par hasard, ce qui ne doit pas arriver arrive, quand l'ouvrier passé maître devient directeur et capitaliste, il est étiqueté transfuge ; il se voit inculpé d'une sorte de trahison. Ce qui n'empêche point, comme cela s'est vu dans le Nord, qu'un grief bizarre sera fait à ses enfants et petits-enfants de ce qu'ils ne sont pas sortis de la cuisse de Jupiter : - *Vos grands-parents ont été vus dans la mine ou près du métier...* Ils eurent donc moyen de quitter leur rang de damnés de la terre ? de grimper au mât social ? d'y décrocher une timbale ? La loi des choses est donc un peu moins inhumaine que vous ne le disiez ?

Sur ces observations cent fois faites, notre folle jeunesse aimait à répéter que *le socialisme n'est pas socialiste.* Non. *Mais il est bien démocratique.* Car ce qu'il est et ce qu'il fait ne peut tendre qu'à multiplier ou compliquer les obstacles matériels au règlement *social* de la question *ouvrière.* Telle est la fonction de la démocratie sociale. Tel est son métier. Il lui faut maintenir la guerre sociale : sa guerre. Elle exclut par définition tout régime corporatif, car c'est un régime de paix. L'ouvrier qui en est tenté est un renégat ; le patron qui y incline, un hâbleur. Pourquoi ? Parce que la différence des valeurs, des étages et des conditions n'est pas contestée en régime corporatif. La corporation viole le principe essentiel, non d'un socialisme logique et honnête, mais de l'égalité.

Pour la même raison devra être proscrite la maxime de coopération sociale articulée par Auguste Comte, que jadis admirèrent et pratiquèrent les "nobles prolétaires" de son obédience : *"Protection des forts aux faibles, dévouement des faibles aux forts."* Les anciens corporatistes du Livre passaient pour avouer ce principe. Ils semblaient même penser avec un pape *"qu'il n'est pas d'homme si riche qui n'ait besoin d'un autre ; qu'il n'est pas d'homme si pauvre qui ne puisse en quelque chose être utile à autrui*[2]*".* En ces temps pastoraux le Socialisme revêtait une forme humaine, que la démocratie ne dénaturait pas.

- Il se faut entraider, c'est la loi de nature.
- Pas d'entraide

---

[2] Léon XIII.

Et, surtout, pas de *loi de nature* !

La démocratie sociale prêche un égalitarisme contre nature d'après lequel le fort doit insulter au faible, et le faible haïr le fort.

La même volonté de nourrir cette haine, pour perpétuer ce combat frappera de la même diffamation tout don gratuit qu'inspirerait au patronat sa religion ou sa bonté. L'ouvrier a le devoir de refuser ces dons, c'est affaire de *dignité*. Comme s'il pouvait être indigne de recevoir de bon cœur ce qui est offert de bonne grâce ! Mais le donateur éventuel doit toujours être considéré en voleur. Voleur double et triple : il vole la Société (dans ses plus-values), il vole le travailleur (dans son profit), il vole la démocratie (dans l'arrêt de la lutte). Et ce voleur de choix n'a même pas le droit de se repentir, ni de restituer, sinon au percepteur, au gendarme et à l'émeutier ! Toutes les œuvres dues à la bonne volonté patronale sont qualifiées *"paternalistes"* ; flétrissure qui marque une hostilité radicale à toute extension et à tout développement de la magistrature du père de famille dans la vie sociale. Ne trouvez-vous pas que ce vocabulaire d'inimitié va loin ? il trahit bien l'opposition logique des docteurs de la démocratie au premier arrangement social qui entoure de générosités mouvantes le petit homme-roi dès la minute et la seconde de son avènement.

Leur école entière doit se mettre en bataille contre tout ce que le Système de la Nature peut comporter de propice et de bienveillant. Au dogme roussien de la bonté originelle du cœur de l'homme, s'ajoute ici la conviction frénétique d'une méchanceté foncière du Monde et de la Vie : l'un et l'autre doivent être tenus pour dressés et hérissés contre le genre humain. Le fond de leur doctrine équivaudra au dénigrement régulier, à la calomnie générale de l'Être. Ces maîtres nomment loi des choses ce que bâcle et décrète leur artifice hostile, intéressé : ne leur faut-il pas que le plus fort paraisse nécessairement conduit à s'arroger, partout et toujours, tout profit ? ne faut-il pas que le plus faible semble perdre, partout et toujours, au jeu de la vie ? Mais si cela est vrai, comment le petit homme nouveau-né obtient-il, *gratis pro Deo*, l'accès immédiat à ce qui lui est nécessaire dans le capital ambiant ?

Les démocrates libéraux radotent. Ils prétendent ou sous-entendent qu'il suffit de laisser faire les éléments aux prises pour en voir jaillir la solution excellente, ou la moins mauvaise possible. Les lois du monde ne sont pas si douces ! Toutes nous administrent des effets aussi souvent rigoureux que délicieux. Mais leur ordre constant n'est pas ennemi de l'homme, et l'homme a la vertu d'extraire le bien de ce qui peut d'abord lui faire du mal. Cette noble industrie de nos courages et de nos esprits vaut mieux que les diatribes ou les jérémiades et surtout que le dogme de fatales plaintes perpétuelles sur d'inguérissables malheurs. L'effort humain est dur. Sa peine méritoire doit être fermement constatée, comme son succès, face à l'arrogante satisfaction qui gonfle un optimisme aveugle, borné, cruel, toujours vaincu. Ni les démocrates libéraux, ni les démocrates sociaux, ceux-ci pleurant, ceux-là riant, ne parviennent à légitimer leur monisme simpliste qui leur fait oublier une moitié des choses. Les uns ni les autres n'entendent rien à la dualité profonde qui semble le rythme ordinaire et extraordinaire de l'univers.

Ainsi, quand on se laisse aller au cours des idées-mères, est-on entraîné à des généralités presque extérieures à la Physique des sociétés. Mais les faits prochains concordent très suffisamment à révéler la cause politique lumineuse, essentielle, des conflits sociaux auxquels nous assistons en démocratie !

Quiconque perd de vue cette lumière est voué aux pires méprises. On entend tous les jours blâmer le Communisme et il est fort à blâmer. On s'en prend au Socialisme, et le Socialisme est, à juste titre, répréhensible. Mais ce qui est essentiellement à reprendre en eux est un point qui leur est commun, et le même point induit un troisième parti, le parti radical libéral, à son Étatisme, animé du même esprit de répartition égalitaire et non moins ennemi de l'homme que les deux autres systèmes : dans les trois cas la même aspiration au nivellement fait nier ou fait combattre, en les faisant haïr, tous les apaisements naturels et positifs, donc inégaux de forme et de matière, qui *peuvent* être proposés, étudiés et obtenus.

Dans les trois cas, à des degrés de crédulités variées, éclate cette foi que nulle vie ne puisse être heureusement ni honorablement vécue que par l'égalité. Mais, tôt ou tard, éclate l'évidence du fond unique de la triple erreur générale qui jette dupes et victimes au fanatique préjugé d'une bataille sans issue.

C'est que le grand mal ne vient pas du Communisme, ni du Socialisme, ni de l'Étatisme prétendu radical, mais de la démocratie. Ôtez la démocratie, un communisme non égalitaire peut prendre des développements utiles, à la lueur d'expériences passées : les biens communaux ont été plus fréquents dans la vieille France que dans la nouvelle ; de même, les communautés possédantes ; le cénobitisme des congrégations religieuses a poussé à l'extrême divers modes de possessions non appropriées, mais que dominait le détachement des biens matériels et non la fureur de l'égalité dans la répartition ou la jouissance. Pour la même raison, un Socialisme non égalitaire conformerait son système de propriétés syndicales et corporatives à la nature des choses, non à des utopismes artificieux. Un Étatisme non égalitaire peut avoir les mêmes vertus... Quoi ! l'État ! - Oui l'État ! Mais quel État ? Non l'État de la démocratie, simple pillage universel, où chacun se rue et dont personne ne retire que des débris. L'État du bien public peut concevoir telle ou telle entreprise déterminée qui l'intérêt national justifie. Quand Louis XIV fondait les Gobelins, nulle maxime ne l'astreignait à généraliser le système, ni à le prolonger s'il eût été trop onéreux. Il usait de la puissance de l'État, sans s'astreindre à nul étatisme.

Dans toute tentative de régler la question sociale, l'ablation préalable de la démocratie s'impose exactement comme les précautions de l'asepsie dans le traitement d'une plaie.

Avec le *morbus democraticus* disparaîtra le scandale régulier du patronage et du stimulant que donne l'État à tous les moindres cas d'antagonisme social, aux plus superficiels, aux plus artificiels que sa loi veut étendre et envenimer à plaisir. Délivrées des idées, des sentiments, des factions de la démocratie, les bonnes volontés existantes recouvreront la liberté de leur mouvement, les esprits cesseront de subir de systématiques tensions ; les animosités artificielles, nées à l'instigation des politiciens, pourront tomber, s'atténuer et composer. Les arrangements désirables ont licence de se conclure ou de s'élaborer. Ce qui n'est point fatal mais possible, LE BIEN, s'essaiera et se poursuivra ; parfois, il se fera.

Ce pronostic n'est pas nouveau. On savait ce que l'on disait voilà déjà quarante ans[3] quand on ramassait l'expérience de ses aînés et ses réflexions personnelles dans la double maxime *que la démocratie est le mal, la démocratie est la mort.* Seulement cette mort devient tragique, ses prodromes s'annoncent cruels. Partout où le travailleur est induit à désorganiser et à briser ce dont il devrait vivre, l'absurdité du procédé, plus ou moins connue et sentie, crée des mélancolies, des amertumes ou des colères. Le sens, l'esprit de ce régime contre nature ont fini par faire surgir, chez nous, tout comme en Russie et en Espagne, des états de passion fanatique assez nouveaux, définis par un goût poignant du carnage pour le carnage, souvent suivi de désirs d'anéantissement qui ne s'accordent point mal avec les tendances au suicide et à la stérilité. La race et les êtres s'abandonnent du même élan que les cœurs irrités.

La Nature de l'Être social et vivant, que le Niveau défie, est ainsi détestée. Elle est haïe et poursuivie jusque dans les merveilles par lesquelles l'homme éphémère tente de se survivre. Les hordes qui psalmodient *"du passé faisons table rase"*, après avoir vidé les armoires et brûlé les greniers, mettent à sac tout ce dont le génie, les arts et la science ont voulu décorer l'avenir vu en rêve ; statues, tableaux et monuments tombent sous la hache

---

[3] Dès avant *l'Enquête sur la Monarchie.*

et sous le marteau.

Ces frénésies peuvent surprendre, en ce qu'elles marquent un âge de subversions exceptionnelles, mais aussi en ce que leur épidémie a quelque chose d'étranger à notre Occident. Ce dernier point est le plus grave : toutes les fortes crises modernes ont un caractère oriental ; bibliques par leur esprit ou juives par leur personnel au XVIème siècle, la Réforme allemande, la Réforme anglaise, la Réforme française, puis, aux XVIIIème et XIXème siècles, les trois révolutions de la France, entre la Terreur et la Commune, enfin, au XXème, les convulsions de Moscou, de Bude, de Madrid et de Barcelone montrent ce même trait, plus ou moins vif, mais foncier, elles expriment soit un hébraïsme intellectuel, soit les actes d'Hébreux de chair et d'os. Cela n'est douteux ni pour Luther, ni pour Knox, ni pour Calvin, ni pour Jean-Jacques, ni pour Marx, ni pour Trotsky, ni pour leurs disciples russes, hongrois ou ibériens. Un spectateur désintéressé, M. Henri Béraud, écrit à un ami juif : "Peut-on se rappeler sans frémir que le premier chambardeur de la Russie s'appelle Kerensky ; que la chambardeuse de l'Allemagne s'appelle Rosa Luxembourg ; que le chambardeur de la Bavière s'appelle Kurt Eisner ; que le chambardeur de l'Autriche s'appelle Otto Bauer ; que le chambardeur de la Hongrie s'appelle Bela Kun ; que le chambardeur de l'Italie s'appelle Claudio Trèves et que le chambardeur de la Catalogne s'appelle Moise Rosenberg " et que tous *"ont un maître unique, Marx ?"* Agitateurs ou idéologues, ou les uns et les autres, attestent la même pression violente de l'Orient sémite sur un Occident qu'elle dénationalise avant de le démoraliser. Ce messianisme de Juifs charnels, porté au paroxysme par sa démence égalitaire, prescrivant de véritables sacrifices humains, a tout osé pour imposer une foi absurde et, quand vient l'heure du désespoir inéluctable, l'énergumène juif casse tout.

Mais il ne faut pas oublier qu'en avant du brutal éclat juif, une patiente politique, non moins juive, avait agi en profondeur par voie d'érosion. Les deux travaux s'expliquent l'un par l'autre, se complètent l'un l'autre, l'Évolution a savamment préparé la Révolution, et cela fait comprendre le mot-limite de Joseph de

Maistre : SATAN.

Où vont les français ?

Cependant, les Démocraties dépérissent sur bien des points ; presque partout, la Révolution est vaincue, vaincue avec l'amour du mal et de la mort, par ces ardentes faims de vivre qui animent l'Etre réel ; le Marxisme russe lui-même paraît fléchir, il compose avec la même sorte de nationalisme russe : les Français ont quelque peine à comprendre que leur pays puisse rester exposé à tant de menaces.

La France a été la première des nations à subir aveuglément un mal qu'elle appela son bien, mais la première aussi à l'analyser, pour lui rendre tous ses tristes noms véritables. La Renaissance française des idées de salut a rayonné sur le monde comment n'a-t-elle pas donné, pratiquement, son effet politique et social par toute l'étendue de notre pays ?

Ne minimisons pas ses effets. Dès la fin du XVIIIème siècle, les plus hautes leçons de politique naturelle ayant été émises chez nous, les progrès de leur influence n'ont pas cessé. Elle est allée en s'étendant et en s'approfondissant. *"Tout ce qui pense dans la mesure où il pense"* en terre française, s'est naturellement mis à penser contre la mort de la Société et contre la mort de l'État.

Encore eût-il fallu que cette pensée pût se diffuser. Dans un pays où les idées eussent circulé sans contrôle, *l'afflux* de la lumière aurait été irrésistible : catholique et positiviste de la Restauration, historiens du Second Empire et de la Troisième République, avaient achevé d'élaborer un corps de doctrines sans réplique. On n'y a jamais répliqué. Mais l'intérêt hostile a réussi à fabriquer de bons écrans ou de fermes barrages pour en arrêter la marche ou la ralentir. *"Moyens matériels"*, dont Auguste Comte, mort en 1857, pouvait déjà se plaindre avec justice[4]. La

---

[4] Ces moyens matériels sont devenus, en 1944-1945, les massacres, les vols,

vérité se heurte à la consigne d'un État électif : à la merci des votes, il ne peut négliger de se défendre dans la tête et le cœur des votants.

Par-là, un curieux divorce s'est produit et accru, depuis une trentaine d'années, entre les groupes populaires les plus assujettis à l'État et toute la partie de l'intelligence de la Nation qui, plus libre, a pu et su examiner les idées reçues en matière d'histoire, de morale et de philosophie politique. Cette réaction, même claire et forte dans l'Enseignement d'État aux degrés secondaire et supérieur : les professeurs de lycée ou de faculté y prennent une large part en raison de l'indépendance naturelle de leurs fonctions. Mais l'école primaire y est restée presque complètement étrangère, et l'on peut même dire qu'elle y demeure soustraite : elle ne connaît à peu près rien de ce vaste mouvement critique. Son personnel, formé dans une espèce de bercail, ou de séminaire laïque, intitulé École Normale d'instituteurs, est dressé pour une sorte de sacerdoce et d'apostolat en faveur de l'héritage idéal de la Révolution. Ses livres du maître, ses manuels d'étude y retardent d'un demi-siècle. Toutes les corrections déterminées par des esprits aussi laïques et aussi libres que Renan ou Fustel ou Taine ou Bainville en sont écartées avec soin. La Contre-Révolution spontanée qui a rayonné de France dans l'Europe et le monde s'est arrêtée au seuil des quatre-vingt-dix maisons chargées de maintenir, département par département, une Dogmatique ignorantine, alimentaire, officielle. Par ces nouveaux lévites, la "masse" du peuple conserve, malgré tout, un vague conformisme aux Nuées. Des idées méprisables et périmées, des institutions criminelles continuent d'être étiquetées le pain et le vin d'un progrès continu. L'instituteur le dit, le petit élève le croit. Sans doute, bien souvent, un généreux oubli postscolaire fait justice de ces faux biens. Souvent, bien heureusement, non toujours.

Après la petite école, la petite presse est pareillement aux

---

l'emprisonnement. (Note de 1952).

ordres du même Dogme intéressé. Cette presse a pour fonction d'exploiter, en faveur de la démocratie, un curieux lot de quiproquos, nés de plats calembours. Notre vieux peuple a les mœurs de l'indépendance. Il se tournait jadis vers le Roi par horreur de l'oppression, qu'elle fût cléricale, seigneuriale ou bourgeoise. Pas plus aujourd'hui qu'hier, l'oppression politicienne ne peut l'enchanter. Il réagit contre elle partout où il la sent. C'est pourquoi l'on s'applique à l'empêcher de la sentir. Et le succès du narcotique n'est pas nul. Mais, là encore, non toujours, il arrive que la vertu des mots ne pare pas à tout. Elle s'épuise même. La Liberté ? Soit, mais de qui ? Celle des escroqueurs de l'épargne publique ? La Liberté de quoi ? Celle d'escroquer ? On réplique bien que la liberté générale est toujours défendue tant que les élus du vote sont députés au gouvernement. Cela est cru, jusqu'à un certain point, mais pour une raison qu'il faut démêler : notre député d'arrondissement est l'agent d'une protection devenue nécessaire contre la centralisation administrative et l'uniformité de ces règlements napoléoniens dont la France n'a pas fini de souffrir un régime absurde requiert l'absurde remède électoral, qui le fraude : la France éclaterait si le paysan, le commerçant, l'entrepreneur, le petit rentier, n'avaient des espèces de commissionnaires parisiens qui, nommés en apparence pour faire des lois, ont pour office de courir, au compte de leur clientèle, les antichambres des ministres et les directions des grands services publics : c'est ainsi que respirent nos prétendus citoyen sous le poids d'une Bureaucratie oppressive. Néanmoins., quand, par la même occasion, le député a fait sa loi, en général tout de travers, son électeur comprend qu'il y doit obéir exactement comme à la loi d'un Roi ou d'un Empereur : celle-ci ne serait pas plus impérieuse. Le mot de liberté écrit sur le mur n'y fait rien. Le mot d'égalité n'empêche pas non plus que le grand électeur local ne soit un personnage supérieur et redoutable. Tout ce verbiage est impuissant à masquer la mauvaise qualité du gouvernement constitué par les incapables qui, en moins de soixante-dix ans, ont produit plus de cent ministères successifs, dont chacun comportait une vingtaine d'hommes entre lesquels la responsabilité divisée à l'infini et ait pratiquement dissoute. Mais justement ces successions rapides associées à cette irresponsabilité ont créé l'habitude de fausses sanctions, grosses de scepticisme et d'indifférence. La comédie des changements a fait qu'on se résigne avec un fatalisme facile aux pires malfaçons ! On les sent. On en souffre. S'en souvient-on ? Les rattache-t-on à leur cause ? L'intelligence peut habiter les individus, mais un peuple a besoin de faire un grand effort de son Collectif cérébral, toujours faible, pour que, s'il a démêlé les origines de telle guerre longue et sanglante, ou même de telle grosse perte d'argent, cette cause lui reste présente et le retourne entièrement contre un régime politique déterminé. Les politiciens ne manquent ni d'adresse ni d'activité pour donner le change au passant.

Ils ont longtemps réussi à faire sonner haut la gloriole d'appartenir à un État sans chef. Mais on commence aussi à se dire *pas de chef, pas de direction, quel dommage !*

Un sentiment de doute et d'insatisfaction a fini par naître et gagner peu à peu. Un nombre important de Français s'en est ému. Beaucoup de gens comprennent que le prétexte de *sauver les libertés publiques* établit le despotisme d'un parti et assure l'immunité des camarades prévaricateurs et concussionnaires. Cette clairvoyance est devenue forte sur certains points. Ailleurs, elle cherche encore son expression directe ou sa vertu brisante. En dépit du mol optimisme prêché par les journaux du régime et qui compose une rare puissance d'abrutissement, le mécontentement qui grandit doit en venir à rejoindre l'intelligence contre-révolutionnaire dont les développements, jamais arrêtés, sont même en plein essor.

L'opinion officielle le nie, en se fondant sur un état d'indécision et d'apathie qu'elle condamne à ne jamais cesser. Mais les apathies sont secouées par l'inquiétude des intérêts ; les indécisions cèdent à la terreur des grandes crises.

Il reste vrai que la sécurité du Parti régnant est moins menacée qu'elle ne le serait si la réaction de l'esprit français avait trouvé le concours puissant auquel elle avait droit dans les milieux qui auraient dû en sentir la grave importance et la haute nécessité. Après des créations comme le Cercle Fustel de Coulanges, qui réunit l'élite des trois degrés de l'enseignement, après les avertissements répétés d'un corps médical nombreux et lucide, l'immense classe moyenne française aurait pu mettre le pays en un état de garde et de défense plus avancé.

Elle ne l'a pas fait.

Pourquoi ? Cela est dû à des *causes* et à des *raisons.*

Les *raisons* sont les mêmes qui ont déterminé la faute cardinale à la naissance de la question ouvrière elles tiennent à la vieille erreur de la démocratie libérale, devenue une habitude de langage et de "pensée", à laquelle se cramponne plus d'un esprit peu cultivé, de capitaliste, de patron, de grand possédant.

Les *causes* tiennent à la crainte pitoyable que répand et généralise un appareil fiscal, judiciaire et administratif, dont les tracasseries sont arbitraires, faciles et fréquentes. Là, les *gros* se font tout petits. À supposer que les "congrégations économiques" asservissent les politiciens, les congréganistes politiciens le leur ont bien rendu ! Quant aux véritables *petits* ou *moyens,* ceux dont la politique n'est pas le métier, ils n'osent parlez qu'à voix basse de politique. Les Français qui plaignent les Espagnols de la tyrannie policière n'ont pas regardé un peu attentivement ni profondément autour d'eux. L'araignée de l'État a tissé parmi nous une toile immense. Mais ce degré d'étatisation nous échappe. Nous sommes insensibilisés quant à lui. Il n'en est pas moins monstrueux. La politique met en suspens de façon indirecte le pain des foyers français, directement l'établissement des enfants, leur carrière trop souvent administrative, les protecteurs qu'il faut ménager, les subventions, faveurs, exonérations qu'il faut obtenir et sans lesquelles on ne vit plus.

Les Comités électoraux, les Sociétés secrètes, les fonctionnaires, le monde juif contraignent l'immense classe moyenne à de très honteuses prudences.

Certains bavardages de café et de presse restent libres ou du moins le restaient avant le Front populaire, mais des couches entières de ce peuple ombrageux et fier sont pis que terrorisées : intimidées. Elles s'en doutent à peine. La persécution directe et formelle susciterait une irritation salubre : la menace reste obscure et vague ; elle ne saurait entreprendre sur la liberté de penser, mais elle en limite incroyablement l'expression dans le privé, comme dans le public. Comme on se repent vite de s'être "montré" ! Comme, sur les instances de parents et d'amis, on se promet et l'on promet aisément aux autres de ne plus se "remontrer". Ce césarisme sans César parvient à déviriliser certains secteurs du pays réel, ceux qui sont le plus voisins du pays légal. On ne dira jamais assez quel mal moral nous ont fait là les institutions de l'an VIII ! Leur despotisme anonyme est indolore, mais nullement inoffensif.

Ces habitudes ont entraîné une singulière évolution de la langue : autrefois, net et dru, le français devient flasque, oblique, imprécis, tout en reculs, détours et lâches antiphrases. On semble vouloir se mettre du coton dans la bouche et bourrer d'étoupe la pointe de sa plume. Les partis politiques dont il semblait que l'intérêt fût d'être nets, ont fini eux-mêmes par perdre l'orgueil du drapeau, la sonorité du programme. Tous leurs noms sont truqués. Les défenseurs de l'autorité et de la tradition se font qualifier indépendants ou libéraux. Les réactionnaires sont des "républicains de gauche". Il n'y a plus d'opportunistes : tous radicaux, depuis que ce beau mot ne signifie plus rien. Le grand point est d'esquiver l'idée nette, celle qui comporte des obligations de logique, ou des corvées d'esprit critique. Tels grands organes, y ayant intérêt, publient de dignes défenses de la *famille* et de *l'héritage,* mais ces bons devoirs d'écolier sont couronnés par l'éloge bien senti de la "vraie démocratie"... Encore quelques saisons de cette complaisante et systématique trahison du vocabulaire[5], on aura la tour de Babel, avec toutes ses

---

[5] Est-ce la vue trop claire de ces saisons trop imminentes qui, en 1939, a rendu tant de politiciens " va-t-en guerre et boute-feux ? " (Note de 1952).

conséquences de malentendu et de dispersion. Sans doute les rhéteurs n'en auront que plus de mérite à se faire comprendre, et les flibustiers qui les paient en feront de plus beaux profits. Mais quand l'historien-philosophe est réduit à gémir son *Vera rerum amisimus vocabula*, beaucoup de choses sont compromises, sinon perdues. Ceux qui en sourient de bonne foi font preuve d'une périlleuse légèreté : on ne doit pas laisser frauder sur les étiquettes, ou bien il faut s'attendre à la dépréciation des produits. Comment espère-t-on en finir avec le moindre de tous nos maux, Si l'on perd le courage de le nommer ?

Et nous ne sommes pas au bout du compte des misères ! Il faut aussi mentionner l'accident douloureux, qui, plus que tout, a affecté les profondeurs de la France vraie, parce qu'il lui a caché le franc diagnostic qui pouvait la guérir.

Malgré l'État et son Étatisme, malgré son École, malgré sa Presse, le malfaisant esprit de la survivance révolutionnaire aurait subi des échecs plus rapides, il aurait même été sans doute éliminé, Si l'ignorance ou l'erreur des autorités sociales n'avaient reçu un solide renfort d'un côté où, justement, on était en droit de ne pas trop le craindre ! Il est vrai que c'était aussi le côté d'où il n'eût pas été absurde de prévoir le pire, ce monde-là étant toujours, comme la vieille Autriche, *"en retard d'un, armée, d'une année, d'une idée"*.

Lorsque, en janvier 1901, dans l'Encyclique *Graves de communi*, le Pape Léon XIII permit aux catholiques de se parer de l'étiquette de "démocrates", il leur recommanda expressément de n'employer jamais ce mot que dans un sens qu'il précisait avec force : il voulait, disait-il, que "la démocratie chrétienne" n'eut rien de commun avec la "démocratie sociale", car elle en diffère *autant que du système socialiste la foi chrétienne*. Et, Docteur, plus encore que Chef, il ajoutait que l'on devait *"tenir pour condamné de détourner* ce *mot en un sens politique"*. Assurément, écrivait le Pape, *"la démocratie, d'après l'étymologie même du terme et l'usage qu'en ont fait les philosophes, indique le régime populaire, mais, dans les circonstances actuelles, il ne faut l'employer* (sic USURPANDA EST) *qu'en lui ôtant tout sens politique et en ne lui attribuant aucune autre signification que cette bienfaisante action chrétienne parmi le peuple* (BENEFICAM IN POPULUM ACTIONEM CHRISTIANAM)". En bref, dirions-nous : une démophilie religieuse. Au nom de la *"justice"*, avec instance, il était encore recommandé aux démocrates chrétiens de s'épargner, entre tous les égarements de la démocratie sociale, ceux qui tendent expressément au nivellement des conditions civiles (AEQUATIS CIVIBUS) et risquent d'acheminer à l'égalité des biens (AD BONORUM ETIAM INTER E0S AEQUALITATEM SIT GRESSUS). Et le pape observait que la réforme sociale ne pouvait réussir qu'avec le concours de toutes les classes. D'utiles, de très utiles services devaient être attendus de la classe supérieure : de *"ceux à qui leur situation* (LOCUS), *leur fortune* (CESUS), *leur culture d'esprit, leur culture morale donnent dons la cité le plus "d'influence." "À défaut de leur concours"*, ajoutait-il, *"à peine est-il possible de faire quelque chose de vraiment efficace* (QUOD VERE VALEAT) pour *améliorer comme on le voudrait la vie du peuple ?"* Bref, l'Encyclique excluait et condamnait (NEFAS SIT) une démocratie chrétienne qui s'inspirerait de l'égalitarisme, tendrait â la lutte des classes, au décri jaloux de la fortune et de la naissance : toutes erreurs jugées incompatibles avec le principe de la conservation et de l'amélioration de l'État (CONSERVATIONEM PERFECTIONEMQUE CIVITATIS).

Tel est, dans ses termes et dans son esprit, l'Acte de naissance de la démocratie chrétienne.

- Bah ! répondit-on, dans un groupe influent de catholiques français, *le Pape a avalé le mot, il avalera bien la chose.*

On se mit en devoir de le lui faire avaler... La situation y prêtait un peu. Car, d'abord, on était en France ; le gouvernement populaire y existait déjà et, dix ans auparavant, le même pontificat avait conseillé de s'accommoder de la République.

La "démocratie politique" s'y trouvait naturellement à l'abri des censures.

En second lieu, les principes de la démocratie sociale étaient inscrits en tête de tous les actes du régime et de ses monuments : il pouvait être délicat d'en faire la critique, ou même de les tenir pour suspects ; c'était s'exposer à la défiance, adopter une attitude de tacite rébellion, que devait interdire le respect des institutions prêché et reprêché.

Troisième point, - essentiel, - Si l'on mettait le doigt dans l'engrenage électoral et parlementaire, l'emploi du "mot" jouait forcément en faveur de la "chose", qu'on voulait faire "avaler" au Pape et aussi à la masse catholique française, qui n'en avait pourtant pas le goût ; il est vrai qu'on lui promettait de gagner, par ce moyen, d'épatantes majorités : les jeunes avocats, les jeunes prêtres de grand zèle qui s'appliquaient à la besogne méritoire des conférences, des visites, des cercles de propagande, des secrétariats du peuple en vue d'exercer "l'action populaire chrétienne" Si hautement recommandée, n'eurent qu'à *traverser la rue* pour rencontrer toutes les tentations de la démocratie politique et toutes les séductions de la démocratie sociale dans ses réunions, ses conférences et ses débats contradictoires. À plus forte raison, s'ils se portaient candidats ? Le seraient-ils ? Ne le seraient-ils pas ? Ce n'était pas l'envie qui manquait. Et dès lors, comment n'être pas saisis par la nécessité d'enchérir sur la politique de la gauche et la sociologie de l'extrême-gauche ? Aucun d'entre eux n'y a coupé ! Mais on ne saurait dire qu'ils y aient glissé avec innocence : en fait, ils se sont rués, soit à la querelle des classes, où ils introduisirent un âpre accent de moralistes et de sermonnaires, soit aux revendications directes de la démocratie sociale, soit aux suprêmes déductions du principe du gouvernement populaire. En résulta, entre autres choses, principalement dans l'Ouest, que les châteaux et les presbytères se trouvèrent vite à couteaux tirés : le vaisseau catholique cinglait donc assez loin du *Graves de communi !*

Un épisode vint irriter les passions. Depuis un quart de siècle, par une fâcheuse transformation graduelle, la revue *l'Association catholique,* et les organisations latérales fondées *par* des hommes de tradition, disciples de Le Play et du Comte de Chambord, étaient investies, puis occupées, enfin soumises à de jeunes équipes qui se croyaient fort avancées parce qu'elles professaient quelques-unes des idées qui avaient été en horreur à l'enfance de leurs grands-parents, les mêmes idées que l'évolution de l'intelligence française était en train de rejeter. Ainsi la Tour du Pin, ainsi le Père de Pascal ; ainsi plusieurs autres, objets d'un respect ironique, finissaient par être traités de fossiles ou de revenants ; leur noyau fondateur se trouvait pratiquement évincé ; leur influence passant à d'autres, qui se croyaient sûrs du triomphe, et qui l'étaient dans leurs milieux... Mais tout à coup, à la vive stupeur de ces jeunes "gauches de droite", il apparut, il déboucha de l'extrême-droite, plus jeune qu'elles, plus allante, et bien plus mordante, une offensive contre-révolutionnaire anti-démocrate et anti-républicaine qui joignait à ses qualités d'action le sérieux avantage d'être fortement munie de raisons. Sa dialectique, doublant ses polémiques, eut vite fait de mettre à mal le néo-libéralisme républicain et démocratique : les jeunes avancés se trouvant fort en retard, leurs essais de discussion furent faibles et malheureux et la prétendue avant-garde fut bousculée et hors de combat, rejetée à l'arrière, promue vieille gauche ultra-retardataire, bien vite abandonnée par tout ce qui vivait dans la jeunesse de droite. Les fils de ralliés se déraillèrent, pour militer passionnément avec les nouveaux défenseurs de l'autorité, de la tradition et de l'ordre, de la hiérarchie et de la monarchie.

Les raisons que ceux-ci alléguaient étaient indiscutables ; il fallut les subir. Ce ne fut pas gai. Moins gai encore, plus insupportable que tout, était l'éclatant démenti *de fait* donné au préjugé qui avait mis en train tout ce monde, déterminé toute cette erreur : préjugé sans fondement, comme sans valeur, cri vertu duquel l'esprit moderne devait aller toujours à gauche. Les territoires de l'avenir devant appartenir de fondation ou revenir de droit aux vues absurdes que développaient de pieux rhéteurs sans cervelle, - on ne sait quel ressort d'horlogerie mystique ayant la fonction de résonner, dans l'espace et sur les abîmes, de manière à taxer d'archaïsme définitif tout ce qui, jusque-là, avait créé la force et la vie, l'ordre et la joie de l'univers

Mais les acquisitions éternelles de l'intelligence et de l'expérience reprenaient le dessus. On démontrait sans peine l'extrême frivolité de ce recours trop facile à l'antinomie de l'hier et du demain, du présent et de l'avenir.

L'événement montrait qu'il n'y avait rien de fatal ni d'inéluctable dans le progrès des idées révolutionnaires. Elles n'étaient pas invincibles. Elles étaient vaincues. Et, ce qui était bien le pire, avec leur gloire, s'évanouissait la mauvaise raison de fausse force majeure, dont on avait couvert la révolte sournoise contre les précautions dictées par Léon XIII ! Ce que le Pape n'avait point avalé du tout, la nature des choses le vomissait. L'avenue de l'histoire fermée à ces pauvres esprits s'ouvrait à leurs censeurs, dont l'âge, la foi, le nombre, le succès, la raison s'emparèrent gaiement d'un "siècle" que les autres avaient escompté un peu vite. Quelle déconvenue ! À force d'en gémir, il se forma des plaies cuisantes qui saignèrent longtemps, ne guérirent jamais. On voit encore suinter du cerveau de quelques vieillards les précieuses gouttelettes de cette rage cuite, recuite, inoubliée. Car c'était bien la peine d'avoir sacrifié les plus saintes fidélités personnelles et domestiques, attristé des amis, rudoyé et chagriné des maîtres, au nom d'une inexcusable métaphysique du Temps, pour se voir ainsi contredits, humiliés, refoulés au banc des vétérans et des burgraves, par le Temps réel, par *le Vieillard divin*[6], qui n'épargne rien que le Vrai !

La mort de Léon XIII n'avait pas arrangé les choses. Son successeur, penseur vigoureux, politique sage et lucide, mit le comble à l'angoisse de cette bande de conservateurs dévoyés : il condamna théoriquement leur *Sillon*.

Condamnation qui n'eut rien de définitif : les jeux étaient

---

[6] Sainte-Beuve.

faits, les positions prises, les organisations électorales et sociales fondées, toutes les vanités aiguisées se défendaient, la griffe en l'air. Pouvait-on rebrousser chemin ? Sinon, - humainement, - que faire ?

Il n'y avait pas à garder le moindre espoir d'échapper à la critique nouvelle ni de rafraîchir les vieux poncifs : on était battu d'avance dans ces débats du sens historique et de la raison. La discussion exposait même aux reproches pontificaux. On finit par se réfugier, d'un pas grave et hautain, sur les cimes supérieures de l'esprit pratique, en affectant un grand mépris des spéculations doctrinales. On convint d'adopter le vocabulaire, les idées et les principes en vigueur dans les "masses populaires", afin de correspondre à leurs "aspirations". Non sans souci de révérence verbale envers l'orthodoxie, l'indifférence au vrai et au faux fut conduite si loin que, moyennant quelques réserves de forme contre la démagogie et la "fausse" démocratie, on s'arrangea pour continuer à ne tenir aucun compte des puissantes raisons de Morale ou de Politique naturelle dont brillait toute l'Encyclique *Graves de commun :* réciprocité des services entre les classes et les conditions, bienfait de leurs inégalités, privilèges de la nature ou de l'histoire. On rengaina pareillement les meilleurs des travaux de l'École sociale catholique ; on laissa les royalistes à peu près seuls s'occuper de doctrine corporative : à ces hautes époques, la corporation présentait le défaut sérieux de contrarier le syndicalisme électoral.

Comment, dès lors, un monde que cet échec récent avait laissé tout meurtri aurait-il pris le moindre intérêt au mouvement intellectuel contre-révolutionnaire qui avait été, précisément, entre 1900 et 1910, à la source de tous ses maux ! Bien au contraire, la rancune, jointe au très chimérique espoir d'une revanche, a rendu ce monde beaucoup plus qu'indulgent aux pires outrances de nos "rouges chrétiens" pendant ces dix dernières années ; car tantôt il a donné le scandale d'approuver les explosions du communisme religieux ou de l'antipatriotisme sacerdotal, tantôt, les désapprouvant, il a donné l'autre scandale, peut-être pire, de n'en rien laisser voir.

Il s'en est suivi, sur une grande échelle, des dégâts douloureux.

Le public composé d'une vaste région morale du meilleur *pays réel* de la France fût ainsi livré sans défense aux tromperies du verbiage officiel : il ne reçut point les lumières auxquelles il avait droit sur le fond des principes qui règlent les intérêts majeurs de l'existence sociale et civile.

Le pavillon d'une cruelle charité vint couvrir les mêmes erreurs qui allaient, en Espagne, dégoutter d'un sang beau et pur.

L'amour du peuple parut devoir permettre de couvrir ou même d'exploiter ces erreurs. On traita par un mépris que l'on crut habile et prudent ces nœuds courts et puissants par lesquels, - comme le châtiment à certaines fautes, - la catastrophe matérielle adhère, tient et pend à l'erreur politique. Une étonnante virtuosité vocale fût mise au service de ce coupable silence de l'esprit.

Et cependant, depuis de longues années, un dialogue était fameux :

- *Votre démocratie empoisonne,* disait Le Play à Tocqueville.
- Mais, répondait à peu près Tocqueville, Si je désespère d'administrer l'antidote ?
- *Je n'administrerai pas le poison,* répliquait le ferme Le Play. Une rhétorique funeste allait donc remplacer toute philosophie ; la classe dirigeante, ou qui aurait dû diriger, pratiqua ou subit en politique ou en sociologie une sorte d'anesthésie obligatoire devant le Faux. Cependant, des yeux clairs discernaient, à faible distance, de quelles dures sanctions la réalité négligée allait frapper ce règne insolent et absolu du Faux. En vain ! Le Faux était laissé tranquille, ou ménagé, servi, propulsé ou même acclamé et, pendant de longs jours, il a pu voguer, prospère et heureux,

Vaisseau favorisé par un grand Aquilon : il n'en courait pas moins dans la direction de certains brisants qu'aujourd'hui l'on voit sans jumelles.

Comment en eût-il été autrement ? Et comment n'y avait-on pas réfléchi ? Au-delà des mots sont les choses. Tôt ou tard vient leur tour de se faire sentir. Alors il ne sert de rien d'avoir cédé au plus *"grand dérèglement de l'esprit"* qui est de les faire apparaître telles qu'on les veut, non telles qu'elles sont. Vouloir faire croire à la paix au lieu de consentir à voir une guerre qui vient, cela mène au "désarmement" qui rendra cette guerre plus désastreuse. Vouloir faire penser qu'on a des millions en poche, quand il n'y reste pas un liard, combine l'escroquerie et le dénuement. Vouloir faire croire à la bienfaisance possible de la lutte de classes et de l'envie démocratique, mère de tous nos maux, n'en diminue point la malice, mais la couvre et la recommande, la protège et la facilite, l'envenime, l'aggrave et la multiplie.

Que ces maux aient crû de la sorte, c'est une évidence qui contracte de mâles cœurs : elle ne fait pas encore réfléchir toutes les têtes qui le pourraient, qui le devraient. C'est là Surtout que règne, de nos jours, cette *erreur des honnêtes gens* pressentie par le grand Le Play. Et rien n'est plus affreux.

Que, devant un risque aussi grave, *le meilleur du pays* ne se lève pas avec la décision qu'on attendrait de lui ; que le profond des plus belles âmes, la pure cime de la piété civique et du dévouement social ne soient pas même baignés des lumières suffisantes, et que ces lumières ne viennent pas d'où elles devraient venir, cela augmente horriblement tous nos périls immédiats.

Car enfin la nation qu'on laisse ainsi sans direction est la même de qui plusieurs voisines ont sollicité, appris, reçu les Lois de leur Renaissance ! Comme on l'a fort bien dit, *"la France en garde l'honneur, d'autres pays en gardent le profit"*. Lui sera-t-il permis de croupir encore longtemps dans une infériorité mentale pleine de honte ?

Sa rénovation intellectuelle peut tarder encore, mais de nouveaux retards mettraient en jeu plus que sa paix : sa vie.

Conclusion : la nature et l'homme

C'est pourquoi nous ne cédons pas à l'appel d'abstractions vaines lorsque nous supplions ici les esprits sincères de remonter aux principes pour réviser leurs vues d'ensemble : il est particulièrement indispensable qu'ils jettent un ferme regard sur ce point essentiel du rapport qui existe entre le *volontaire* et le *naturel,* le moral et le physique, dans la trame sociale de l'être humain.

En se trompant et en laissant tromper, en remplaçant la *connaissance* par une *"foi",* démocratique ou libérale, que rien n'autorise et que tout dément, on fait plus que de s'exposer à des épreuves sanguinaires : on se précipite au-devant d'elles dans certains cas on aide à les précipiter.

Il faut connaître les vérités de la nature ou il faut périr sous leurs coups.

Ne nous laissons pas reprocher l'humble degré auquel s'est tenue ici l'investigation. Ne laissons pas dire que nous nous attardons à la *matière* de l'homme.

Nous ne nous y attardons point du tout.

Nous ne sommes aucunement d'avis de négliger ni la structure humaine, ni ce que structure et matière comportent de mouvements, d'élans, d'essors supérieurs. Mais, pour examiner à fond un objet, l'on commence par le mettre à part de ce qui n'est pas lui. Matière soit ! Pour la connaître, il faut approcher et palper cette précieuse étoffe de la vie de société. Une telle matière n'est pas plus négligeable que celle de n'importe quel hôte de l'univers. Certain prédicateur romantique a tonné, dans la chaire de Notre-Dame, contre Saint Thomas d'Aquin, coupable d'avoir dérivé de la Matière son Principe de l'Individuation. Ce coup de cymbale sonore n'empêchera personne d'aborder sans fausse honte, avec une simplicité sereine, l'étude des premiers éléments naturels du composé humain. Mieux sera pénétré ce dont il est fait, mieux on pourra se délivrer des idées fausses dont les applications coûtent cher.

Mieux la nature sera vue dans sa vérité, mieux l'on saura loger les droits et les devoirs là où ils sont, au lieu d'en bourrer un espace où l'on ne peut les pratiquer parce qu'ils n'y sont pas et n'y peuvent pas être : on n'y trouve que des liaisons de nécessités auxquelles on ne peut rien que de les reconnaître et, pour les vaincre, commencer par leur obéir.

La nature des hommes, celle qui précède leur volonté, est un sujet dont la seule mention suffit à offusquer le *panjurisme* contractuel, d'où procèdent, suivant un volontarisme sans frein, ces divagations de démocratie libérale qui supposent que nous *pouvons* tout ce qu'il nous vient à la fantaisie de *vouloir* ! Leurs ambitions sont folles, leur folie juge le principe d'où elles sortent.

Tout ce que l'on bombycine en leur honneur ne fera jamais qu'il soit au pouvoir du petit homme d'élire son papa et sa maman, ni que sa liberté, Si souveraine soit-elle, puisse choisir l'emplacement de son berceau. Ce point-là règle tout. Ni Kant ni Platon n'y font rien. Leurs inventions de vie antérieure sont sans valeur ici. Bon gré, mal gré, il faut admettre ces territoires naturels, ni voulus, ni élus, ni éligibles, en reconnaître la bienfaisance éventuelle, ou se résigner à des aveuglements de système qui sont la mort de la pensée, le suicide de l'action.

Le voyage aux demi-ténèbres de la Physique sociale ne peut d'ailleurs se faire sans éveiller, dans leur pénombre, diverses transparences qui éclairent, comme par-dessous, tel et tel plan où nos éléments purement matériels rejoignent nos éléments personnels et moraux, et peuvent même aspirer à atteindre telles parties divines de l'ordonnance de la vie. Devant la table de la Loi qui porte obligation de faire vivre et d'élever les enfants, la description exacte du petit homme nouveau-né, son état d'extrême détresse, qui lui confère la qualité du nécessiteux naturel avec le rang de riche légataire et de haut bénéficier social, semble venir, pour ainsi dire, à la belle et juste rencontre du gracieux instinct paternel et maternel, dont la conscience profonde honore les personnes dignes du nom et du visage humain.

La conclusion pourrait dépasser la Physique. Elle fait entrevoir que l'Être brut ne peut pas ne pas renfermer une essence formelle et certaine de Bien. On pourrait donc y déterminer les possibilités d'un bonheur endormi, mystérieusement propice à tels destins de l'homme, qu'une analyse circonspecte et rigoureuse peut dégager.

Évitons de pousser le trait plus avant, pour nous en tenir à son expression la plus simple : l'humble intellection du sensible élève le filet d'une lumière, qu'on n'attendait peut-être point vers la méditation des lois supérieures, dont elle vérifie et renforce les termes. Loin, par conséquent, de se nuire, comme le croient les imbéciles, ces vérités qui se rapprochent et convergent, tirent une valeur et une influence nouvelle de la diversité de leurs points de départ.

Distinguer n'est point mettre en conflit, n'est même point diviser, ni séparer. La Morale est la règle de l'action volontaire. La Politique naturelle a pour objet d'approfondir un ordre impersonnel. Sans doute, Anciens et Modernes, y compris ici plus grands, ont pu confondre ces objets avec d'autres, assez voisins. Cela n'est pas une raison de rendre la confusion éternelle. Pour ma part, tout m'incite à conduire, aussi profondément que je le peux, cette étude des fondements sociaux de la vie humaine qui a fait mon souci constant.

Dans les lieux un peu reculés où le temps ne m'a point

manqué pour regarder derrière moi[7], et pour me souvenir de chemins parcourus, perdus ou retrouvés, j'ai voulu rassembler les idées essentielles qui éclairent ma réflexion et mon action. La menue Somme qui en est faite me paraîtrait articuler moins nettement ce qu'elle dit si je ne la rattachais point à ce qu'une philosophie appellerait *causes secondes* et une autre philosophie *premières lois naturelles*. De quelque nom qu'on l'appelle, *ce qui est, est.*

Voilà le sûr.

Causes ou Lois, ces principes sont trop clairs, et leur clarté fait trop de bien pour consentir à les laisser s'embrouiller, s'obscurcir ou se défigurer.

Il ne faudrait pas croire que la machine politique et sociale tourne à vide. Quand elle fait pleuvoir du feu et du sang, les pauvres hommes sont dessous ! Tout au rebours de la chienne de Malebranche, le sentiment ne leur manque pas pour souffrir. Une pensée juste peut les secourir, parfois les sauver. C'est avoir pitié d'eux que de dire la vérité.

---

[7] Ces pages ont été écrites à la Prison de la Santé au début de 1937.

PREMIÈRE PARTIE

L'homme

Si l'homme est l'ennemi de l'homme ou son ami

Les philosophes véritables refusent constamment de parler des hommes autrement que réunis en société. Il n'y a pas de solitaire. Un Robinson lui-même était poursuivi et soutenu dans son lieu par les résultats innombrables du travail immémorial de l'humanité.

L'ermite en son désert, le stylite sur sa colonne ont beau s'isoler et se retrancher, ils bénéficient l'un et l'autre des richesses spirituelles accumulées par leurs prédécesseurs ; si réduit que soit leur aliment ou leur vêtement. C'est encore à l'activité des hommes qu'ils le doivent. Absolument seuls, ils mourraient sans laisser de trace. Ainsi l'exige une loi profonde qui, si elle est encore assez mal connue et formulée, s'impose à notre espèce d'une façon aussi rigoureuse que la chute s'impose aux corps pesants qui perdent leur point d'appui, ou l'ébullition à l'eau qu'on chauffe à cent degrés.

L'homme est un animal politique (c'est à dire, dans le mauvais langage moderne, un animal social), observait Aristote au quatrième siècle d'avant notre ère. L'homme est un animal qui forme des sociétés ou, comme il disait, des cités, et la cité qu'il forme est établie sur l'amitié.

Aristote croyait en effet que l'homme, d'une façon générale et quand toutes choses sont égales d'ailleurs, a toujours retiré un plaisir naturel de la vue et du commerce de son semblable. Tous les instincts de sympathie et de fréquentation, le goût du foyer et de la place publique, le langage, les raffinements séculaires de la conversation devaient sembler inexplicables si l'on n'admettait au point de départ l'amitié naturelle de l'homme pour l'homme.

Voilà, devait se dire ce grand observateur de la nature entière, voilà des hommes qui mangent et qui boivent ensemble. Ils se sont recherchés, invités pour manger et boire, et il est manifeste que le plaisir de la compagnie décuple la joie de chacun. Cet enfant ci s'amuse, mais il ne joue vraiment que si on lui permet des compagnons de jeux. Il faut une grande passion comme l'avarice ou l'amour pour arracher de l'homme le goût de la société. Encore son visage porte-t-il la trace des privations et des combats qu'il s'est infligés par sa fuite.

Les routes sont devenues sûres : cependant les charretiers s'attendent les uns les autres pour cheminer de concert, et ce plaisir de tromper ensemble l'ennui est si vif que l'un en néglige le souci de son attelage, l'autre l'heure de son marché. La dernière activité des vieillards dont l'âge est révolu est d'aller s'asseoir en troupe au soleil pour se redire chaque jour les mêmes paroles oiseuses. Tels sont les hommes, dans toutes les conditions. Mais que dire des femmes ? Leur exemple est cependant le plus merveilleux, car toutes se détestent et passent leur vie entière à se rechercher. Ainsi le goût de vivre ensemble est chez elles plus fort que cet esprit de rivalité qui naît de l'amour.

Les pessimistes de tous les temps ont souvent contesté à Aristote son principe. Mais tout ce qu'ils ont dit et pensé a été résumé, vingt siècles après Aristote, par rami et le maître de Charles II Stuart, l'auteur de *Léviathan*, le théoricien de la Monarchie absolue, cet illustre Hobbes qui a devancé les modernes théoriciens de la concurrence vitale et de la prédominance du plus fort.

Hobbes a posé en principe que l'homme naît ennemi de l'homme et cette inimitié est résumée par lui dans la mémorable formule : *l'homme est à l'homme comme un loup.* L'histoire universelle, l'observation contemporaine fournissent un si grand nombre de vérifications apparentes de ce principe qu'il est presque inutile de les montrer.

Mais, dit quelqu'un, Hobbes est un pessimiste bien modéré ! Il n'a point l'air de se douter qu'il charge d'une calomnie affreuse l'espèce des loups lorsqu'il ose la comparer à l'espèce des hommes. Ignore-t-il donc que les loups, comme dit le proverbe, ne se mangent jamais entre eux ? Et l'homme ne fait que cela.

« L'homme mange l'homme sans cesse. Il ne mange que de l'homme. L'anthropophagie apparaît aux esprits superficiels un caractère particulier à quelques peuplades, aussi lointaines que sauvages, et qui décroît de jour en jour. Quel aveuglement ! L'anthropophagie ne décroît ni ne disparaît elle se transforme.

« Nous ne mangeons plus de la chair humaine, nous mangeons du travail humain. À la réserve de l'air que nous respirons, y a-t-il un seul élément que nous empruntions à la nature et qui n'ait été arrosé au préalable de sueur et de pleurs humains ?

« C'est seulement à la campagne que l'on peut s'approcher d'un ruisseau naturel ou d'une source naturelle et boire l'eau du ciel telle que notre terre l'a distillée dans ses antres et ses rochers. Le plus sobre des citadins, celui qui ne boit que de l'eau, commence à exiger d'une eau particulière, mise en bouteille, cachetée, transportée et ainsi témoignant du même effort humain que le plus précieux élixir. L'eau potable des villes y est d'ailleurs conduite à grands frais de captation et de canalisation.

« Retournez aux champs, cueillez-y une grappe ou un fruit : non seulement l'arbre ou la souche a exigé de longues cultures, mais sa tige n'est point à l'état naturel, elle a été greffée, une longue suite de greffages indéfinis ont encore transformé, souvent amélioré, le bourgeon greffeur. La semence elle-même, par les sélections dont elle fut l'objet, porte dans son mystère un capital d'effort humain. En mordant la pulpe du fruit, vous mordez une fois encore au travail de l'homme.

« Je n'ai pas à énumérer toutes les races d'animaux qui ont été apprivoisées, domestiquées, humanisées, pour fournir à la nourriture ou au vêtement des humains. Observez cependant que ces ressources qui ne sont pas naturelles doivent recevoir un second genre d'apprêt, un nouveau degré d'humanisation pour obtenir l'honneur de nous être ingérées. Il ne suffit pas de tondre la laine des brebis, travail humain, il faut que cette laine soit tissée de la main diligente de la ménagère ou de la servante. Il ne suffit pas d'abattre la viande, ou de la découper ; d'est une nécessité universelle de la soumettre au feu avant de la dévorer : travail humain, travail humain. On retrouve partout cet intermédiaire entre la nature et nos corps.

« Non, les loups ne se mangent pas de cette manière ! Et c'est parce que le loup ne mange pas le travail du loup qu'il est si rarement conduit à faire au loup cette guerre qui est de nécessité chez les hommes.

« Le loup trouve dans la nature environnante ce que l'homme est forcé de demander à l'homme. La nature est immense, ses ressources sont infinies ; le loup peut l'appeler sa mère et sa bonne nourrice. Mais les produits manufacturés, les produits humanisés, ceux que l'homme appelle ses biens, sont en nombre relativement très petit ; de là, entre hommes, une rivalité, une concurrence fatales. Le festin est étroit : tout convive nouveau sera regardé de travers, comme il verra d'un mauvais oeil les personnes déjà assises.

« Cet homme qui survient n'apparaît pas à l'homme qui possède déjà comme un simple consommateur dont l'appétit est redoutable ; c'est aussi un être de proie, un conquérant éventuel. Produire, fabriquer soi-même est sans doute un moyen de vivre, mais il est un autre moyen, c'est ravir les produits de la fabrication, soit par ruse, soit par violence. L'homme y a souvent intérêt, en voici un grand témoignage : la plupart de ceux qui ne sont ni voleurs ni brigands passent leur vie à craindre d'être brigandés ou volés. Preuve assurée que leur réflexion personnelle, leur expérience, la tradition et la mémoire héréditaire s'accordent à marquer l'énergie toujours subsistante des instincts de rapine et de fraude. Nous avons le génie de la conquête dans le sang.

« L'homme ne peut voir l'homme sans l'imaginer aussitôt comme conquérant ou conquis, comme exploiteur ou exploité, comme victorieux ou vaincu, et, enfin, pour tout dire d'un mot, comme ennemi. Aristote a beau dire que l'homme est social. Il ne serait pas social s'il n'était industrieux, et les fruits de son industrie lui sont si nécessaires ou si beaux qu'il ne peut les montrer sans être mainte fois obligé de courir aux armes. La défense de ces biens ou leur pillerie, c'est toute l'histoire du monde. »

Il y a une grande part de vérité dans le discours des pessimistes qui enchérissent de la sorte sur Hobbes et sur les siens. Je voudrais qu'on se résignât à admettre comme certain tout ce qu'ils disent et qu'on ne craignît point d'enseigner qu'en effet l'homme pour l'homme est plus qu'un loup ; mais à la condition de corriger l'aphorisme en y ajoutant cet aphorisme nouveau, et de vérité tout aussi rigoureuse, que pour l'homme l'homme est un dieu.

Oui, l'industrie explique la concurrence et la rivalité féroces développées entre les hommes. Mais l'industrie explique également leurs concordances et leurs amitiés. Lorsque Robinson découvrit, pour la première fois, la trace d'un pied nu imprimée sur le sable, il eut un sentiment d'effroi, en se disant selon la manière de Hobbes : « Voilà celui qui mangera tout mon bien, et qui me mangera... ». Quand il eut découvert le faible Vendredi, pauvre sauvage inoffensif, il se dit : « Voilà mon collaborateur, mon client et mon protégé. Je n'ai rien à craindre de lui. Il peut tout attendre de moi. Je l'utiliserai. »

Et Vendredi devient utile à Robinson, qui le plie aux emplois et aux travaux les plus variés. En peu de temps, le nouvel habitant de l'île rend des services infiniment supérieurs à tous les frais matériels de son entretien. La richesse de l'ancien solitaire se multiplie par la coopération, et lui-même est sauvé des deux suggestions du désert, la frénésie mystique ou l'abrutissement. L'un par l'autre ils s'élèvent donc et, si l'on peut ainsi dire, se civilisent.

Le cas de Robinson est trop particulier, trop privilégié, pour qu'on en fasse jamais le point de départ d'une théorie de la société ; la grande faute des systèmes parus au XVIIIe siècle a été de raisonner sur des cas pareils. Nous savons que, pour nous rendre compte du mécanisme social, il le faut observer dans son élément primitif et qui a toujours été : la famille. Mais c'est l'industrie, la nécessité de l'industrie qui a fixé la famille et qui l'a rendue permanente. En recevant les fils et les filles que lui donnait sa femme, l'homme sentait jouer en lui les mêmes instincts observés tout à l'heure dans le cœur de Robinson : « Voilà des collaborateurs, des clients et des protégés. Je n'ai rien à craindre d'eux. Ils peuvent tout attendre de moi. Et le bienfait me fera du bien à moi-même. » Au fur et à mesure que croissait sa famille, le père observait que sa puissance augmentait aussi, et sa force, et tous ses moyens de transformer autour de lui la riche, sauvage et redoutable Nature ou de défendre ses produits contre des concurrents ou des conquérants.

Observez, je vous prie, que c'est entre des êtres de condition inégale que paraît toujours se constituer la société primitive. Rousseau croyait que cette inégalité résultait des civilisations. C'est tout le contraire ! La société, la civilisation est née de l'inégalité. Aucune civilisation, aucune société ne serait sortie d'êtres égaux entre eux. Des égaux véritables placés dans des conditions égales ou même simplement analogues se seraient presque fatalement entretués. L'échange et le commerce libres de biens équivalents n'est pas à l'origine mais aux dernières conséquences de longs perfectionnements sociaux. L'inégalité des rencontres crée nécessités d'acceptation et de concession qui sont fécondes, le mal s'en atténue, le bien s'en fortifie, au physique et au moral. Qu'un homme puisse donner la vie, ou la sécurité, ou la santé à un autre homme qui, par lui-même les perdrait, voilà des relations sociales nouvelles, le premier utilisant et, si l'on veut, « exploitant », par un capital qu'il a créé, sauvé ou reconstitué, le second entraîné par l'intérêt bien entendu, par l'amour filial ou la reconnaissance à trouver cette exploitation agréable, ou utile, ou à tout le moins tolérable.

L'instinct de protection ou instinct paternel causa d'autres effets. Le chef de famille n'eut pas seulement des enfants engendrés de sa vie. Des fugitifs, des suppliants accoururent à lui, qui, dans un état de faiblesse, de dénuement et d'impuissance, venaient offrir leurs bras ou même leur personne entière en échange d'une protection sans laquelle ils étaient condamnés à périr. Par des adoptions de ce genre, la famille devait s'accroître. La guerre, qu'il fallut toujours mener à un moment quelconque contre des familles rivales, apporta un nouvel ordre d'accroissement. Il a toujours été exceptionnel, dans l'histoire du monde, que le groupe victorieux massacrât pour le manger ou même pour satisfaire sa vengeance le groupe vaincu. Les femmes de tout âge sont presque toujours réservées, les plus jeunes pour le rôle d'épouses ou de concubines, les plus âgées pour les offices domestiques sur lesquels, de tous temps, on les apprécia. Si le massacre, même celui des guerriers, est chose rare, la réduction à l'esclavage est au contraire un fait si général que Bossuet n'a pu le considérer sans respect. Quand l'on y songe, aucun fait primitif ne peut mieux marquer le prix immense que tout homme attache à la vie et à la fonction d'un autre homme.

Tu m'étais un loup tout à l'heure, mais aussitôt (lue j'ai vaincu le loup, je le tue, car il ne peut que me porter de nouveaux préjudices. Or, toi qui es un homme et que j'ai couché et blessé sur le sol, tu m'es comme un dieu maintenant. Que me ferait ta mort ? Ta vie peut au contraire me devenir une nouvelle source de biens. Lève-toi, je te panserai. Guéris-toi, et je t'emploierai.

« Moyennant quelques précautions indispensables prises contre ta force et contre les souvenirs de ta liberté, je te traiterai bien pour que tu travailles pour moi. Proche de mon foyer, participant à ma sûreté, à ma nourriture et à toutes mes autres puissances, tu vivras longtemps : ton travail, entends-tu, ton inestimable travail entre dans ma propriété. Mais je suis bien obligé de te garantir, outre l'existence, la subsistance et tous les genres de bonheur qui seront compatibles avec le mien. »

Ainsi le visage de l'esclave était ami au maître. Et, peu à peu, lorsque l'habitude s'en fut mêlée, quand l'oubli eut opéré son œuvre, quand les bons traitements quotidiens eurent fait oublier telle cruauté primitive, le visage du maître devint ami à l'esclave. Il signifia prévoyance, tutelle et gouvernement. Après quelques générations, des relations d'un genre nouveau s'établissaient ; en vertu de la réciprocité des services, l'esclave se tenait pour un membre secondaire, mais nécessaire, de la famille.

Tantôt par le sentiment du péril commun d'où naissaient les pactes de chefs de familles sensiblement égaux entre eux, tantôt par l'abaissement ou la sujétion des familles voisines, la famille primitive s'est étendue jusqu'à former un nouveau groupement civil, un petit État politique ; le mécanisme de sa formation est celui que nous avons déjà vu jouer.

L'industrie donne la puissance, détermine la concurrence, fait naître dans le groupe le besoin d'éléments nouveaux ; d'où l'augmentation des familles et leur fédération, d'où encore les portes ouvertes, moyennant certaines conditions d'établissement, aux vagabonds et aux transfuges, et même aux ennemis vaincus. Dans chaque enceinte le mot d'Aristote se vérifie ; c'est l'amitié qui préside à la fondation de la cité. Mais la formule de Hobbes n'est pas démentie néanmoins : parce que l'homme est loup à l'homme, l'enceinte se hérisse de murailles, de tours et d'autres ouvrages de fortification. L'amitié s'établit, comme entre les participants du même foyer, entre ceux que le même mur enveloppe ; aux autres, c'est l'inimitié ou tout au moins la précaution et la méfiance qui se déclarent.

Il ne faut pas entendre par amitié l'amitié pure, ni par inimitié une inimitié absolue. Les étrangers ou, comme on les appelle dans l'antiquité grecque, les barbares ne sont pas nécessairement des ennemis. Mais d'abord ils sont différents par les mœurs, par la langue, par le costume, par les lois. Et, de plus, leurs déplacements ont presque toujours pour objet un peu de rapine. Néanmoins, il arrive de les recevoir comme des hôtes et de les interroger comme des savants. On répond à leurs questions afin qu'ils répondent à celles qu'on leur pose. La charge de leurs chevaux ou de leurs navires est en outre un grand élément de curiosité, quelquefois de cupidité. Les relations commencent par celles qui sont les plus simples, le commerce par voie d'échange puisqu'il n'existe pas encore de monnaie. Voilà des espèces d'amitiés internationales. Mais elles sont précaires et toutes relatives, en comparaison des causes d'inimitié toujours sur le point d'éclater entre les gens si différents et mus d'intérêts si contraires !

Inversement, à l'intérieur de chaque cité, s'il est bien vrai que l'amitié née de pressants intérêts communs a fait reléguer la vraie guerre hors de l'enceinte et, pour ainsi dire, à la périphérie de ce grand corps, il n'y en a pas moins des vols et des adultères qui se commettent, les amants rivaux se donnent des coups d'épée et les porte faix concurrents des coups de poing et des coups de couteau. Cependant une paix relative subsiste. L'on se déteste et l'on s'envie, mais pour des sujets de peu d'importance, et sur lesquels la réconciliation demeure facile ou possible.

Du reste, pour répondre au besoin général de paix et d'ordre qui est essentiel à la vie, mais que les progrès de l'industrie rendent impérieux, la cité, la grande communauté civile, déjà naturellement distinguée en familles et en corps de métier, comporte et au besoin suscite la formation de certaines communautés secondaires entre lesquelles les citoyens se distribuent selon leurs affinités et leurs goûts. Ce sont des associations religieuses, des confréries de secours mutuel, des sectes philosophiques et littéraires. Il va sans dire que les membres de chaque corps ne peuvent être en grande sympathie avec les membres du corps voisin : la sympathie en est resserrée d'autant entre membres du même groupe, et c'est un grand bienfait. Deux confréries de pénitents, l'une bleue, l'autre grise, peuvent causer dans une ville, le jour de la fête votive, deux ou trois querelles, même une bonne rixe ; l'amitié s'y exerce tout le long de l'année à l'intérieur de chacune pour le plus grand avantage matériel et moral des uns et des autres. Plus la guerre est vive à l'extérieur, plus à l'intérieur la camaraderie se fait étroite et généreuse. L'homme est ainsi fait, et les sociétés qui ont pu traverser les difficultés de l'histoire sont précisément celles qui, connaissant par réflexion ou pressentant d'instinct ces lois de la nature humaine, s'y sont conformées point par point.

Une communauté subsiste tant que parmi ses membres les causes d'amitié et d'union restent supérieures aux causes d'inimitié et de division. La police, les tribunaux sont institués pour châtier, réprimer et, s'il le faut, exclure ceux de chaque communauté qui montrent à leurs confrères le visage de loup qu'ils devraient réserver à l'ennemi commun. De même les honneurs anthumes ou posthumes ont servi de tout temps à récompenser ceux des membres de la communauté qui se sont montrés les plus « loups » envers l'ennemi ou, s'il est permis d'ainsi dire, les plus « dieux » envers leurs amis et compatriotes. Beaucoup de héros ont été déifiés ainsi, à titre militaire ou à titre civil.

Visage de dieu, visage de loup, l'expression alternante du visage de l'homme en présence de l'homme résulte de sa constitution, de sa loi. Naturellement philanthrope, naturellement misanthrope, l'homme a besoin de l'homme mais il a peur de l'homme, les circonstances règlent seules le jeu de ces deux sentiments qui se combattent, mais se complètent.

Je ne crois pas qu'ils puissent disparaître jamais. C'est une niaiserie, il me semble, de l'espérer. Les sociétés les plus vastes et qui fondaient les plus étroites « fraternités » furent aussi les plus terribles pour tout ce qui tentait de vivre en dehors d'elles. J'en atteste les souvenirs de l'Empire romain qui, en se dilatant par toute la terre habitée, ne pardonnait qu'à ses vaincus et écrasait le reste. La Chrétienté si douce aux populations abritées dans son vaste sein, s'abandonnait à la violence naturelle de tout instinct quand elle rencontrait des païens ou des Sarrasins. Aujourd'hui, la civilisation anglaise si modérée, si respectueuse, si juridique envers ses citoyens, ne reconnaît ni droit ni force en dehors de sa force ou de son droit. Trait curieux : de ravis de tous ceux qui l'ont vu de près, l'Anglais moderne est personnellement serviable, hospitalier, humain envers l'étranger, quel qu'il soit, qu'il a accueilli près de lui et avec lequel il a conclu l'alliance. Sa volonté formelle a la puissance de créer de ces acceptions de personne. Mais ce sont, comme on dit en droit, des espèces pures, et en dehors desquelles il se croit le devoir de montrer visage de loup à tous les barbares : son visage de dieu est réservé aux fils de la vieille Angleterre.

On peut railler ce patriotisme, ce nationalisme ingénu. Mais il est conforme à de grandes lois physiques. Il se rattache aux éléments mêmes du genre humain. Pour créer ou pour maintenir un peuple prospère, une civilisation florissante, on n'a pas trouvé mieux, on n'a même pas trouvé autre chose.

Ne dites pas qu'il peut contribuer à la guerre étrangère il épargne à coup sûr la guerre civile qui est la plus atroce de toutes.

Nature et fortune

Si l'on me concède que le hasard contribue bien pour une petite part à notre droiture et à notre intelligence, je prétendrai qu'il ne faut jamais se railler du hasard ; c'est un grand simplificateur, un grand abréviateur de querelles. Les dés étaient sacrés chez divers peuples plus sages que nous.

Notre prise sur les événements ne dépend pas de nous seuls. Ils sont parfois d'une singulière facilité.

Pour les capter, il peut suffire de la force d'un enfant. Puissance souvent n'est qu'adresse ou bonheur. Et tout se peut !

Les grandes races humaines, si sensibles à tous les attraits, savent le plus aisément du monde se plier aux disgrâces et aux difficultés du sort. N'était-ce pas le jeune Alcibiade, honneur et délices d'Athènes, qui se vautrait et se perdait dans les délices du grand roi, mais riait de plaisir en s'accommodant du brouet de Lacédémone ?

Les hautes énergies sont souples. L'homme vraiment fait pour savourer les joies de la vie est celui qui sait s'en passer avec une même allégresse.

Je ne suis pas de ceux qui rient de la belle illusion qu'avaient les Anciens au sujet des astres. Peut-être savaient-ils que leurs chariots enflammés sont, en réalité, rongés et consumés de leur vie lumineuse ; fort sagement, ils ne voyaient point ces mondes en eux-mêmes, ils les concevaient par rapport à leur propre vie. Il n'est pas douteux qu'une étoile ne soit un bon emblème de pérennité en comparaison de l'existence des éphémères. Tout ce que nous savons ou croyons savoir détruira difficilement le rapport naïf de nos sens. Nous ne croyons pas injurier la science en invoquant l'étoile comme haute, comme stable et comme éternelle pendant que nous roulons misérablement sur les flots. L'étoile nous fournit une image satisfaisante et un type approximatif de la perfection relative vers laquelle le cœur d'un homme peut se gonfler. Haute étoile, étoile stable, étoile éternelle, c'est vers toi qu'on se sauve des violences et des ruses, des gouffres et des replis, des tentations et des corruptions de la mer !

Nature et raison

L'instinctif et l'inconscient sont à la base de la nature humaine ; si cette nature est mêlée de bien et de mal, elle n'est pas toute mauvaise. Un homme qui serait toute volonté consciente serait un automate qui tiendrait du crétin.

Que la raison consciente dirige ; elle ne trouvera de forces à employer que celles que lui fournit en dernière analyse le terreau nourricier, qu'il faut bien nommer corporel. Qui ne reconnaît pas ces sources vives de puissance sera le premier châtié, car il ne s'en servira pas.

Comme il y a dans l'âme humaine une portion toute mécanique, condition et support des autres parties, et faute de quoi rien ne se tiendrait, portion à laquelle s'appliquent toutes les lois du monde minéral, il est aussi en nous une province végétative qui supporte et donc conditionne la sensitive et la rationnelle.

Il faut se mettre en règle avec ces lois de l'âme végétative si l'on veut être un bon animal, comme il faut, si l'on veut être un bon animal raisonnable, ou humain, bien sentir, c'est à dire sentir en animal sain et complet.

Le monde physique a des lois, la nature humaine a les siennes, qui ne s'inventent pas, mais qui se découvrent. L'esprit de l'homme, au lieu de spéculer dans les nues, doit regarder autour de lui afin d'y trouver son conseil et sa direction dans la lumière.

Il y a un homme parfait. Je n'entends pas une figure médiocre dans laquelle se compensent les défauts et les qualités d'un être humain : j'exprime la limite de la puissance humaine. Les monstrueux, les excessifs, les boursouflés ne passent point cette limite quoiqu'on ait l'habitude de le dire communément. Ils restent fort loin en deçà. L'homme ne conçoit rien au-delà de ce terme ; c'est là qu'il a placé les dieux.

En deux mots, l'homme est un animal qui raisonne. Cette vieille définition me semble bien la seule qui puisse satisfaire. Ni la moralité, ni la sociabilité, ni certes le sentiment ne sont particuliers à l'homme. Il n'a à lui que la raison ; c'est ce qui le distingue, sans l'en séparer, du reste de la nature.

Cette nature est représentée en lui tout entière dans son corps qui a poids, nombre et mesure ainsi que les métaux, organisation comme les végétaux, sensibilité et mouvement comme les animaux, et qui paraît ainsi la plus haute fleur de la terre ; sa raison est nourrie, aiguisée, activée et éclairée sans cesse des tributs que le monde lui paie par ces canaux. Dans un homme parfait, il faut que la raison, ainsi conditionnée par la nature entière, développe toute l'ampleur de son énergie dans le mode exact où cela ne peut nuire à l'expansion parfaite d'un corps et d'un cœur florissants. La raison poussée à l'excès, desséchant l'animal, tarit ses propres sources de développement ; et quant à la culture exclusive du corps, il est bien clair qu'elle épaissit une âme raisonnable et ôte à l'homme son esprit.

L'homme est ainsi formé par cinquante siècles de civilisation qu'il a presque perdu l'idée de l'inimitié fondamentale de la nature. Le chœur des choses qui l'entourent lui paraît un ensemble clair, harmonieux, bienveillant, pourvu qu'il n'y vive point seul.

S'il tremble dans le désert, c'est de solitude.

Que ce désert se peuple, l'homme se rassure aussitôt. Il a sans doute foi en lui ; mais il lui vient aussi, par une espèce de contagion rapide, un sentiment de confiance et d'abandon dans la solidité, dans la constance, dans la richesse et dans la générosité de son Univers.

La machine du monde n'est pas conduite par les mots prononcés devant elle ou les phrases inscrites sur ses manivelles, mais par des créatures vivantes : des besoins, des intérêts, des forces réelles pleines d'appétit.

Soit, le monde se développe, nous le savons. Mais nous savons aussi qu'il a pour champ d'évolution deux infinis. La plus légère modification exige des milliers de siècles. Chez les hommes, l'écorce des mœurs tombe assez aisément comme elle se remplace ; mais ce n'est que l'écorce, et que connaissons nous d'essentiel à l'homme qui se soit altéré depuis quatre mille ans ?

Avoir raison, c'est encore une des manières dont l'homme s'éternise : avoir raison et changer les propos communs et courants en un petit nombre de propositions cohérentes et raisonnables, c'est, quand on y réussit seulement sur quelque point, le chef d'œuvre de l'énergie.

Avoir raison ne suffit pas. Mais c'est l'indispensable et par là qu'il faut commencer. Et si l'on a commencé par avoir tort, il faut quitter l'erreur, revenir sur ses pas pour rattraper le point à partir duquel on avancera et on progressera, au lieu de tourner en rond, reculer, piétiner.

Rien n'est plus délicieux à la pensée de l'homme que d'éprouver une loi par le témoignage d'un fait indépendant et spontané, de quelque fait postérieur à la formule de la loi.

On se confirme dans ce sentiment profond que raisonner n'est point rêver et qu'il existe des correspondances mystérieuses entre les vues de notre esprit et le courant confus des choses réelles.

J'ai toujours tenu la raison pour futile instrument dont la structure nous définit la portée. Elle ne voit certes pas tout, mais ce n'est pas la peine de s'arracher les yeux parce que la philosophie de l'optique reproche à ces organes quelque vice de construction. Désespérer des ressources de la raison est aussi vain que de tout en attendre et de tout y suspendre.

Aussitôt qu'elles deviennent nos maîtresses, les facultés qui sont des forces aveugles veulent pour elles la couronne, sans partage ; mais le plaisir de l'intelligence et de la raison, ce n'est pas de régner, ce n'est pas de *pouvoir*, mais simplement de *voir* ce qui règne ou qui doit régner et d'assigner à chaque activité la place qui lui est le plus convenable. S'il est facile à la raison de donner le sceptre au plus digne, il lui est superflu et comme impossible de se l'arroger indûment.

La raison, c'est à dire l'intelligence modérant, mesurant ou pressant toutes les passions. Les faibles seuls excluent la raison du sentiment. Chez les forts, la conviction est d'autant plus chaleureuse qu'elle est fondée sur des motifs plus clairement notés. La raison et le sentiment, se soutenant tour à tour et se réglant l'un par l'autre, sont la sauvegarde et l'espérance du monde.

DEUXIÈME PARTIE

Principes

La vérité

O ui, Monsieur, oui, Madame, c'est parce que « le discours est dur » que l'efficace en sera douce ; c'est parce que le livre est « amer à la langue » que, plus bas, il sera tonique et guérissant.

Les poteaux dressés sur les routes ne mettent pas leurs indications en un style doux et fleuri : ils affichent le style de leur utilité. Nets, directs, insistants et autoritaires, ils ne disent point : si *je me trompe,* ils ne doutent point d'eux ils ne s'excusent pas de lancer rudement aux yeux des gens qui passent les flèches de la direction et les chiffres de la distance. Mais le voyageur s'en plaint-il ? Pour peu qu'il ait le cœur à philosopher, il rend grâce à l'auteur de brutalités profitables dont il ne se sent même pas tyrannisé.

À lui de ralentir ou de presser le pas, de suivre ou de changer son orientation. La pierre milliaire dit seulement en termes clairs ce qui est, et ce dont il faut qu'il tienne compte. Plus la donnée précise bornera la pensée et plus, en raison même de cette borne étroite, les fantaisies du cœur, les vœux de l'imagination, les besoins, les commodités et les intérêts personnels obtiendront de sécurité et pourront se donner carrière. Une indication incertaine, une donnée ou vague ou fausse, en paraissant flatter l'arbitraire du promeneur, restreindront la liberté de ses mouvements, de son repos, diminueront ses pouvoirs réels, car les risques attachés aux conséquences d'un itinéraire nonchalant ou capricieux ; se trouveront multipliés par l'insuffisance de son information.

C'est une grande erreur de penser que les *contingences,* comme on dit, s'accommodent plus aisément d'un principe lâche et flottant : bien au contraire, toute indécision des principes complique l'étude des faits, aussi bien que leurs traitements ; l'incertitude se trouve ainsi introduite au seul point d'où pouvait leur venir un peu de lumière, aux complexités de la terre se seront ajoutées des ombres dans le ciel.

La vérité, soleil dur mais clair, se contente d'établir de haut ce qu'il faut savoir et penser avant que d'agir. Elle montre le bien, elle marque le mal, elle fait distinguer les proportions suivant lesquelles l'un et l'autre se rencontrent et se mélangent dans la variété infinie de nos cas humains. Une fois éclairé ainsi, l'homme est loin d'avoir résolu les problèmes de sa vie pratique, mais il tient de quoi les résoudre, et si, comme cela lui arrive trop fréquemment, il ne trouve guère à choisir qu'entre des maux, il discernera mieux lequel sera le moindre, son effort pourra s'appliquer à la fuite du pire, ce qui fait peut-être le plus grand point du gouvernement de soi-même ou d'autrui.

Non seulement la vérité est défendue par ce qu'elle a de naturellement général, d'élevé, d'abstrait et d'étranger à l'homme, mais pour se décider à gravir jusqu'à elle, il faut un élan généreux de la pensée au-delà du présent, un large calcul d'avenir. Pour adhérer à cette vérité que tout voile, il faut en outre un effort de la volonté imposant silence, à bien des instincts.

La vérité (je ne dis pas la sincérité, je dis la vérité entière, l'accord d'un langage et d'une pensée avec les réalités du dehors), la vérité peut-être encore autre chose que la suprême volupté de l'intelligence : c'est l'habileté souveraine, c'est la force toute puissante.

La sincérité n'est pas la vérité. L'intention la plus droite et la plus ferme volonté ne peuvent pas faire que ce qui est ne soit pas.

Ne sous-estimons aucune vertu, mais rendons justice aux vertus de l'évidence. Il n'y a pas de sourire, de grimace ou de papotage de beaux esprits qui puisse tenir contre elles. Les décisions qu'elles entraînent sont graves, parfois pénibles, dans la vie de l'esprit, la vie extérieure ne s'en accommode pas toujours, mais le service qu'elles rendent est tel qu'elles emportent tout.

Le vrai vaut par lui-même. Mais il y a des vérités amères et des vérités douces. Il y en a d'utiles, il y en a de dangereuses. Il y en a qu'il faut réserver pour les sages et d'autres qui conviennent à la nourriture de tous.

Quelques révolutionnaires purement oratoires et mystiques peuvent estimer que, fable ou vérité, c'est toujours bien assez bon pour le peuple ! Nous croyons que le peuple n'a pas des besoins moins exigeants que l'élite. Il lui faut de la vérité comme du pain. Le mensonge historico-politique vous empoisonne un peuple tout aussi proprement que le cyanure de potassium.

Un dédain qui ne s'exprime pas n'agit pas. Au contraire, une erreur et un mensonge qu'on ne prend point la peine de démasquer acquièrent peu à peu l'autorité du vrai.

La force

Il y a des faiblesses tyranniques, des débilités méchantes et des vaincus dignes de l'être, comme il y a des victorieux bienfaisants, des héros de l'énergie et de la puissance à qui l'humanité doit d'immenses progrès, des colosses de santé et de force qui ont mérité la bénédiction du passé et de l'avenir. La force en elle-même, dépouillée de ses caractères adventices et circonstanciels, la force qui n'est encore au service ni du bien ni du mal, la force nue est par elle-même un bien, et très précieux, et très grand, puisque c'est l'expression de l'activité de l'être. Il est imbécile d'en vouloir ignorer les bienfaits.

Il ne faut pas se lasser de le redire, pour décourager le sophisme malfaisant : la force par elle-même, réduite à elle-même, est un bien. Cela ne veut pas dire qu'elle fait toujours bien ou qu'il n'y a pas de plus grand bien.

Bonne en elle-même, elle est aussi capable des plus grands bienfaits comme de défendre la patrie, du punir le crime, de venger l'honneur ou de protéger l'innocence.

Mais comme elle est capable de tout, il lui faut comme première garantie une règle et, mise au service de la meilleure cause, un ordre. L'ordre contribue à la rendre entièrement et complètement efficace. Mais l'ordre la retient aussi au service de ce qu'elle prétend servir ; l'ordre l'empêche de se retourner malgré elle contre ce qui lui est cher. Toute force désordonnée est exposée à ce péril.

Pour modérer la force il reste la Raison, c'est à dire le sens de la mesure et des proportions intellectuelles, il reste ce sens civique qui ajoute aux ordres supérieurs de l'esprit je ne sais quel principe de cordialité, de bonhomie, je voudrais oser dire de charité, qui ne veut pas la mort du coupable, mais qui veut, et qui veut bien, son amendement.

Il reste aussi cette clarté, cette franchise, suite naturelle de la rectitude de l'esprit, qui ne permet ni hypocrisie ni déguisement, mais qui va droit devant soi, visière haute et poitrine découverte, cette sérénité tranquille qui convient à ceux qui ont assumé librement de nobles missions.

Les théories de la force ne sont pas du tout en contradiction avec la doctrine de solidarité, et, de toute façon, l'entraide humaine a besoin d'être forte pour se protéger ou pour être protégée contre la violence.

S'il n'y a au monde que la force qui vaille, il apparaît indispensable d'être forts ; s'il y a autre chose, si, comme nous le pensons, il y a mieux, et beaucoup mieux, il est plus nécessaire encore d'être fort et puissant pour sauver ou pour développer ces vrais biens.

L'ordre

Comme il ne saurait exister de figure sans le trait qui la cerne et la ligne qui la contient, dès que l'Être commence à s'éloigner de son contraire, dès que l'Être est, il a sa forme, il a son ordre, et c'est cela même dont il est borné qui le constitue. Quelle existence est sans essence ? Qu'est-ce que l'Être sans la loi ? À tous les degrés de l'échelle, l'Être faiblit quand mollit l'ordre ; il se dissout pour peu que l'ordre ne le tienne plus.

L'ordre n'est qu'un moyen. C'est un point de départ. Rétablir l'ordre restitue une atmosphère favorable à l'action de l'esprit comme à celle du corps. Cet ordre rend l'œuvre possible ou meilleure. Il lui garantit la durée, lui fournit des auxiliaires ou des protecteurs.

La règle humaine ne consiste pas à tuer, à détruire, ni à anéantir le sujet qu'elle doit, au contraire, développer en le maintenant dans sa voie.

Nécessité de *subordonner* pour coordonner et pour ordonner, il n'y a point de faribole d'orateur qui puisse aller contre cette mathématique !

Se conformer à l'ordre abrège et facilite l'œuvre. Contredire ou discuter l'ordre est perdre son temps.

L'ordre, on l'a dit, est une justice supérieure.

Pour l'ordre historique et politique, *avoir n'est* rien, si l'on n'est en mesure de *garder* aussi.

À la guerre comme dans la paix, l'ordre est précieux entre tous les biens. Avec sa fausse dureté, avec sa rigueur apparente, il économise les existences, comme il mesure et utilise les efforts.

Le soldat qui se plaint de l'ordre est ennemi de lui-même. L'aveugle bonté qui fait chorus avec ce soldat est une ennemie du soldat. Ennemie inconsciente et involontaire ; qu'importe l'intention si elle renvoie à la mort ?

Justement parce qu'il est ingrat et léger, parce que l'oubli et l'instabilité lui sont ordinaires, l'homme s'est aperçu de bonne heure qu'il lui faut rechercher, dans le Temps qui change sans cesse, des points de repère immobiles, d'invariables points d'appui, toutes les fois qu'il tient à réaliser un dessein de quelque importance, qu'il veut être fidèle à son but et à son amour.

J'écris à dessein ce dernier mot, qui n'exprime que le sentiment des personnes ; car si les passions fortes ont leurs rites anniversaires, si un retour de certaines dates entraîne un retour naturel de la pensée sur les mystères douloureux ou joyeux de la vie du cœur, à plus forte raison, quand il ne s'agit plus d'un seul être, mais d'une société, d'une religion, d'une cause, sera-t-il nécessaire d'éterniser à leurs dates les souvenirs heureux ou funestes.

N'OUBLIEZ PAS : c'est le point de départ de tout ordre et de toute loi.

L'autorité

Lorsque le premier mouvement d'enthousiasme est passé, nul ordre ne peut naître que de l'autorité.

Nature de l'autorité

L'idée que l'autorité se pût construire par en bas ne serait pas entrée dans la tête de nos grands-parents qui étaient sages.

Elle n'est fabriquée, au vrai, ni d'en bas, ni d'en haut.

L'autorité est *née*. Dans les individus, les familles, les peuples, elle est un don où la volonté des hommes a fort peu à voir.

L'observation la plus vulgaire est tout à fait d'accord ici avec le texte catholique *omnis potestas a Deo*. Dans une des plus vieilles « lettres à Françoise », M. Marcel Prévost rappelle à sa nièce comment, après avoir passé son baccalauréat, elle sut obliger le secrétaire de la Faculté à lui montrer ses notes, au mépris des règlements de l'Université et des lois de l'État. *Vous avez un grand don, Françoise, c'est l'autorité*, observait sentencieusement l'oncle Marcel. Croyait-il si bien observer ? Allait-il jusqu'au bout de ce qu'il observait ?

L'autorité, saisie ainsi à la naissance, est quelque chose de simple et de pur. Certains types humains le possèdent, les autres en sont démunis.

En laissant de côté ceux qui ne savent que subir, l'homme de liberté, reconnaissable à la fierté d'un cœur que rien ne dompte, diffère de celui que la dignité caractérise et qui inspire surtout le respect : l'homme d'autorité diffère des deux autres. Sa liberté s'impose naturellement à la liberté d'autrui, sa dignité est rayonnante, elle entraîne et transporte. Ce n'est pas le respect ni l'admiration, sentiments inertes, c'est une docilité enthousiaste, qui lui répond.

Loin d'être irrationnels, les vœux instinctifs vont plus vite que la raison consciente, et la logique clairvoyante n'en est pas plus absente que des passions d'un grand amour. L'auteur de la *Vie nouvelle* nous dit qu'à la première vue de Béatrice le cœur se mit à lui battre impétueusement, ce que Dante développe et explique en ces termes : « *... L'esprit de la vie qui réside dans la voûte la plus secrète du cœur commença à trembler avec tant de force que le mouvement s'en fit ressentir dans mes plus petites veines, et, tremblant, il dit ces paroles* : Ecce deus fortior me, qui veniens dominabitur me. *Voici ce dieu plus fort que moi, il va me dominer. Alors, l'esprit animal, qui se tient dans la haute voûte où tous les esprits sensitifs vont porter leur perception, commença à s'étonner beaucoup et, s'adressant particulièrement aux esprits de la vue, dit ces paroles* : Apparuit jam beatitudo nostra. *Notre béatitude est apparue...* » Il faut relire toute cette pénétrante et poétique analyse qui est d'un âge où les sophismes paresseux de l'Allemagne et de la juiverie n'avaient pas imposé à l'Occident européen une ridicule philosophie de l'inconscient. Ce qui était inconscient, on le portait à la conscience. Ce qui échappait aux premières prises de la raison, une raison plus subtile l'arrachait à la nuit.

Cette explication des fortes presciences d'un cœur amoureux, telle que Dante nous la donne, peut s'appliquer aux transports instinctifs d'une âme obéissante devant l'autorité qu'elle juge lui convenir : un jugement rapide lui donne à concevoir qu'il lui sera bon de servir cette force conçue comme utile et bienfaisante, dont l'ordre lui présage protection, justice ou victoire. Elle y goûte l'amorce d'un bien mystérieux. À quel signe le connaît-elle ? C'est la grande difficulté. Certains chefs militaires se font obéir par le génie, d'autres par la bravoure, d'autres par une sorte de foi mystique. Les dons extérieurs et brillants d'un Condé y peuvent ajouter la magie de l'exemple, mais des généraux portés en litière ont rayonné le même prestige.

Henry Fouquier, qui fut des *Mille,* aimait à raconter que Garibaldi vieillissant fanatisait ses bandes en leur disant à demi-voix, du fond de sa voiture où les rhumatismes le confinaient, un simple : « Messieurs, en avant ! » Tant de passions d'espérance et de confiance dorment dans l'âme humaine ! Il suffit de peu pour les en faire surgir, mais ce rien est indispensable, et nulle convention, nul arrangement, nul artifice de volonté ne tient lieu du premier don naturel.

L'autorité est du même ordre que la vertu ou le génie ou la beauté. Les plus savants rouages n'ont jamais remplacé l'autorité *née...*

Les Français du Xe siècle s'étaient rangés autour de la race qui, depuis cent années et plus, les avait toujours défendus efficacement. D'où venait cette race, de quel ciel était-elle tombée sur le pays ? Saxons immigrés ou seigneurs paysans autochtones ou même descendants des bourgeois parisiens, l'érudition ne cesse d'en discuter. On ne discute pas l'autorité acquise peu à peu par leur puissance heureuse ni le bienfait de leur dynastie ni son honneur constant.

Elle exprime depuis des siècles un pouvoir de protection et de relèvement, elle figure tout ce que le cœur et l'esprit des hommes, isolés ou réunis, attend, espère et croit d'une autorité véritable.

La vraie autorité est sage naturellement ; une autorité insensée n'est point concevable. Vidée d'autorité ne signifie, en effet, point seulement le pouvoir et le grand pouvoir exercés par un homme ou par un groupe d'hommes, mais de plus il enferme la connaissance de l'objet sur lequel s'exerce et s'applique ce pouvoir. Plus l'autorité croît, plus cette connaissance elle-même se développe. Plus l'autorité est parfaite, plus elle suppose la clarté et l'exactitude de cette connaissance, et plus elle s'y proportionne.

L'autorité ne serait pas une nécessité politique éternelle si, parallèlement à cet instinct directeur, qui constitue le fond de l'âme des chefs, il n'existait dans l'âme des sujets et des citoyens un instinct d'obéissance, *esprit de suite,* disait Richelieu, qui est l'expression vivante du plus grand intérêt des foules : être gouvernées et bien gouvernées, dans un bon sens, avec fermeté.

Les conditions de l'autorité vraie : L'éducation des chefs

Le développement de ce qu'on appelle la civilisation moderne tend à donner aux forces matérielles un avantage croissant sur les forces morales.

Si l'on se fie à elle pour réaliser la justice sociale ou radoucissement des mœurs, on se prépare des déceptions considérables ! Cette civilisation n'égalise ni les fortunes, ni les conditions : sa complexité ne cesse, au contraire, de creuser des différences entre les hommes. Elle n'affranchit pas : l'autorité de la science et de l'industrie tendrait plutôt à établir de nouvelles races d'esclaves. Enfin, loin d'apaiser et de concilier, ses nécessités sont d'une telle rigueur qu'elles semblent couper à angle droit, détruire ou renier tout ce qui est humain.

Ni le jeu de l'offre et de la demande qui constitua le capitalisme, ni le principe des nationalités qui a créé notre paix armée, ni la guerre de classes, par laquelle les masses insurgées répondent au capitalisme affameur, ne sauraient répandre dans le monde moderne une atmosphère de bergerie. Nous en serions plutôt repoussés chez les loups insociaux et contraints de vivre, par catégories de classes ou de races, selon la coutume des loups. Le vernis héréditaire des mœurs s'écaille peu à peu, les survivances des traditions générales s'effacent et les statistiques de la criminalité montrent ce qui en découle inévitablement.

Considérez les progrès de l'athlétisme (qui pourrait faire dans une société bien réglée une admirable école de discipline et d'élégance), la passion (d'ailleurs excellente en elle-même) de l'emporter et de primer dans ces jeux violents, les instruments nouveaux créés par la science et ses applicateurs : cette multiplication des anciennes forces et ces nouveaux moyens mis au service d'énergies sans frein n'ont qu'à se donner cours : le moraliste, à mille signes, voit renaître la brutalité.

Quant au langage de nos contemporains, je parle des meilleurs, de ceux qui sont élevés, sinon bien élevés, hommes et femmes, c'est à l'onomatopée primitive qu'il revient, si *nous « laissons faire à la vie »*, aux forces, aux destins.

En régime de brutalité, ce ne sont ni les chefs ni les ordres, ni même l'ordre, avec sa hiérarchie nécessaire qui font défaut. Les massacreurs de septembre avaient des chefs. Ce n'est pas d'ordres que manquèrent les fusilleurs du duc d'Enghien ou de Mgr Darboy. Il ne faut pas nous plaindre de notre temps à cet égard.

Les différences de classes sont plus marquées qu'il y a un demi-siècle, l'arrogance et le despotisme des autorités seraient plutôt en voie de grandir. Ce qui manque, c'est, dans les esprits dirigeants, cette lumière qui est le signe de leur droit de conduire. Les chefs subsistent et leur pouvoir augmente, mais ce sont des chefs barbares livrés aux impulsions de la passion ou de l'intérêt.

Ils commandent, ils conduisent, car leurs troupes le veulent, mais ils commandent mal et conduisent de travers, faute d'avoir appris.

Ils sont donc, eux aussi, plus encore que ces masses prolétariennes pour lesquelles on simule un intérêt si vif, ils sont de véritables déshérités.

Le trésor intellectuel et moral dont il leur appartenait de recueillir l'héritage a été dédaigné et finalement s'est perdu. Ainsi en disposa l'esprit de la démocratie libérale qui a désorganisé le pays par en haut ; empruntant la voix du progrès, feignant de posséder les promesses du lendemain, il a fait abandonner le seul instrument de progrès, qui est la tradition, et la seule semence de l'avenir, qui est le passé.

L'histoire de la troisième République peut suffire à montrer l'inconvénient qu'il peut y avoir à livrer la législation, les armées, l'économie, la diplomatie, et toutes les formes de l'autorité et de l'influence à des esprits sans direction et sans culture, à des cœurs sans maîtrise et sans dignité.

L'histoire symétrique de l'Angleterre conservatrice, où tout ce qui gouverna et servit dans les hauts emplois avait subi la dure et longue préparation intellectuelle et morale des vieilles universités, à grand renfort de vers grecs et de discours latins, vérifie combien il est certain que le bonheur réel des peuples dépend du bon dressage de leurs conducteurs. L'épée du conquérant, le bâton du pionnier, même le crayon de l'homme de Bourse, toutes ces modalités de la force et de la ruse peuvent et doivent réaliser de grands biens à la condition d'avoir passé le temps nécessaire sous la férule de l'éducateur. Tout ce qu'on ôte à la férule n'est pas ôté à la férule ni à l'autorité qui la tient : cela est retranché à la masse entière du peuple ; c'est la nation et le genre humain qui sont les premiers dépouillés.

La diminution du commun avoir intellectuel et moral est une perte pour tout le monde : les petits y perdront autant que les grands.

Ils y perdront même beaucoup plus que les grands, car ce qui perfectionne, affine, élève les grands constitue, au profit des autres, la garantie la plus précieuse et souvent la seule, contre les abus du pouvoir auxquels exposent précisément les grandeurs. Certaines nuances de vertu et d'honneur, certains beaux accents persuasifs de la voix qui commande sont les fruits directs de la seule éducation.

Il en est de cela comme de la religion.

Celui qui a dit qu'il fallait une religion pour le peuple a dit une épaisse sottise. Il faut une religion, il faut une éducation, il faut un jeu de freins puissants pour les meneurs du peuple, pour ses conseillers, pour ses chefs, en raison même du rôle de direction et de refrènement qu'ils sont appelés à tenir auprès de lui : si les fureurs de la bête humaine sont à craindre pour tous, il convient de les redouter à proportion que la bête jouira de pouvoirs plus forts et pourra ravager un champ d'action plus étendu.

Toute liberté n'est point convenable en tout État ; chaque État dépend de ses antécédents historiques et de sa configuration géographique, comme chaque homme de ses ancêtres et de son pays. Dépendances salutaires et tutélaires, puisqu'elles ont donné la vie, la soutiennent et la conservent, et que qui s'y dérobe meurt. La liberté varie avec les temps et avec les lieux, mais il n'y a point d'État qui puisse durer sans une autorité souveraine.

Si donc l'on veut parler avec exactitude, ce n'est point la liberté qui est générale, nécessaire, de droit œcuménique, primitif et humain ; c'est l'autorité.

Exercice de l'autorité : le Pouvoir

La propriété du pouvoir ressemble aux autres propriétés, elle résulte du travail, du travail fait, « bien fait ». La force toute nue peut s'appliquer au bien et au mat à la construction et à la destruction. Quand elle a fait le bien, quand elle a construit, elle en a le mérite, elle en a le prestige et la gloire, elle en voit naître aussi ce produit qui s'appelle l'autorité.

La carence du pouvoir ressemble à la vacance d'un champ. Le prend qui veut, le tient qui peut.

Lorsque le pouvoir est vacant, c'est, comme disait Jeanne d'Arc, grand pitié sur le royaume ! Et c'est grande misère. Prendre le pouvoir en ce cas, quand on en a la force, C'est tout simplement un acte de charité ou d'humanité. Un peuple a besoin de chef comme un homme de pain. Non seulement, en telle hypothèse, se rétablit le droit du premier occupant, mais il y a devoir rigoureux, obligation stricte, pour celui qui peut occuper. Quand les citoyens sont menacés par l'ennemi, il faut les commander si l'on peut le faire. Quand le désordre est dans la rue, il faut y ramener de l'ordre si l'on en a les moyens.

Le pouvoir n'est pas une idée, c'est un fait, et l'on croit à ce fait quand il se fait sentir, toute la critique du monde ne peut rien contre la force d'un conquérant.

La plupart des moralistes, qui sont des esprits confus, ont jugé que le pouvoir corrompait le cœur de l'homme. Quand le pouvoir est élevé et qu'il dure, quand il dure un peu, l'effet est tout contraire, l'apprentissage des responsabilités se fait et leur expérience perfectionne au lieu de gâter.

La liberté

La liberté n'est pas au commencement, mais à la fin. Elle n'est pas à la racine, mais aux fleurs et aux fruits de la nature humaine ou pour mieux dire de la vertu humaine. On est plus libre à proportion qu'on est meilleur. Il faut le devenir. Nos hommes ont cru s'attribuer le prix de l'effort par une Déclaration de leurs droits fameuse, en affichant dans leurs mairies et leurs écoles, dans leurs ministères et leurs églises que ce prix s'acquiert sans effort. Mais afficher partout que chacun naît millionnaire vaudrait-il à chacun ombre de million ?

Direz-vous que c'est un droit à la liberté ? Le droit au million ne serait pas plus vain.

La liberté, principe métaphysique, est une chose : les libertés en sont une autre. La volonté du peuple, somme, des volontés individuelles, est une chose ; la volonté générale, expression de l'intérêt général d'une nation, d'une race, d'un pays, est une autre chose, toute différente.

La liberté du fou s'appelle folie, celle du sot, sottise, celle du bandit, banditisme, celle du traître, trahison, et ainsi de suite. Dire que les libertés se limitent les unes les autres est tout à fait juste de l'état sauvage ou de l'état d'anarchie : cela signifie simplement que les forts oppriment ou exploitent les faibles tant que les faibles ne se révoltent pas contre les forts et que les victimes éventuelles n'ont pas trouvé un procédé sûr pour canarder et mitrailler à volonté leurs bourreaux. La liberté conçue comme régime ou comme principe, c'est un chaos, généralement douloureux.

Les citoyens qui ont un peu réfléchi ne se laissent donc pas intimider par des effets de mots. Ils définissent la liberté un pouvoir ou une force, force ou pouvoir qui vaut ce que valent ses sujets et son objet. Le ridicule éternel du XVIIIe siècle et du XIXe consiste à prendre la liberté pour une règle ou pour un but quand ce n'est qu'un moyen ou une matière.

La liberté vit dans peu d'hommes.

Qui dit liberté réelle dit autorité. La liberté de tester crée l'autorité du chef de famille. La liberté communale ou provinciale crée le pouvoir réel des autorités sociales qui vivent et résident sur place. La liberté religieuse reconnaît l'autorité des lois spirituelles et de la hiérarchie interne d'une religion. La liberté syndicale et professionnelle consacre l'autorité des disciplines et des règlements à l'intérieur des corporations et compagnies de métier.

Ce sont là des faits observables.

Si, pourtant, au lieu d'observer on rentre en soi pour réfléchir, on s'aperçoit que la nature même de la liberté positive celle qui n'est pas conçue par rapport à un obstacle à surmonter, celle qui s'exerce et qui vit de source profonde, la liberté, c'est la puissance.

Sociale, elle s'exerce dans la société et elle a pour point d'application non pas le marbre comme le pouvoir d'un sculpteur, ni la machine, comme le pouvoir d'un mécanicien, mais les hommes engagés avec nous dans la vie sociale.

Qu'est-ce donc qu'une liberté ? Un pouvoir.

Celui qui ne peut rien du tout n'est pas libre du tout. Celui qui peut médiocrement est médiocrement libre. Celui qui peut infiniment est aussi libre infiniment. Une des formes du pouvoir, c'est la richesse. Une autre de ces formes, c'est l'influence, c'est la force physique, c'est la force intellectuelle et morale. Sur quoi s'exercent diversement ces pouvoirs divers ? Sur des hommes. Et ce pouvoir, à qui appartient-il ? À des hommes. Quand une humaine liberté se trouve au plus haut point et qu'elle a rencontré d'humains objets auxquels s'appliquer et s'imposer, quel nom prend-elle ? Autorité. Une autorité n'est donc qu'une liberté arrivée à sa perfection.

Loin que l'idée d'autorité contredise l'idée de liberté, elle en est au contraire l'achèvement et le complément. La liberté d'un père de famille est une autorité. La liberté d'une confession religieuse est une autorité. Ce sont encore des autorités que la liberté d'une association, la liberté d'une commune, d'une province déterminées.

Quand on veut que l'État respecte dans l'ordre économique l'initiative privée, on demande, au fond, qu'il respecte ce que Le Play nommait d'un si beau mot : les autorités sociales. Toutes les libertés réelles, définies et pratiques, sont des autorités. La liberté opposée à l'autorité ; la liberté qui consiste à n'être point *agi* par les autres, mais aussi à ne point les *agir*, cette liberté neutre n'est pas conciliable avec la nature ni avec l'ordre de la vie.

Le droit et la loi

J'ai toujours cru que le privilège des droits représentait aussi le privilège des devoirs.

L'expérience de la nature des choses établit que le domaine du droit commun est fort restreint et qu'il y a, tout au contraire, une multitude de droits privés. Chaque groupe d'hommes, qui a sa vie particulière, mérite un traitement particulier. Qui se « privilégie » veut être traité conformément à son privilège, et quand ce vœu n'est pas exaucé, le sujet souffre, tout d'abord dans le corps dont il fait partie et secondement en lui-même, par suite de la déconsidération et du relâchement qui, de toute nécessité, atteint ce corps.

Le droit, pour s'imposer et même pour subsister, a besoin qu'on le fasse valoir, qu'on le soutienne et qu'on le publie. Il suppose l'activité ou s'évanouit, peu à peu, dans le sang et les cendres des hommes massacrés et des édifices incendiés, puis dans le froid sublime de ces espaces vides où va s'éteindre l'éclat de voix du plus véhément des rhéteurs.

C'est ce que les rhéteurs ne comprendront jamais. Ils passent leur vie à personnifier « le droit ». Mais les hommes d'action et les hommes d'analyse se demandent ce que peut-être cette personne sans sujet, ce droit sans substrat vivant : à leur tour de ne pas comprendre l'antithèse qui traîne partout, ce droit qu'on oppose à la force, cette force dont on veut faire l'opposé du droit ! Autant mettre en opposition le triangle et la couleur. Il y a des triangles colorés, il peut y avoir des couleurs étendues en surfaces triangulaires. Je ne conçois pas un droit qui serait abstrait, qui serait séparé d'une personne morale ou matérielle en qui il existe, et c'est à dire d'une force.

Il y a la force, plus ou moins forte, qui a droit ; il y a la force plus ou moins forte qui a tort ; mais l'être de raison qui, sans aucune force, serait le droit ou aurait le droit, c'est ce que je ne puis concevoir.

Le droit, qui a besoin de la force pour être reconnu, en a besoin encore pour être.

La déduction juridique part des principes du Juste et de l'Injuste, ses notions premières représentent déjà la deuxième ou la troisième puissance d'une haute abstraction, et ses définitions si vastes sont nécessairement flottantes quand il s'agit d'en adapter la généralité à la vie pratique : entre la multitude des faits particuliers souvent très divers, et qui parfois se contrarient, l'esprit est à peu près fatalement induit à perdre de vue les raisons impersonnelles d'arrêter son choix ou même de conduire son attention ; c'est alors qu'à défaut des raisons impersonnelles, apparaissent les autres : le motif personnel surgit, actif et vigilant, et l'idée du droit ne reste plus éclairée et guidée que par l'idée du moi, de ce moi qui n'est pas sans droits, mais qui prétend les avoir tous et qui gouverne instinctivement les démarches de la pensée vers son intérêt seul, parfois compris dans un sens tyrannique, mais toujours, à quelque degré, insoucieux du bon ordre, inconsciemment favorable à quelque anarchie.

Me préservent les cieux de dire que le Droit mène à l'anarchie, lui qui veut au contraire la régler et la pacifier ! Mais il est né guerrier. À mon avis, la préférence donnée à la méthode juridique sur la méthode empirique doit convenir aux sociétés florissantes, fortement assises sur des principes qui éclatent de toute part et sont obéis de chacun.

Séparez l'homme de sa famille, de sa nation, de son métier,

dites-lui qu'il est roi, dites-lui qui est Dieu, et enivrez-le de ridée de Justice, vous verrez de quel cœur il comptera les torts qui lui seront faits et quelles pourront être ses indulgences pour les torts qu'il lui arrivera de faire à autrui ! Ce juge est trop partie, une partie trop intéressée et trop passionnée pour qu'il soit raisonnable de lui déférer théoriquement tout litige. Celui qui se reconnaît tous les droits commence par imposer au monde entier tous les devoirs, sans oublier les sanctions qui correspondront à tout manquement.

Là est la vraie folie de l'individualisme révolutionnaire, qu'il soit politique, social ou moral. Il est impossible qu'un animal aussi sensible, aussi triste, aussi vulnérable que l'homme, une fois placé sur l'autel intérieur que lui érige la dogmatique libérale, ne se croie pas, neuf fois sur dix, le créancier de ses semblables et de l'univers, au lieu que le plus misérable est au contraire leur débiteur à l'infini !

Cette illusion de la créance sur la société ne peut-être qu'encouragée par l'absurde métaphysique des Droits.

Précisions sur la nature de la loi

D'après une vénérable maxime, la loi se fait par l'opération du souverain *(constitutione regis),* par l'acceptation du sujet *(consensu populi).* Sans doute nos juristes traduisent mal ces mots. Es se figurent que *consensu* veut dire consentement exprès, ratification explicite, approbation formelle plus ou moins votée ou écrite.

Historiquement, politiquement, le génie humain est plus libre et plus expéditif ; son action s'embarrasse de moins de formalités et de paroles. Par *consensus,* il faut entendre l'adhésion de fait, tantôt bruyante comme l'acclamation qui suivait le sacre des rois, tantôt simple murmure approbatif dont Homère fait suivre la parole des chefs. EPEYTHY MISAN AXAIOI. Mais, dans l'immense majorité des cas, dans le cas dont on ne fait pas des historiettes, l'adhésion consiste dans le fait de n'élever aucune contradiction importante, de comprendre, d'exécuter.

Aller dire : « Monsieur le Sujet, voici une loi qui vous obligera. La voulez-vous bien ? Êtes-vous sûr de la vouloir. ? Il nous faut votre signature », c'est proprement vouloir lui inspirer de dire « non », de discutailler à l'infini pour ne pas marcher. La haine du nouveau et l'esprit de contradiction sont assez forts dans l'homme pour qu'on ne mette pas le salut public à leur merci.

Mais il reste vrai que la loi doit être faite pour être obéie facilement. Une loi doit être acceptable. La loi n'est pas la loi lorsque son énoncé suffit pour provoquer les gens à l'enfreindre. Elle veut un *assentiment,* naturel et prompt.

Le parti qui attaque une loi dont nul ne prend la défense peut avoir tort ou avoir raison, ce n'est pas la question : l'auteur d'une telle loi n'en aura pas moins commis la faute politique de ne pas attendre des conjonctures meilleures et des dispositions plus favorables de l'esprit public. Sa loi n'est qu'un décret d'état de siège qu'il devra soutenir les armes à la main, sans qu'il ait le droit de se plaindre ou de s'étonner.

L'esprit des lois modernes s'est éloigné de l'esprit des lois qui régissent les faits de la vie réelle, et ces faits réels, ne pouvant pas avoir souci du chiffon de papier qui les dénature ou de l'araignée qui tisse sa toile dans le cerveau législatif, ont continué à se développer suivant les poids, les mesures et les nombres dont ils sont composés.

On dit : « Mais le fait peut être le crime ! Le fait peut être la monstruosité ! Le fait peut être l'erreur ! »

Assurément : la politique et la morale réalistes ne donnent pas les faits nus et crus pour les types et les modèles de la vie. Mais elles recommandent deux points :

D'abord considérer les lois selon lesquelles les faits réels sont enchaînés, car si les faits peuvent être vicieux ou criminels, les lois du vice et du crime ne le sont pas ; l'ordre des causes et des effets qui préside aux réalités même mauvaises n'est pas mauvais le moins du monde, il est même excellent à connaître et à calculer, connaissance et calcul qui seuls permettent l'action.

Second point, l'action n'a chance d'être sérieuse et utile qu'à la condition de viser un but défini et juste. Il ne suffit pas d'avoir un « idéal » en tête ni de se faire une idée quelconque du « droit » et du « devoir » : ce moralisme, ce jurisme, cet idéalisme doivent être conformes à la vérité idéale, morale et juridique. En d'autres termes, il faut d'abord avoir raison.

Une idée fausse est une idée fausse. La vouloir imposer au monde sous prétexte que le monde doit être gouverné par les idées est une prétention absurde dont l'application sera forcément *criminelle ou* funeste. Les idées ne sont pas égales entre elles. Tous les droits prétendus ne sont pas valables. Et toutes les manières de régler les mœurs ne sont pas dignes de respect. L'erreur moderne vient de cette assimilation brutale des systèmes contraires rêvés par le cerveau humain. C'est une erreur commode, assurément, pour les orateurs et pour les plaideurs. Elle autorise ceux-ci à soutenir toutes les causes. Elle permet à ceux-là de contenter tous les auditoires. Mais les peuples qui s'y confient le paient.

La propriété

La propriété est la sauvegarde naturelle de l'homme, animal industrieux plus encore que raisonnable, à qui ses besoins, sa faiblesse, le mécontentement qu'il apporte dès son berceau font un étroit devoir de transformer ce qui l'environne. Pascal a tort de se moquer de ces pauvres enfants qui disent : ce coin est à moi.

On ne dirait pas moi, si l'on ne disait mien. Sans propriété, l'homme est un condamné à mort.

Posséder, c'est commander, c'est disposer de soi, C'est

pouvoir résister aux autres, c'est exercer une influence ne serait-ce que par réaction.

La propriété affranchit l'existence et confère une autorité au moins sur les biens de la terre et les fruits du travail.

L'hérédité

La nature procède le plus communément par imitation et répétition : mais elle a aussi ses innovations, ses caprices, ses initiatives. Dans ce cas elle agit avec une extrême vigueur.

Lorsqu'il lui plaît de faire naître un homme de guerre chez de paisibles magistrats, ou un marin sur une souche de vignerons, la vocation nouvelle est marquée assez fortement, elle est servie par une volonté assez ferme pour que toutes les résistances soient brisées. Mais ces résistances, ces difficultés, ont du bon. Ces épreuves sont des examens naturels, laissant passer les forts prédestinés, mais rejetant les autres dans la condition héréditaire qui leur est la plus convenable, car elle leur assure la défense et l'abri.

Comme moyen d'action vers un avenir, l'hérédité est le plus droit et le plus simple de tous.

Son utilité générale résulte du destin du producteur doué de raison, qui se reproduit avant de mourir.

La vie humaine serait indignement courte si la nature n'avait fourni aux sociétés une procédure qui transmette les fruits des travaux par le sang.

La flamme impersonnelle dont l'homme a le dépôt ne fait que le traverser pour courir à d'autres, mais délègue aux enfants qu'il procrée un pouvoir sur les biens qu'il a procréés comme eux et très souvent pour eux. La postérité inerte qui sort de ses mains sera vivifiée par sa postérité vivante.

Quand ses grands fils commencent à féconder son héritage, tout travailleur un peu amoureux de son œuvre sent avec vérité qu'il va vaincre deux fois la mort. Le pouvoir de léguer son reste donne à l'activité d'une vie bien remplie le plus haut laurier naturel.

Notons que les sociétés chrétiennes du Moyen Âge, pénétrées du sentiment surnaturel de la vie future, se sont toujours montrées extrêmement sensibles à la récompense terrestre du père dans le fils. Elles ont chanté, de toute leur âme, *l'Abraham et semini ejus in secula.*

Nos diverses races royales ou impériales sortent de nations ardemment convaincues de la réalité du royaume des cieux : comment des peuples moins croyants donneraient ils moins d'attention au vœu charnel de la durée héréditaire ? Elle est leur unique défense contre le temps : ils n'ont que cette ancre à jeter sur l'abîme de l'avenir. A la rigueur, les ambitions héréditaires auraient pu s'affaiblir par un brusque essor des espérances célestes ; l'inverse se comprendrait il ?

On peut raisonner ainsi :

Si quelque Dieu caché dans le secret des cœurs ou planant sur l'abîme interplanétaire assiste, immobile et muet, ardent et tout puissant, au développement des efforts de l'humanité, c'est sa loi même qu'il vérifie dans les choses et les hommes ; il ne peut qu'en bénir l'effet multiplié.

Mais si les espaces sont vides et si le cœur humain n'est lui-même assisté d'aucune « consolation éternelle », tous les bonheurs de l'être et tous les bienfaits de la vie en paraissent plus exposés à l'érosion du temps et aux coups de la mort, leur tradition, leur transmission semble donc plus précieuse dans l'immensité solitaire au perpétuel dénuement Tout moyen de sauver ou de prolonger le tremblant effort personnel en devient plus sacré peut-être ! La pensée menacée s'en attache plus fermement à la philosophie de l'ordre et à la connaissance des lois de sa préservation. Que cet ordre succombe, le croyant garde le refuge de la Cité divine : celui qui ne croit plus subit la catastrophe de tout ce que son rêve disputait à la mort.

Devoir de l'héritage

Pour justifier ce que le sens commun, et la coutume maintiennent avec force, ne parlons pas droit, mais devoir.

Devoir de léguer et de tester.

Devoir d'hériter.

Ceux qu'on appelle déshérités ou prolétaires s'entendent quelquefois prêcher que cela n'est pas juste à leur point de vue. Cela est juste et bienfaisant pour tout le monde.

Le bien qui se fixe dans une famille naturelle ou légale peut avoir des sources douteuses : il se rachète et se moralise par sa fixité, par le ferme bienfait qu'il établit autour de lui en régularisant les conditions de la vie, en distribuant le travail, en rassurant, en préparant un point d'appui solide aux générations à venir.

Il n'y a pas de différence entre le dommage causé à la nature par la mort d'un bel animal, suivie du retour de ses éléments à la poussière universelle, et la destruction d'une fortune quelconque à la mort de son créateur.

Il y a perte sèche pour la société comme pour la nature, contraintes de recommencer un long et pénible travail.

Les organisations sociales prospères sont celles qui empêchent ces réalités de se résoudre dans le néant et qui aident à les garder de mourir tout entières : ces pourvoyeuses de la vie, étant les ennemies nées de la destruction, ont fait de l'héritage une institution respectée, et du testament, on peut le dire, une espèce de sacrement.

La tradition

Tradition veut dire transmission.

La tradition rassemble les forces du sol et du sang. On la conserve même en quittant son pays, comme une éternelle tentation d'y faire retour.

La vraie tradition est *critique,* et faute de ces distinctions, le passé ne sert plus de rien, ses réussites cessant d'être des exemples, ses revers d'être des leçons.

Dans toute tradition comme dans tout héritage, un être raisonnable fait et doit faire la défalcation du passif.

La tradition n'est pas l'inertie, son contraire ; l'hérédité n'est pas le népotisme, sa contrefaçon.

Toutes les traditions ont eu un commencement et les sentiments de fidélité monarchique, s'ils remontent très haut, ne remontent point indéfiniment : ce qui a commencé peut se recommencer ; ce qui eut un point de départ peut en retrouver un second.

L'opposition de la raison et de la tradition, cela vaut l'antithèse de la réalité et de l'idée ou de l'art de la nature, et cela peut s'assimiler à l'opposition du vinaigre et de l'huile, du doux et de l'amer, du fluide et du ferme, dans une cosmogonie de peuples enfants.

TROISIÈME PARTIE

La civilisation

Qu'est-ce que la civilisation ?

L'homme est un héritier

Peu de mots sont plus employés, peu de mots sont moins définis que celui-là. On entend quelquefois par civilisation un état de mœurs adoucies. On entend d'autres fois la facilité, la fréquence des relations entre les hommes. On imagine encore qu'être civilisé, c'est avoir des chemins de fer et causer par le téléphone. En d'autres cas, au minimum, cela consiste à ne pas manger ses semblables. Il ne faut pas mépriser absolument ces manières un peu diverses d'entendre le même mot, car chacune est précieuse : chacune représente une acceptation en cours, une des faces de l'usage, qui est le maître du sens des mots.

Trouver la vraie définition d'un mot n'est pas contredire l'usage, c'est au contraire l'ordonner ; c'est l'expliquer, le mettre d'accord avec lui-même. On éprouve une sorte de plaisir sensuel à survenir dans ce milieu troublé et vague pour y introduire la lumière avec l'unité.

Les faiseurs de dictionnaires ont trop à écrire pour s'encombrer sérieusement de ce souci. Le seul petit lexique que j'aie sous les yeux au moment où j'écris, s'en tire à bon compte, et je ne crois pas que ses confrères fassent de beaucoup plus grands frais. Je le copie : « *Civiliser*, rendre civil, polir les mœurs, donner la civilisation. *Civilisation*, action de civiliser, état de ce qui est civilisé. *Civilisateur*, qui civilise. *Civilisable*, qui peut être civilisé. » Et voilà tout. Pas un mot de plus. Le seul menu lumignon qui soit fourni par cet ingénieux lexicographe est dans « polir les mœurs », qui n'éclaire que médiocrement le sujet. Nous pourrions dépouiller quantité de doctes volumes sans être plus avancés. Mieux vaut peut-être concentrer avec force son attention, songer aux sociétés que nous appelons barbares et sauvages, les comparer entre elles, voir leurs ressemblances, leurs différences et tâcher d'en tirer des indications.

Je vous épargnerai cette besogne d'analyse, qui risquerait de vous paraître fatigante, et ne vous en soumettrai que le résultat.

Celui-ci me paraît se défendre assez bien par l'évidence qui lui est propre.

Ne vous semble-t-il pas que le vrai caractère commun de toute civilisation consiste dans un fait et dans un seul fait, très frappant et très général ? L'individu qui vient au monde dans une « civilisation » trouve *incomparablement plus qu'il n'apporte.* Une disproportion qu'il faut appeler infinie s'est établie entre la propre valeur de chaque individu et l'accumulation des valeurs au milieu desquelles il surgit.

Plus une civilisation prospère et se complique, plus ces dernières valeurs s'accroissent et, quand même (ce qu'il est difficile de savoir) la valeur de chaque humain nouveau-né augmenterait de génération en génération, le progrès des valeurs sociales environnantes serait encore assez rapide pour étendre sans cesse la différence entre leur énorme total et rapport individuel quel qu'il soit.

Il suit de là qu'une civilisation a deux supports. Elle est d'abord un capital, elle est ensuite un capital transmis. Capitalisation et tradition, voilà les deux termes inséparables de l'idée de civilisation. Un capital... Mais il va sans dire que nous ne parlons pas de finances pures. Ce qui compose ce capital peut être matériel, mais peut-être aussi moral.

L'industrie, au grand sens du mot, c'est à dire la transformation de la nature, c'est à dire le travail de l'homme, c'est à dire sa vie, n'a pas pour résultat unique de changer la face du monde ; elle change l'homme lui-même, elle le perfectionne, comme l'œuvre et l'outil perfectionnent l'ouvrier, comme l'ouvrier et l'œuvre perfectionnent l'outil. Le capital dont nous parlons désigne évidemment le résultat de cette triple métamorphose simultanée.

Le « sauvage » qui ne fait rien ou qui ne fait que le strict nécessaire aux besoins pressants de la vie, laisse à la forêt, à la prairie, à la brousse leur aspect premier. Il n'ajoute rien aux données de la nature. Il ne crée point, en s'ajoutant à elles, un fort capital de richesses matérielles. S'il a des instruments ou des armes, c'est en très petit nombre et d'un art aussi sommaire que primitif... Mais cet art, étant très sommaire, n'exige pas non plus, comme le fait toute industrie un peu développée, des relations multiples et variées entre voisins, congénères, compatriotes. Il contracte, sans doute, comme en toute société humaine, des mœurs, mais rudimentaires : elles sont sans richesse ni complexité. La coopération est faible, la division du travail médiocrement avancée : les arts et les sciences sont ce que sont l'industrie et les mœurs. Tout le capital social en est réduit à son expression la plus simple : ni pour le vêtement, ni pour l'habitation, ni pour la nourriture l'individu n'obtient des sociétés qui le forment autre chose que les fournitures essentielles ou les soins indispensables. Le fer fut longtemps ignoré ; on assure même qu'il y a des sauvages qui dont aucune idée du feu.

Mais les capitaux particuliers à l'état sauvage ont encore cette misère d'être fragiles et bien rarement sujets à durer. C'est la hutte qu'il faut reconstruire sans cesse. C'est la ceinture ou le pagne d'écorce sèche. C'est la provision à rassembler quotidiennement. Aucun moyen d'éterniser les acquisitions. Je ne parlerai même pas de l'écriture ! Mais les langues parlées ne supportent qu'un très petit nombre d'associations de pensées. Il y a des secrets utiles précieux, découverts par fortune ou selon d'ingénieuses observations personnelles, ils sont sujets à se perdre irréparablement dans la nuit. Point de mémoire collective, point de monument, nulle continuité.

Ou l'on se fixe, et le mouvement naturel des choses de la terre, qui se renouvellent sans cesse, ne s'arrête pas d'effacer méthodiquement toute trace de chaque effort. Ou l'on erre de lieux en lieux, et la course de l'homme vient ajouter sa turbulence aux autres causes de déperdition et d'oubli. Chaque tentative de constituer en commun des capitaux solides est exposée à des risques indéfinis.

La tradition n'est pas absente, parce qu'il n'y a point de société sans tradition, ni d'hommes sans société : mais elle est au plus bas. L'individu ne pourrait subsister sans elle : parce qu'elle est misérable et faible, la faiblesse et la misère des individus sont évidentes ; cependant, en présence d'un si maigre héritage, le nouveau venu peut se considérer, sans qu'il ait trop à rougir du peu qu'il apporte en regard de ce qu'il reçoit. S'il doit beaucoup à la société, il lui serait possible de la rendre sa débitrice.

Mais, tout au contraire, le civilisé, parce qu'il est civilisé, a beaucoup plus d'obligations envers la société que celle-ci ne saurait en avoir jamais envers lui. Il a, en d'autres termes, bien plus de devoirs que de droits.

Et quand je parle, en ceci, des civilisés, je ne veux point parler d'un de ces favoris de la nature et de l'histoire qui, nés Français, ou Italiens, ou Espagnols, ou même Anglo Saxons, bénéficient des plus brillants, des plus heureux et des plus merveilleux processus du genre humain.

Je ne désigne même pas le membre d'une de ces petites nationalités secondaires qui participent, par leur position dans l'espace ou dans le temps, à nos vastes développements généraux.

Au-delà même de diverses clientèles de notre civilisation occidentale, l'étendue et l'immensité du capital accumulé, l'influence du nôtre crée des réserves trop nombreuses, trop puissantes, trop bien transmises, et trop éclatantes pour qu'il ne soit pas tout à fait ridicule d'y opposer, ou d'y comparer la frêle image d'un nouveau-né à peine distinct de sa mère. En des cas pareils, il est certain que l'individu est accablé par la somme des biens qui ne sont pas de lui et dont cependant il profite dans une mesure plus ou moins étendue. Riche ou pauvre, noble ou manant, il baigne dans une atmosphère qui n'est point de nature brute, mais de nature humaine, qu'il n'a point faite, et qui est la grande œuvre de ses innombrables prédécesseurs directs et latéraux, ou plutôt de leur association féconde et de leur utile et juste communauté.

Non, ne comparons pas des incomparables. Prenons plutôt des civilisations moins avancées, encore inachevées et barbares, où le chœur des idées, des sentiments et des travaux ne fait que bégayer ses antiques paroles : les âges héroïques, les tribus aux premiers temps de leur migration, ou les cités aux premiers jours de leur édifice, ou la mer aux jours de ses premiers matelots, les champs aux premiers jours de leur défrichement. Quel capital démesuré représentent le simple soc incurvé d'une charrue, la toile d'une voile, la taille d'un quartier de roc, le joug d'un chariot, l'obéissance d'un animal de course ou de trait ! Quelles observations, quels tâtonnements signifient les moindres données précises sur les saisons, sur la course des astres, le rythme et la chute des vents, les rapports et les équilibres ! Non seulement aucun homme isolé ne peut comparer son savoir au savoir général qu'exprime ceci, mais jamais une génération unique, en additionnant ses efforts, ne réaliserait rien de tel. Du point de vue individuel, si ce point de vue était admissible pour une intelligence et pour une raison humaine, on ne saurait voir une bêche ni une rame sans vénération : les deux pauvres outils passent infiniment ce que peut concevoir une imagination solitaire, à plus forte raison ce que peut accomplir un art personnel.

Comme les bêches et les rames se sont multipliées et diversifiées, comme les instruments de l'industrie et cette industrie elle-même n'ont cessé, par une activité séculaire, de s'accroître et de s'affiner : ainsi les civilisations accroissent, perfectionnent leurs ressources et nos trésors. Le petit sauvage était nourri par sa mère et dressé par son père à certains exercices indispensables. Rien de durable autour de lui, rien d'organisé. Ce qu'il avait de vêtements, on le lui cueillait ou il l'empruntait de ses mains aux arbres et aux herbes.

Ainsi du reste. Mais, autour de l'homme civilisé, tout abonde. Il trouve des bâtiments plus anciens que lui et qui lui survivront. Un ordre est préparé d'avance pour le recevoir, et répondre aux besoins inscrits soit dans sa chair, soit dans son âme. Comme les instruments physiques sont appropriés à la délicatesse des choses, il est des disciplines, des sciences et des méthodes qui lui permettent d'éclairer son image du monde et de se conduire lui-même. Je n'examine pas s'il a plus d'heur ou de malheur, car c'est une question tout à fait distincte de celle qui se pose ici ; je suis simplement forcé de constater qu'il a, beaucoup plus qu'un sauvage, la figure et l'attitude d'un débiteur.

Sa dette envers la société est à peu près proportionnée à l'intensité de sa vie : s'il vit peu, il doit relativement peu ; mais s'il profite des nombreuses commodités que ses contemporains, les ancêtres de ces derniers et les siens propres ont accumulées à son service, eh bien, sa dette augmente dans la même large proportion. Mais, dans un cas comme dans l'autre, il n'a point à espérer de la solder : quelques services que rende un individu à la communauté, il peut être vénéré par ses successeurs, c'est à dire rangé au nombre des communs bienfaiteurs de la race, mais, au point du temps où nous sommes, il ne s'acquittera jamais envers les devanciers. Inventez le calcul différentiel ou le vaccin de la rage, soyez Claude Bernard, Copernic ou Marco Polo, jamais vous ne paierez ce que vous leur devez au premier laboureur ni à celui qui fréta la première nef. À plus forte raison le premier individu venu et, comme on dit, l'Individu, doit-il être nommé le plus insolvable des êtres.

Mais, de tous ces individus, le plus insolvable est sans doute celui qui appartient à la civilisation la plus riche et la plus précieuse. S'il y a donc une civilisation de ce genre, ses membres débiteurs par excellence pourront tous se définir par ce caractère.

Nous devrions, je crois, protester contre une erreur assez commune du langage. On dit très indifféremment la civilisation et les civilisations. Non, cela n'est point la même chose du tout. Il y a en Chine une civilisation : c'est à dire un capital matériel et moral que l'on se transmet. Il y a des industries, des arts, des sciences, des mœurs. Il y a des richesses, des monuments, des doctrines, des opinions, des qualités acquises, favorables à la vie de l'être humain. Même phénomène aux Indes, au Pérou, si on le veut, à certains égards, au fond de l'Afrique, où se fondèrent des royautés puissantes, et dans les îles de l'Océanie. Ce qui est exceptionnel, sur la planète, ce n'est peut-être pas un certain degré de civilisation, mais plutôt une certaine sauvagerie. L'homme est conservateur, accumulateur, capitalisateur et traditionniste d'instinct. Quelque développées que soient pourtant ces différentes civilisations, elles ne sont pas, à proprement dire, la Civilisation.

La civilisation ne sera définissable que par l'histoire. Il y eut un moment, dans les fastes du monde, où, plus inventif et plus industrieux qu'il ne l'avait jamais été, l'homme s'aperçut néanmoins que tant d'art s'épuisait en vain. À quoi bon, en effet, majorer le nombre des biens et la quantité des richesses ? Toute quantité est susceptible d'accroissements nouveaux, tout nombre d'une augmentation indéfinie. Le merveilleux, le sublime, le grandiose ou l'énorme, tout ce qui dépend de la quantité ou du nombre des éléments utilisés, ne peut promettre à l'avidité de l'homme que déception. Une tour ou une colonne de cent pieds peut être haussée de cent autres pieds qui, eux-mêmes, peuvent être multipliés de même manière. Qu'est-ce donc que ces progrès tout matériels ? Ni en sciences, ni en art, ni même pour les simples commodités de la vie, cet amas de choses n'est rien. Puis il s'enfle, plus il excite, en nous désespérant, nos désirs.

Un poète, un pauvre poète tard venu dans un âge de décadence et qui assistait à la baisse de la Civilisation, Baudelaire, n'a pas mal défini la nature insatiable d'un désir qui essaye de se satisfaire par le nombre de ses plaisirs : La jouissance ajoute au désir de la force.

Désir, vieil arbre à qui le plaisir sert d'engrais,
Cependant que durcit et grandit ton écorce,
Tes branches veulent voir le soleil de plus près
Grandiras tu toujours, grand arbre plus vivace
Que le cyprès ?...

Les vers sont assez médiocres. Le sentiment est vrai, l'idée est profonde. Oui, le désir grandira toujours et, avec lui, la peine, le déboire et l'inquiétude. Les civilisations, en imposant leur dette à l'homme, ne lui promettront cependant qu'une course absurde et sans fin jusqu'à ce qu'il éprouve le sentiment de « l'infinie vanité de tout », comme disait l'infortuné Leopardi.

Mais, lorsqu'ils ont senti cette vanité des recherches, les Grecs n'ont pas voulu admettre qu'elle fût infinie. Ils ont cherché un terme à la course perpétuelle. Un instinct merveilleux, beaucoup plus que la réflexion, ou plutôt si l'on veut, un éclair de raison surhumaine ou divine leur a fait sentir que le bien n'était pas dans les choses, mais dans l'ordre des choses, n'était pas dans le nombre, mais dans la composition, et ne tenait nullement à la quantité, mais à la qualité. Ils introduisirent la forte notion des limites, non seulement dans l'art, mais dans la pensée, dans la science des mœurs. En morale, en science, en art, ils sentirent que l'essentiel ne tenait point aux matériaux, et, tout en employant les matières les plus précieuses, ils y appliquaient leur mesure. L'idée du « point *de perfection et de maturité* » domina ce grand peuple aussi longtemps qu'il resta fidèle à lui-même.

Le roi Salomon croyait faire de la science en dressant la nomenclature des plantes depuis la plus ténue jusqu'à la plus haute : un Grec, Aristote, nous enseigna que ce catalogue de connaissances n'est qu'un point de départ, qu'il n'y a point de science véritable sans ordre et que l'ordre de la science n'est ni celui de la grandeur, ni celui de la petitesse. De même les artistes d'Égypte et d'Asie envoyèrent en Grèce des échantillons de leur savoir-faire ; en développant sur cette terre et dans cette race favorisées, les modèles orientaux témoignèrent que l'art, ne consiste pas à faire des colosses, ni à déformer la nature en grimaces de monstres, ni à la copier du plus près qu'il soit possible jusqu'au succès de la ressemblance parfaite : l'art grec inventa la beauté. Et pareillement, dans le gouvernement de soi-même, les moralistes enseignèrent que le bonheur ne tient pas à l'infinité des éléments que l'on s'approprie, ni non plus à l'avare sécheresse d'une âme qui se retranche et veut s'isoler ; il importe que l'âme soit maîtresse chez elle, mais il importe aussi qu'elle sache trouver son bien et le cueillir en s'y élevant d'un heureux effort. La philosophie grecque aborda ainsi la vertu.

Cette Civilisation tout en qualité s'appela seulement, dans ses beaux jours, la Grèce. Elle fut Rome qui la dispersa dans l'univers, d'abord avec les légions de ses soldats et de ses colons, ensuite avec les missionnaires de la foi chrétienne. Les deux Rome conquirent de cette sorte à peu près le monde connu et, par la Renaissance, elles se retrouvaient et se complétaient elles-mêmes, quand la Réforme interrompit leur magnifique développement.

Les historiens et les philosophes sans passion commencent à évaluer exactement quel recul de la Civilisation doit exprimer désormais le nom de la Réforme. Nous devons en France de profondes actions de grâce au bon sens de nos rois et de notre peuple qui, d'un commun effort, repoussèrent cette libération mensongère. C'est leur résistance qui a permis le développement de notre nationalité au XVIe, au XVIIe siècle et même au XVIIIe siècle : si complet, si brillant, d'une humanité si parfaite que la France est devenue l'héritière légitime du monde grec et romain. Par elle la mesure, la raison et le goût ont régné sur notre Occident : outre les civilisations barbares, la Civilisation véritable s'est perpétuée jusqu'au seuil de l'âge contemporain.

Malgré la Révolution, qui n'est que l'œuvre de la Réforme reprise et trop cruellement réussie, malgré le romantisme qui n'est qu'une suite littéraire, philosophique et morale de la Révolution, on peut encore soutenir que la civilisation montre en ce pays de France d'assez beaux restes : notre tradition n'est pas interrompue, notre capital subsiste. Il dépendrait de nous de le faire fleurir et fructifier de nouveau.

Un nouveau-né, selon Le Play, est un petit barbare. Mais, quand il naît en France, ce petit barbare est appelé à recevoir par l'éducation un extrait délicat de tous les travaux de l'Espèce. On peut dire que son initiation naturelle fait de lui, dans la force du terme, un homme de qualité.

Quelques-uns de nos voisins et de nos rivaux s'en doutent... Les Allemands sont des barbares, et les meilleurs d'entre eux le savent. Je ne parle ni des Moscovites, ni des Tartares. Le genre humain, c'est notre France, non seulement pour nous, mais pour le genre humain. Les devoirs qu'elle a envers lui peuvent mesurer nos obligations envers elle.

De l'état de sauvagerie à l'état de civilisation barbare, de l'état de barbarie civilisée à l'état de Civilisation plénière, je me suis efforcé d'établir une suite de définitions qui soient claires. Je ne prétends pas en déduire une morale, ni les règles de la justice. Un gouvernement fort peut en tirer, pourtant, les principes d'une direction intellectuelle et civile.

Le progrès

Il ne faut pas croire au progrès général du monde. Il y a des progrès.

Il y en a eu, et d'immenses, il peut y en avoir. Il n'y a pas d'avance régulière ni d'amélioration croissante, automatique des valeurs humaines dans le genre humain. L'homme historique (car on sait à peine ce que c'est que l'homme préhistorique) est partout le même, ou très peu s'en faut. Un point a été gagné, un seul, au Moyen Âge, par la prédominance d'un pouvoir spirituel reconnu de toute la République chrétienne, l'unité de ce pouvoir unique.

Ôtez cette unité vivante, comment voulez-vous que procèdent

les rivalités de passions et d'intérêts multipliées par l'inintelligence ou la mésintelligence profonde des idées, des préjugés, des croyances, des langues ?

Le train du monde n'est pas une courbe régulière ascendante, ni d'ailleurs descendante, c'est une ligne brisée, avec des hauts, avec des bas.

Il s'en faut que notre pensée se soit accélérée moitié autant que la vitesse de nos trains, et notre joie de vivre, si elle a augmenté, n'a point correspondu à la variété croissante des distractions et des tentations qui s'offrent à nous.

Sous l'universel changement qui nous abuse et nous enivre se cache quelque grande et profonde loi d'immobilité ou tout au moins d'équivalence compensatrice dans l'oscillation des divers changements... Rien peut-il rompre l'équilibre mystérieux, sans lequel la fortune et le plaisir de l'homme iraient déjà au ciel ?

Le désir et l'espoir du progrès humain, c'est à dire d'une continuité de gains collectifs, gardés d'âge en âge et dont la somme l'emporterait toujours sur la somme des perles, me paraissent des sentiments d'un ordre excellent et qu'il convient de cultiver, en même temps que de surveiller, dans les jeunes âmes.

Mais rien n'assure que ce désir et cet espoir doivent être vérifiés dans les faits. En d'autres termes, je ne vois aucun moyen d'établir sainement comme un principe de philosophie naturelle, que le progrès humain soit fatal, ni non plus que, depuis deux mille cinq cents ans, depuis l'année de l'achèvement du Parthénon, si l'on veut, les hommes pris en corps ou, si l'on préfère, l'humanité occidentale ait fait aucun progrès sensible. On dit que le signe évident du progrès est un respect croissant des légères formes vivantes. Je ne crois pas qu'on puisse estimer un progrès le respect de la hache pour le criminel homicide.

Que renferme l'idée de progrès ?

La persuasion où l'on est que les arts, les sciences et tout l'œuvre humain vont toujours du même pas est l'une des plus florissantes de nos idées reçues. C'est par elle, sur elle qu'on juge, qu'on induit et déduit... Sur elle reposent des systèmes entiers d'histoire artistique et morale.

C'est en vertu de cette idée qu'on veut à toute force établir que nos ancêtres du Moyen Âge, excellents architectes, devaient être de bons poètes bien qu'ils fussent assez médiocres en poésie. Et c'est d'après la même idée qu'on impose au vieil Homère un art, une langue et un goût de barbarie, les joailliers, les potiers et les statuaires de son époque étant encore plongés dans cette barbarie, bien qu'on ne puisse comparer sans injustice la divine grâce d'Homère au bégaiement de l'art mycénien.

Cette fausse idée de Progrès, telle qu'elle se pose dans les cervelles lettrées (elle a une expression plus sommaire chez l'ignorant), cette idée résulte donc d'une double opération d'anthropomorphisme.

1° On imagine chaque temps comme un être unique, dont toutes les parties sont des organes solidaires qui se développent d'une façon simultanée et concordante ;

2° On conçoit les temps successifs comme une suite d'accroissements réguliers continus de la même personne...

Ces deux conjonctures gratuites ont d'ailleurs rendu des services appréciables aux philosophes qui savaient l'art de les manier. Feignons un moment de les adopter l'une et l'autre. Elles ne suffisent pas à justifier l'idée du progrès comme on la formule aujourd'hui, car il reste à prouver quelques autres petites choses.

Si l'humanité forme un être unique et si chacune de ses phases forme un vivant système et un tout bien lié, rien ne prouve, premièrement, que cet être n'est pas d'un autre règne de la nature dans lequel *la courbe à trois termes* (naissance, développement et décadence) est remplacée par quelque autre rythme soit plus simple, soit plus complexe, par exemple des alternances d'éveil et de sommeil ainsi qu'on en observe chez quelques infusoires, ou tout régime de succession et de mouvement que l'on voudra imaginer.

Si l'on sacrifie cette première difficulté et qu'on admette que la loi de l'humanité soit celle que suivent les animaux supérieurs, rien ne prouve, secondement, que notre espèce n'ait point dépassé le point fixe de la maturité et que, cette saison de perfection, d'apogée et de plénitude ayant été jadis atteinte, nous ne venions sur le déclin.

Il faudrait donc, pour affermir l'idée de progrès, ajouter cette troisième conjecture, tout au moins aussi gratuite que les autres :

3° Ce grand Être dont nous discernons l'unité dans chaque époque et dans la suite des époques est en deçà de l'âge mûr et sa croissance dure encore. Je sais bien qu'on peut éviter ce postulat en recourant à celui-ci.

3° bis. C'est un grand Être d'une sorte particulière, qui a le pouvoir de se développer indéfiniment.

Le parti semble fort commode. Mais remarquez qu'en l'adoptant on change brusquement de méthode : après avoir prêté à l'humanité les deux premières phases de la vie de chacun de nous, naissance et organisation, on lui refuse la troisième et, lâchant brusquement cet anthropomorphisme ou ce zoomorphisme, on l'imagine comme un Dieu. On l'absout de la dégénérescence, on la délivre de vieillir, on la tient quitte de mourir, on lui suppose des forces inépuisables ; on lui donne la perspective du mouvement perpétuel, du perfectionnement sans limites... Voilà un remarquable défaut d'esprit de suite en un calcul qui exigerait le plus grand luxe de rigueur logique et de vigilance critique.

Il est vrai que cet acte d'incohérence est fructueux.

En niant la possibilité de la décadence, on désarme à l'avance toute critique. Rien n'autorise cet acte de foi dans le progrès indéfini du genre humain, assertion invérifiable ; mais rien non plus ne le dément.

Alléguer les pertes ou les déficits évidents et les régressions manifestes ne servirait qu'à susciter une distinction spécieuse entre les apparences et la réalité. Dire que notre globe ou que le soleil qui l'éclaire, en se refroidissant, diminueront et finalement ruineront les conditions de la vie humaine, c'est vouloir se faire répondre que le génie humain suppléera aux insuffisances de l'avare nature : les terres, les soleils voisins nous fourniront le calorique nécessaire, et nos neveux maîtres des espaces du ciel en seront quittes pour troquer cette médiocre demeure contre un astre plus beau, quand elle sera devenue inhabitable. Il leur suffira de savoir vaincre par la raison un petit sentiment de chauvinisme cosmographique.

Je répète donc qu'une foi rigoureuse, ingénieuse et peu délicate en matière de preuves défendra toujours le vieux dogme du Progrès, formulé en ces termes contre tous les assauts des esprits examinateurs. Mais cette foi est d'ordre mystique, non « scientifique », bien qu'elle ait usurpé souvent le dernier titre. On acquiert cette foi, comme je vous l'ai exposé, par un changement de méthode qui constitue une faute de logique : on s'y maintient par l'imagination et le sentiment.

Peut-être donc qu'il conviendrait aux progressistes de déployer moins d'arrogance et moins d'orgueil envers la foi religieuse des âmes les plus simples ; car, en somme, la leur ne diffère à aucun degré ni en aucun point de la foi du charbonnier lorsqu'elle repose sur le postulat que j'ai dit.

Laisseront-ils le postulat de la croissance illimitée et se rangeront ils à cette conjecture que la race humaine soit un jeune organisme à peine échappé de l'enfance ? Ceci est plus logique, mais non pas plus certain. Il est fort bien de concéder au sens commun que notre genre humain, conçu comme un être vivant, est condamné un jour à périr comme le fruit quand il a mûri ; mais que la fleur soit à peine achevée, que le bouton ne fasse que d'éclore, voilà qui est moins assuré.

Toutefois, l'opinion demeurant invérifiable, prendrait quelque valeur et mériterait de la considération si elle était enracinée dans la pensée de la plupart des hommes. On pourrait y voir un signe de verdeur et de nouveauté, et un indice de la secrète jeunesse du monde, analogue à ce bouillonnement de verte sève sous l'écorce noirâtre et dénudée encore, à laquelle parviennent les souffles du premier printemps. Ici le sentiment, bien constaté partout, ferait une grave raison.

Pourquoi faut-il que ce sentiment soit presque introuvable ? C'est de vieillesse que se plaignent tous les hommes, si jeunes soient-ils, et si nouveaux que soient leurs groupes dans l'histoire ; l'adolescence, avec ses troubles, ses chaleurs et ses espérances diffuses, ne s'accuse ni dans leurs actes, ni dans leurs discours. Partout, même chez nous, lorsqu'on parle instinctivement et qu'on suit la nature, c'est les Anciens que l'on invoque, c'est du Passé qu'on tire sa gloire ou sa richesse, c'est dans l'Expérience que les savants comme les ignorants se réfugient et se retranchent en cas de difficultés.

Si l'on écoute le cœur de l'humanité, elle ne semble se souvenir que de l'Âge d'or ou du premier Paradis. Ce sentiment de mélancolique regret est général ; ce qui est fort peu répandu, au contraire, ce qui est exceptionnel, particulier à un peuple, à une caste, en un moment très limité de leur histoire, par exemple aux Français de la Révolution et de l'Empire, aux Anglo Saxons contemporains, aux marchands de porcs américains vers 1868, à quelques électriciens d'aujourd'hui, c'est cette forte foi, qui confine à l'ivresse, dans l'avenir de leur race ou de leur métier, dans les progrès du genre de civilisation que leur rang représente ou que crée leur effort. Encore baisse-t-il, et laisse-t-il voir l'origine artificielle, livresque et scolaire de ses nuées et de ses fumées.

Pourquoi ne pas laisser son nom à l'espérance ? Pourquoi du juste orgueil des espaces terrestres et célestes vaincus, de la nature maîtrisée et humanisée, vouloir à toute force exprimer un dogme que rien n'autorise ?

QUATRIÈME PARTIE

La science politique

Politique d'abord

Quand nous disons « politique d'abord », nous disons la politique la première, la première dans l'ordre du temps, nullement dans l'ordre de la dignité. Autant dire que la route doit être prise avant que d'arriver à son point terminus ; la flèche et l'arc seront saisis avant de toucher la cible ; le moyen d'action précédera le centre de destination.

De la biologie à la politique

Les idées issues des sciences de la nature et de la vie ont d'abord joué, dans le siècle écoulé, un rôle historique important ; rôle excitateur et libérateur qui est loin d'être achevé.

Beaucoup d'esprits, rencontrant d'une part certains aphorismes de politique courante, et, les trouvant en opposition directe avec les principes qui règlent tout le reste de la nature, ont été amenés ainsi à examiner ces aphorismes : la nature est-elle constituée sur un principe et la société humaine sur un principe opposé ? ou les deux principes sont-ils les mêmes ? ou, sans être les mêmes et sans être contraires, ces principes ne sont-ils pas tout à la fois analogues et différents ? Voilà le problème que la biologie a puissamment contribué à poser et à bien poser. Qu'elle ait, par la suite, donné lieu à des confusions, qu'elle ait fait prendre de simples analogies, souvent lointaines, pour des identités, soit, mais les services primitifs n'en sont pas moins inoubliables.

Les uns ont été provisoires, et les autres sont permanents. Les idées biologiques ont agi par suggestion en mettant, la science politique en état de bien saisir, par ses moyens, l'essence de l'hérédité *politique,* de la sélection *politique,* de la continuité *politique.* Elles ont en outre fourni et elles, fourniront des contributions matérielles, qu'il est évidemment impossible de négliger : car, quelque distincte que soit l'hérédité politique de l'hérédité biologique, des rapports nombreux entre les deux ordres de fait découlent de ce que l'être social, l'homme, est aussi un être vivant, et soumis aux lois de la vie.

La science politique est autonome : cela ne veut pas dire qu'elle soit sans communication avec les autres sciences. La sociologie est distincte de la biologie : cela ne veut pas dire que ce soient deux étrangères sans rapport.

Une société peut tendre à l'égalité, mais, en biologie, l'égalité n'est qu'au cimetière.

Plus l'être vit et se perfectionne, plus la division du travail entraîne l'inégalité des fonctions, laquelle entraîne une différenciation des organes et leur inégalité, même l'inégalité de leurs éléments, de quelque identité originelle que ces éléments primitifs se prévalent : l'égalité peut-être au bas degré de l'échelle, au départ de la vie, elle est détruite par les progrès de la même vie. Le progrès est aristocrate.

Cela ne prouve certes pas (pas encore) que notre progrès social doive s'accomplir de même manière que le progrès animal, aux dépens de l'égalité des individus ; cela ne prouve pas (pas encore) que les fonctions et les organes de l'État doivent être inégaux. Toutefois, cela introduit dans les esprits réfléchis, avec les notions claires des démarches constantes de la nature, le sentiment que ses démarches ne sont pas du tout celles que nous propose le dogme révolutionnaire. Ces esprits réfléchis sont ainsi conduits à hésiter entre deux conjectures : peut-être existe-t-il dans la nature universelle un règne humain, établi comme un empire dans un empire et dont la réglementation générale, différant de toutes les autres lois naturelles, leur est tout à fait opposée et en comporte le renversement absolu ; peut-être aussi, car la première hypothèse peu vraisemblable choque toutes les idées du temps, peut-être cette vue révolutionnaire est-elle fausse et le statut du genre humain doit-il faire aussi une large part aux lois d'autorité et de hiérarchie qui sont la providence visible des autres êtres.

Autant la méthode biologique comportait de danger si on l'eût maniée au titre de preuve, autant elle offre d'intérêt comme stimulant de la réflexion et instrument de la découverte, les idées sociales découvertes par cette voie pouvant être vérifiées et démontrées par une autre voie.

Ne craignons pas de trop accorder à l'analogie dans cet ordre. Elle est la reine de l'investigation pour toutes les disciplines du savoir. Quelque différence qu'il y ait entre l'intestin, le foie, le cerveau chez l'homme et chez les divers mammifères, personne n'hésite à instituer entre ces organes des observations et des comparaisons dont profite la connaissance. Comment les lois très générales qui sont valables, pour tous les degrés de l'être, depuis le bathybius jusqu'au chimpanzé, n'auraient-elles aucun sens pour l'humanité ! Cela reviendrait à dire que le rocher, la plante, la bête sont des êtres pesants, mais que l'être humain n'a rien à voir avec la balance et les poids. L'unité du plan de la vie s'interromprait absolument et sous tous les rapports au seuil de la société humaine.

Même en admettant que nous soyons placés en dehors de la série animale, pétris et façonnés d'un autre limon que tout ce qui vit, est-il moralement possible que nous n'ayons aucune sorte d'affinité avec cette nature qui nous enveloppe et nous presse ? Les précautions banales qui empêchent de mourir l'universalité des races animées ne prendraient pas la moindre part à la sauvegarde de notre vie. Si les « sublimes animaux », chers au poète romantique, sont aptes à nous offrir des modèles de stoïcisme moral, il serait tout au moins raisonnable de ne pas refuser non plus leurs leçons de persévérance dans l'être, de résistance matérielle, de prospérité et de durée physiques. Tel est au surplus le réflexe spontané de l'esprit humain : la sagesse des nations ne s'en est jamais privée ; ses fables, ses dictons ont souvent fait valoir les rapports parallèles des membres et de l'estomac, des rois et des nations. Les langues humaines identifient couramment le corps social et le peuple, les têtes et les chefs. Pure présomption ? Peut-être.

L'immense ratification générale apportée par les sciences de la nature n'est pareillement qu'une présomption. Mais cette présomption est corroborée. Car dès qu'on aborde l'étude directe, l'histoire propre des phénomènes spéciaux à l'homme, la doctrine aristocratique et monarchique est démontrée à sa place et à sa manière. Comte et Fustel peuvent confirmer Taine et Bourget, les lois spécifiques qui gardent de la mort l'homme en société ne sont pas celles des abeilles et des fourmis, elles sont du même ordre, de la même famille et s'accordent à refouler tout système de démocratie dans les causalités du mal et de la mort.

Dès lors, toutes les présomptions qui avaient annoncé ou fait pressentir la preuve directe, l'enveloppent de ce doux rayonnement d'évidences persuasives qui sont à la vérité, contemplée face à face, ce qu'est le jeu flatteur de la phosphorescence aux flèches rectilignes, aux coups droits de la lumière pure. Celle-ci fait son œuvre, le reste tient la place du plus utile des ornements.

Les lois

D'après Comte, la politique, fille de la biologie, enferme, comme une autre science, des lois précises, antérieures et supérieures aux volontés des hommes : c'est par rapport à ces lois naturelles que les législations doivent être jugées.

Une juste loi politique n'est point *une loi régulièrement votée,* mais une loi qui concorde avec son objet et qui convient aux circonstances. On ne la crée pas, on la dégage et on la découvre dans le secret de la nature des lieux, des temps et des États.

Les formules politiques ne sont pas des gaufriers, et si les lois des nations, comme les lois du monde et de l'homme, sont immuables, il faut voir que toutes les situations de l'histoire et de la géographie sont originales.

Elles ont quelque chose d'unique qui doit être traité comme tel. Il ne s'agit nullement de lois du devenir, de lois du mouvement des sociétés, de lois de leur dynamisme, mais bien des lois de leur état.

Il ne s'agit pas de déterminer *la* loi (jusqu'ici inappréhendée) suivant laquelle s'est ou se serait opérée l'évolution du genre humain ou de l'Occident civilisé, loi qui, si elle était connue, permettrait une déduction générale de l'avenir

Non : il s'agit *des lois* suivant lesquelles se présentent certains faits, qui ont coutume de ne point surgir séparément.

Lois comparables à celles dont la nature et le laboratoire suivent l'action chaque jour. Elles consistent en liaisons constantes, et telles que, l'antécédent donné, on peut être sûr de voir apparaître le conséquent. Par exemple, l'élévation de l'eau à cent degrés et le phénomène de l'ébullition. Par exemple, l'avènement de l'élection démocratique et le phénomène de la centralisation. On peut empêcher l'eau de s'échauffer à cent degrés, où elle bout : on ne peut l'empêcher d'y bouillir. On peut empêcher la démocratie élective de se produire : si elle se produit, on ne peut l'empêcher de centraliser.

Autant la recherche des lois du *devenir* des sociétés semble avoir donné jusqu'ici des résultats flottants, chanceux, discutables, stériles, autant la poursuite des *constantes* régulières et des lois *statiques* se montre certaine et féconde. Ce que l'on raconte de leur complexité n'est qu'un sophisme paresseux. Qu'est ce qui n'est pas complexe ? Quelle complexité bien étudiée ne rentre pas tôt ou tard dans le simple ? Ce qu'on ajoute pour exclure la connaissance politique de la vérité afin de la réduire à une vague vraisemblance vient de pauvres esprits trop intéressés à ne pas savoir.

Car s'il est vrai que l'expérience politique, au sens strict, est pure observation historique et échappe à une expérimentation proprement dite, c'est à dire, et cela va sans dire, à l'expérience du cabinet de chimie, il est vrai que cette large et claire expérience du passé épanche sur le théoricien politique un rayon de lumière dont le chimiste ne connaît point l'équivalence et que le physicien doit supposer et calculer. Le théoricien politique observe la suite et l'enchaînement des faits. Mais, d'autre part, ce qu'il sait de l'homme lui permet de saisir aussi ce qui engendre ces événements : le jeu intérieur des passions, des idées, des intérêts humains se montre à lui pur et nu, de sorte que son observation ne s'arrête pas aux signes, aux phénomènes, elle en saisit les raisons d'être, les génératrices. Dès lors l'historien ne se contente pas de voir et de faire voir que la démocratie électorale a pour effet de centraliser, il dit pourquoi cette chaîne est constante. Son observation est aussi une explication : le pouvoir né du vote est obligé, pour ne pas périr, de s'assurer des votants ; rien n'étant plus à craindre pour ce pouvoir que les libertés de ces votants, il est automatiquement induit à les confisquer une à une. Cette psychologie serait sensible à la raison. Mais elle est attestée d'ailleurs, motifs et mobiles, par les discours et les écrits des contemporains de l'événement observé. Impossible de raconter le fait sans faire des allusions à ce qui se passe dans la tête et le cœur de ceux qui l'ont produit.

Dans le laboratoire de l'Histoire universelle, l'homme se trouve être sujet et objet de l'expérience. Mais cette situation paradoxale est peut-être ce qui donne aux conclusions de l'histoire politique une valeur qui n'appartient pas à celles du chimiste. Le chimiste en est réduit à des conjectures sur ce qui se passe à l'intérieur des corps interrogés l'historien et le politique connaît, par le *dedans,* comme les atomes les plus secrets de la cause spirituelle des réactions dont il est le témoin. Soit ! Mais alors, quel profit à cette connaissance ?

Eh bien ! si nous possédions la loi d'évolution du monde et la courbe gouvernatrice de l'avenir, il nous serait facile de dire *absolument ; à* telle date, en telle circonstance, tel événement sera.

Nous n'avons pas cette Loi, mais nous avons des lois, des constantes et celles-ci nous permettent de dire : si ceci arrive, cela arrivera. Telle cause posée, tel effet jaillira : ce point noir sur l'horizon marin annonce tel et tel orage. Si le Nombre des voix gouverne, l'Argent gouvernera après lui ; si la démocratie parait, voici que viendra la ploutocratie. OÙ naît la démocratie, naîtra la centralisation, etc.

Revenons sur nos pas. Si la politique peut être objet de science, il faut bien que les institutions primitives ne naissent point d'actes personnels comme les volontés, d'une convention, d'un contrat débattu entre des entités indépendantes, maîtresses de leur sort. Le postulat de la science positive, c'est que les sociétés soient des faits de nature et de nécessité. Mais, dès les débuts de cette jeune science, le postulat s'est vérifié. On n'a point trouvé trace du contrat primitif, ni du primitif solitaire, toute société humaine est apparue la contemporaine de l'homme. La loi, la loi civile et politique elle-même, est apparue un *rapport découlant de* la *nature des choses* conformément à la définition de Montesquieu et contrairement à la définition démocratique de la *Déclaration* : « La loi est l'expression de la *volonté générale.* » Rapport de convenance ou rapport de nécessité, la loi échappe à l'arbitraire : elle ne se décrète point librement, mais ressort de l'examen de situations qui ne dépendent pas de cette « Liberté ».

Tel fut le premier mot de la science politique à peine formée.

Le second mot qu'elle écrivit ne fut pas moins considérable, car ce fut le mot d'organisation.

Quand les Français seront devenus dignes de comprendre la portée et la profondeur du langage qu'ils ont hérité de leurs pères, ils ne diront plus *organisation*, ils retourneront au mot propre et diront *ordre. Au* lieu *d'organiser,* les verbes *ordonner ou mettre en ordre* prévaudront.

Un troisième mot d'une importance infinie est prononcé par la science politique. Elle enseigne que les sociétés qu'elle examine ne se composent nullement d'individus, mais de familles.

L'individu n'est pas une unité sociale. La famille constitue seule cette unité. Les sociétés ne sont pas faites pour un âge d'homme : elles se développent au-delà. Jusqu'à quel point ? Nous ne savons...

Mais l'existence de cette large vie qui nous enveloppe et qui nous soutient ne fait pas de doute. Pratiquement les sociétés sont peut-être des immortelles. Je ne vois pas pourquoi les plus fortes ne dureraient pas autant que le genre humain. En tout cas pour les concevoir il faut les concevoir historiquement.

Un quatrième point s'établit dans la science politique, c'est le critère des sociétés. Quel est-il ? Une vie prospère. Le Play invoque à chaque instant les exemples des sociétés prospères.

Ce fut surtout suivant ce critère empirique, et d'après l'état de la France et de l'Europe contemporaine qu'ont été jugés et condamnés les principes démocratiques et révolutionnaires par Renan, Taine, Balzac, Bonald, Burke, Macaulay, quelques autres.

La politique en arrive donc à se définir : la *science et les conditions de la vie prospère des communautés*. Un principe mortel, ou qui entraîne la diminution de la santé et de la prospérité générales, se trouve donc réfuté désavoué automatiquement par cette science.

L'empirisme organisateur

Depuis l'âge où l'on croit penser, je n'ai jamais imaginé que les théories fissent naître les institutions. Mais, il est vrai, je ne saurais non plus contester la puissance d'une doctrine juste dans l'esprit d'un homme d'État, aucun fatalisme historique n'ayant jamais été mon fait. Si l'on veut, j'eus des « théories », et si l'on veut, j'en ai encore : mais, de tout temps, ces théories ont mérité leur nom, qui en montre la prudence et l'humilité, elles s'appellent *l'Empirisme organisateur,* c'est à dire la mise à profit des bonheurs du passé en vue de l'avenir que tout esprit bien né souhaite à son pays.

L'examen des faits sociaux naturels et l'analyse de l'histoire politique conduisent à un certain nombre de vérités certaines, le passé les établit, la psychologie les explique et le cours ultérieur des événements contemporains les confirme et les reconnaît ; moyennant quelque attention et quelque sérieux, il ne faut pas un art très délié pour faire une application correcte de ces idées, ainsi tirées de l'expérience, et que les faits nouveaux dégagés d'une expérience postérieure ont les plus grandes chances de vérifier.

La déduction est en ce cas la suite naturelle des inductions bien faites. Le sens critique éveillé dans la première partie de l'opération n'éteint pas son flambeau pendant les mystères de la seconde puisqu'il est convoqué au départ et à l'arrivée

Nous ne sommes pas métaphysiciens. Nous savons que les besoins peuvent changer. Il peut y avoir un moment où les hommes éprouvent la nécessité de se garantir contre l'arbitraire par des articles de loi bien numérotés. Il est d'autre moments où cette autorité impersonnelle de la loi écrit leur paraît duperie profonde.

Dans le premier cas, ils réclament des constitutions.

Dans le second cas, les statuts leur paraissent importer de moins en moins, c'est à la responsabilité vivante des personnes qu'on s'intéresse, et à leur action.

La méthode qui me sembla toujours la mieux accord aux lois

de la vie n'a jamais délivré un quitus général a « bloc » de ce que les Pères ont fait. En accordant à leu personnes un respect pieux, l'esprit critique se réserve d'examiner les œuvres et les idées.

Mais l'esprit critique voit clair : l'esprit révolutionnaire ne sait ni ne veut regarder : Du passé *faisons table rase*, dit sa chanson. Je hais ce programme de l'amnésie. Non, point de table rase. Cependant, libre voie !

L'histoire

Notre maîtresse en politique, c'est l'expérience.

L'expérience ressemble à la Muse, elle est la fille de Mémoire.

L'histoire n'est pas une épreuve de cabinet : cependant ses répétitions indéniables, en des circonstances tantôt identiques et tantôt diverses, permettent de dresser, avec une rigueur satisfaisante, des tableaux de présence, d'absence et de variations comparables à ceux qui favorisent le progrès de l'étude de la nature. On a beau soutenir sur le papier, qui souffre tout, *l'originalité* absolue, *l'unicité* des phénomènes historiques. Ils sont originaux, ils sont uniques, mais leur suite ne l'est pas.

Bainville admirait le tableau des monotones « suites » du monde et les stables vertus du composé humain. Les va-et-vient de l'histoire portent des constantes telles que, bien conduite, elle permet des prévisions sans souffrir de dérogations.

L'expérience de l'histoire contient la science et l'art de ce genre de découvertes : si nulle idée préconçue n'en a réglé le développement, le résultat s'est trouvé être et est de plus en plus favorable aux idées de contre-révolution, d'antilibéralisme, d'antidémocratie. L'expérience de l'histoire est pleine des charniers de la liberté et des cimetières de l'égalité.

La constante humaine enseignée par l'histoire

L'art de bien veiller sur la sécurité des peuples rejoint les principes directeurs de tous les arts élémentaires ; la première vérité dont un philosophe ou un magistrat doive se pénétrer est que le monde se modifie avec une extrême lenteur, si toutefois il se modifie. Les parties variables sont les moins importantes. Ce qui importe apparaît constant. C'est sur les grands traits généraux de la constance humaine qu'il est urgent de nous régler toutes les fois que nous songeons à quelque arrangement d'avenir.

À force de nous montrer des masses qui *évoluent* et des aspects qui se *transforment,* on nous cache les ouvriers de l'évolution et les artisans de la transformation. Sans les chefs, sans les saints, sans les héros, sans les rois, l'histoire est inintelligible. Une nation se compose de nations, une race de races, un État d'États. Qu'il s'agisse de la féodalité, des communes ou de l'Église, la vraie vie n'est point dans les membres successifs, accidentels et éphémères, mais dans les liaisons invisibles qui donnent à l'ensemble quelque unité. C'est de cela non d'autre chose qu'il faut écrire l'histoire : l'histoire de France et non l'histoire des Français.

L'histoire universelle en son détail est impossible. La loi d'ensemble qui la simplifierait et la condenserait en une grande et forte leçon, cette loi générale ne me paraît pas découverte. L'historien utile sait isoler un fait, circonscrire une action, décrire un personnage : le fait, l'action, le personnage qui peuvent permettre de saisir un *comment* des choses humaines. Le champ de notre expérience en est augmenté et nous sommes mieux en mesure de comprendre et d'interpréter les faits présents et à venir.

Bien que les cas, les faits soient en nombre infini, si cependant vous connaissez avec un peu de détail et à fond la manière dont Chicago, Athènes et Quimper Corentin se sont développés, vous avez la chance de vous rendre compte aisément de la courbe suivie par la plupart des autres villes et des autres États. Certes, il faut toujours vous attendre à quelque surprise : la nature et l'histoire sont pleines de pièges tendus à la fatuité des mortels. Mais cette vérité est aussi contenue dans l'histoire d'Athènes, de Quimper et de Chicago...

Si pour faire une fable, vous prenez dans la main une pincée de sable et que vous écoutiez le murmure confus des atomes innombrables, vous vérifierez si vous êtes sage, que, sur cent voix, quatre-vingt-dix-neuf conseillent : *d'avoir confiance*. La centième dit : *méfie-toi,* et le double conseil est juste, rien ne se faisant sans critique, rien sans foi.

La société

Conditions de vie de la société

Il est bien vrai qu'un très petit nombre d'individus exceptionnellement distingués et puissants transforment une société : ils ne le font qu'en transformant les institutions ou la religion, mais ce n'est jamais en modifiant une à une chaque tête de l'infini troupeau des individus.

« L'individu » en tant que tel, abstrait, l'individu considéré comme unité indifférente pouvant être Pierre ou Paul également, l'individu paraît composer la société ; en réalité, il ne la fait pas : il est fait et défait par elle.

Les individus agissants ne sont pas des individus. Ce sont des personnes. En s'y prenant très bien, en suivant les règles d'un art délicat et profond, en profitant de l'heure, en bénéficiant des situations, placées en un mot sur les points les plus propices, sachant faire jouer les *junctura rerum,* les points de conjonction des choses, ces personnes d'élite modifient et réforment le milieu social, et de là seulement il peut résulter pour « l'individu » des progrès correspondants, qui lentement acquis s'incorporent en lui d'âge en âge.

Le mythe égalité

L'égalité ne peut régner nulle part ; mais son obsession, son désir, établissent un esprit politique directement contraire aux besoins vitaux d'un pays : l'esprit démocratique tue la discipline militaire et le peuple a besoin d'une armée ; l'esprit démocratique, par l'envie qu'il distille, tue la concorde civile, la cordialité, la paix entre particuliers, et le peuple a besoin de concorde, de paix, de cordialité.

Dans un État puissant, vaste, riche et complexe comme le nôtre, chacun assurément doit avoir le plus de droits possible, mais il ne dépend de personne de faire que ces droits soient égaux quand ils correspondent à des situations naturellement inégales. Quand donc, en un tel cas, la loi vient proclamer cette égalité, la loi *ment,* et, les faits quotidiens mettant ce mensonge en lumière, ôtant aux citoyens le respect qu'ils devraient au régime politique de leur pays, ceux-ci en reçoivent un conseil permanent d'anarchie et d'insurrection.

L'Association : fait de nature

Qu'est-ce que l'Association ? Y a-t-il un « droit » d'association pour l'individu ? Ne serait-il pas plus exact de dire qu'il y a pour lui un devoir, une obligation et, parlons en meilleur français, une *nécessité d'association* dans tous les cas où il peut vivre ?

Allons plus loin. L'individu forme-t-il la société ? La produit-il ? Où ? N'est-ce pas, au contraire, la société qui forme l'individu ? N'est-il pas partout son produit ?

Considérons encore le monde des êtres qui vivent. Il y a des espèces (elles sont très inférieures) où l'individu détermine une sorte de société ; ce sont les espèces où la reproduction s'opère par voie de scissiparité. Un être, dont toutes les parties semblent homogènes et presque identiques, se partage en deux, voilà deux êtres tout semblables. Ce n'est point le cas de l'animal supérieur ;

là, il faut un couple, il faut deux individus très différents pour produire un troisième individu. Cet être nouveau ne naît pas d'*un générateur, ni même de deux générateurs, mais plus exactement de la société de ces générateurs. L'association est autre chose que l'addition des associés.* Et elle commence par paraître leur mère.

Mais, dans le genre humain, d'une part le nouveau-né est si faible, d'autre part il est appelé à de tels degrés de développement que la société ne le quitte jamais. Elle le reçoit et le continue, elle l'a précédé et elle le suit ; antérieure et postérieure à chacun de nous, cette grande fée bienfaisante, qui dispose partout de quelques industries et traditions utiles, mais qui, parmi nos races d'Occident, centralise un immense capital civilisateur, notre société humaine (sans être débitrice des plus vastes génies qui ont toujours reçu d'elle bien plus qu'ils ne lui ont apporté) semble la créancière universelle de nos semblables. Vraiment, comme Léon de Montesquiou l'a si bien remarqué dans la *Raison d'État*, l'on ne peut pas dire : « 1° L'homme ; 2° La société.» Il faut absolument se ranger au parti de dire : « 1°, La société ; 2°, L'homme.»

L'homme associé, tout à la fois groupé et isolé, réglé et libéré par l'association, n'est sans doute pas absolument meilleur que l'homme individuel ; il est tout simplement plus apte à une vie supérieure, à la vie de société. Il ose moins pour son caprice. Il a plus d'intérêt à oser pour le bien commun, la communauté qui le presse étant petite et le bien de la communauté plus proche du sien.

L'âge de l'association recommence. Les syndicats, les corps, les communautés et les compagnies de tout genre seront à ce XXe siècle ce que les cathédrales ont été au XIIe. La masse collective est devenue si forte qu'aucun individu ne se sentira de courage, de vie, de sûreté et par conséquent de bonheur qu'autant qu'il y verra fortement encadré, soutenu et discipliné dans une collectivité *secondaire* à laquelle le puissent rattacher toutes les fibres de sa chair et tous les ressorts de son âme.

Et, si l'on veut savoir le fond de ma pensée, je dirai qu'il en a toujours été ainsi dans tous les temps où l'homme a vécu normalement. L'anarchie générale du XIXe siècle a forgé aux meilleurs un cerveau révolutionnaire dans lequel se déforme la notion naturelle du moi humain. Le vrai moi, le moi spontané, est un nous, ou n'a pas de sens.

Un homme habitué *à* réfléchir avec rigueur et qui fait le compte de tout ce qu'il est d'autre que soi est terrifié de l'exiguïté et de la misère de son petit domaine strictement propre et personnel.

Nous *sommes* nos ancêtres, nos maîtres, nos aînés. Nous *sommes* nos livres, nos tableaux, nos statues ; nous sommes nos paysages, nous *sommes* nos voyages, nous *sommes* (je finis par le plus étrange et le plus inconnu), nous sommes l'infinie république de notre corps, qui emprunte presque tout ce qu'il est de l'extérieur et qui le distille en des alambics dont la direction et le sentiment même nous échappent complètement.

La société n'est certes pas un grand animal dont les individus ne seraient que les cellules subordonnées. Mais elle n'est pas non plus une de ces « mises en commun » de volontés que l'on appelle, en Droit, des associations.

La société n'est pas une association volontaire : c'est un agrégat naturel.

Elle n'est pas voulue, elle n'est pas élue par ses membres. Nous ne choisissons ni notre sang, ni notre patrie, ni notre langage, ni notre tradition. Notre société natale nous est imposée. La société humaine fait partie des besoins de notre nature. Nous avons seulement la faculté de l'accepter, de nous révolter contre elle, peut-être de la fuir sans pouvoir nous en passer essentiellement.

Pour l'esprit réaliste, averti par l'histoire, s'il n'est pas déformé par une fausse histoire du Droit, la vraie garante du droit individuel s'appelle d'abord la société, ensuite l'association.

Ayez une société solide, et dans laquelle le premier noyau social, la famille, soit fort : les droits primordiaux, qu'ils soient religieux, domestiques ou scolaires, auront leur ligne de repli et de défense.

Ayez des associations puissantes, des associations de métier notamment, et les autres droits essentiels trouveront leur assiette et fondement.

Ayez un État bien construit et ces droits distincts, divers, parfois en conflit, ne feront pas de la cité leur champ de bataille, parce que l'ordre public se trouvera aussi pourvu d'un garant de chair et d'os, son magistrat intéressé et responsable. Hors de là, vous n'aurez rien que partis qui se battront, intérêts qui s'entre tueront.

Dans une société bien faite, l'individu doit accepter la loi de l'espèce, non l'espèce périr de la volonté de l'individu.

Une législation individualiste ne considérant que l'individu, sans tenir compte de la position qu'il occupe dans le monde, de sa famille, de sa classe, de son pays, de son travail, cette législation prétend sauver en premier lieu et faire respecter les droits de chacun. Elle inscrit, en effet, en très beaux caractères, cette maxime que de pareils droits sont infiniment respectables et qu'il faut les saluer très bas. Mais chaque individu, isolé au nom de la loi, se trouve incapable d'assurer l'exercice de ces fameux droits. Le voilà livré, sans défense, aux quelques organisations qui ont pu se créer en dépit de la loi ; leur échappe-t-il, il retombe sous les puissances de l'État, qui ont la loi pour elles par-dessus le marché.

Au point de vue du bonheur et de la défense de chacun, il n'est rien de plus important que ces sociétés secondaires et intermédiaires, celles qui garantissent le foyer, la vie locale et le métier. Mais pour qu'elles existent et résistent, il faut un autre pouvoir.

Il suffit de rien pour détruire. Il faut des années d'efforts, de labeur, de patience pour créer. Le sale souffle d'un rhéteur suffit à ruiner. La croissance des sociétés est plus lente que celle de l'embryon, du nourrisson et de l'enfant ; leur chute est relativement plus rapide encore que celle de l'être vivant que supprime une balle ou un coup de couteau.

L'État

La famille fonde l'État puisque, d'une part, la population n'existe que par elle, et que, d'autre part, c'est elle qui distingue la société politique des autres : société qui ne se recrute point par la volonté de ses membres, mais normalement par voie de génération, société où l'on naît et se reproduit. Je suis membre de l'État français à cause de mon père, de ma mère et de leurs parents. Je puis ratifier ou décliner cette condition, *je ne la crée pas, et c'est elle qui me crée.* Les enfants adoptifs qui s'agrègent par d'autres voies à la grande famille française ne le font que parce qu'il y a un premier État français, famille de familles, engendré naturellement.

Toute doctrine de l'État dispensateur et distributeur des droits sera dissoute par cette simple observation que la société, tant spirituelle que temporelle, est antérieure, tant logiquement qu'historiquement, à l'État.

L'État et la société sont choses distinctes. La société commence à la famille, sa première unité. Elle se continue dans, la commune, l'association professionnelle et confessionnelle, la variété infinie des groupes, corps, compagnies et communautés, faute de quoi toute vie humaine dépérirait. L'État n'est qu'un organe, indispensable et primordial, de la société.

L'État, quel qu'il soit, est le fonctionnaire de la Société.

L'État, quand il est bien institué, n'a presque pas affaire aux individus. C'est sur les sociétés dont il a la charge, et c'est aussi sur leurs rapports mutuels, que s'exercent ses principaux attributs : seuls les criminels, avec les héros et les saints, personnalités d'exception, ont des rapports avec l'État qui a le droit de connaître ces anomalies, ou pour les honorer, ou pour les châtier. Ajoutons à la liste des personnes en commerce direct avec l'État, le petit nombre des fonctionnaires, y compris les armées de terre et de mer. Pour tout le reste, un État normal laisse agir, sous son sceptre et sous son épée, la multitude des petites organisations spontanées, collectivités autonomes, qui étaient avant lui et qui ont chance de lui survivre, véritable substance immortelle de la nation.

Dans ces sphères distinctes, douées de privilèges aussi variés que leurs fonctions, se développera, non l'introuvable « Individu » qui n'y fleurit ni tous les vingt-cinq ans, ni tout les cent ans, ni jamais, mais la faune et la flore humaines des individus différents, bien nourris de leur territoire, préservés par cet air de leur classe et de leur pays, et stimulés aussi par l'atmosphère des groupes facultatifs auxquels leur honneur, leur intérêt ou leur plaisir les a régulièrement agrégés.

Du « cercle » de petite ville à l'Institut de France, il y a une série de groupes. L'individu y trouve des droits proportionnés à son rang et à ses services, à sa dignité et à sa valeur. Ainsi le moindre de nos compatriotes est-il privilégié du destin. Riche ou pauvre, il est patricien puisqu'il participe à la noble qualité de Français et qu'il jouit ainsi des puissantes prérogatives et de l'immense patrimoine matériel et moral mis gratuitement à sa disposition par tout ce qu'ont fait ses aïeux.

De leur œuvre immémoriale, entretenue et continuée par la tradition, découlent toutes les vertus, toutes les valeurs individuelles dont la nature n'avait fourni que le germe : la volonté, la liberté, le sentiment, la raison au degré où la société française a su élever tout cela. Fleur de la culture française, l'individu français n'en est certainement ni le principe, ni le but, ni la racine, ni le fruit.

Les souvenirs, les haines, les amours que les simples particuliers ne peuvent entretenir de façon constante, un État les prend à son compte, il en tient registre, registre qu'il met à jour de manière à exercer tous les droits, à soutenir tous les intérêts, à poursuivre tous les devoirs qui y sont relevés. Dans un État normal, les émotions publiques ne sont pas de simples coups de sensibilité, balayés, remplacés au premier vent contraire : elles deviennent la matière et la substance d'actes utiles, elles servent à recouvrer et à restaurer ce qui a pu être perdu par la communale.

La raison d'État

La raison d'État est dans la nature des choses. Mais tant vaut un État tant vaut sa raison.

La raison d'un État placé au-dessus des partis s'inspire des nécessités supérieures de l'existence de la nation.

Un État créé par les partis, ballotté entre les partis, n'a d'autre raison que celle qu'il peut avoir : elle est courte, bornée, successive, contradictoire. Elle couvre les intérêts particuliers au lieu de défendre les intérêts généraux.

Distinctions entre
la morale et la politique

On ne peut point baser un raisonnable calcul politique sur l'espérance que le monde entier se trouvera un jour retourné dans le sens de la bonté.

La politique n'est pas la morale. La science et l'art de la conduite de l'État n'est pas la science et l'art de la conduite de l'homme. Où l'homme général peut-être satisfait, l'État particulier peut-être déconfit.

L'ordre de la politique et l'ordre de la conscience sont distincts. La conscience humaine poursuit des fins spirituelles, elle cherche le salut individuel. La politique, qui s'en tient au temporel, s'intéresse à la vie prospère des communautés ; elle détermine les conditions générales du bien public dans les groupes naturels que forment les hommes Elle relève donc, comme ces groupes, d'un ensemble de Lois naturelles. Étant donné ces lois, qu'elle s'attache à discerner et à formuler avec toute la netteté de la science, elle trace et éclaire la conduite des politiques, à peu près comme la physiologie, la pathologie et la thérapeutique inspirent et dirigent la conduite des médecins.

Comme il y eut des phénomènes purement chimiques ou physiques dans l'organisation d'un Descartes d'un saint Vincent de Paul, toute société se construit suivant des nécessités naturelles dont il s'agit de connaître exactement l'essence, non d'affirmer ou de contester la justice et le bien fondé. Nous ne savons s'il est juste qu'un fils ne puisse choisir son père, ou qu'un citoyen soit jeté dans une race avant d'en avoir manifesté le libre vœu, le libre choix. Nous savons que les choses ne sont pas maîtresses de se passer autrement. Est-il juste qu'une opinion bien intentionnée, quand elle est absurde, puisse perdre un État ? Peut-être, mais, pour le salut de cet État l'important ne sera point de décider si la chose est juste, mais de la connaître pour l'éviter. L'infaillible moyen d'égarer quiconque s'aventure dans l'activité politique, c'est d'évoquer inopinément le concept de la pure morale, au moment où il doit étudier les rapports des faits et leurs combinaisons.

La morale se superpose aux volontés : or, la société ne sort pas d'un contrat de volontés, mais d'un fait de nature.

En examinant la structure, l'ajustage et les connexités historiques et sociales, on observe la nature de l'homme social (et non sa volonté), la réalité des choses (et non leur justice) : on constate un ensemble de faits dont on ne saurait dire après tout s'ils sont moraux ou immoraux, car ils échappent de leur essence à la catégorie du droit et du devoir, puisqu'ils ne se rapportent pas à nos volontés.

Il n'existe point de relation directe entre la perfection morale et la perfection des formes politiques, celle-ci étant liée à des objets bien étrangers à la moralité des hommes, comme la condition géographique ou économique de leur terroir.

Scipion s'impose par la douceur ; or, il est *moralement* très bon d'être doux. Annibal s'impose par la terreur, or il est *moralement* très mauvais de semer l'effroi Mais ce n'est pas en tant que puissances morales que la terreur ici, et là, la douceur ont agi. Elles ont agi dans une autre sphère, en tant que puissances de sentiment. Un cartésien dirait qu'Annibal aussi bien que Scipion se trouvent dans l'ordre mécanique bien plus que dans l'ordre moral : c'est par des impressions en quelque sorte machinales que ces deux généraux ont été puissants et heureux : la douceur de l'un et la terreur de l'autre correspondaient aux situations que l'un et l'autre visaient. Intervertissez les situations, donnez à Annibal les peuples que Scipion sut dompter par sa bonne grâce, il les soulèvera unanimement contre lui et ainsi se perdra peut-être ; donnez à Scipion les peuples qu'Annibal subjuguait par la rigueur, et sa mansuétude pourra bien ne leur inspirer que rébellion. En d'autres termes la tendresse et la dureté, la douceur et la violence, avant d'être des forces morales, sont des forces, et c'est en tant que forces qu'elles agissent en politique, heureuses ou malheureuses suivant le degré, l'instant, ou le lieu de l'application. Qu'est-ce à dire ? Que la bonté, ni au demeurant la malice, n'ont pas de vertu propre dans l'ordre des succès et des revers militaires ou politiques : quand un honnête homme est vainqueur, ce n'est pas l'honnêteté qui est victorieuse, ni la méchanceté quand c'est le méchant qui remporte. Ce domaine de la fortune politique est soumis à des lois particulières et spécifiques.

Du gouvernement

Organiser

Je prends s'organiser au sens premier, organiser soi-même, mettre d'abord sa pensée avec sa pensée, savoir où l'on va, sur quels véhicules et par quels chemins.

Organiser signifie différencier. Différencier est le contraire d'égaliser. Une nation se compose de gens qui sont nés ici et non là. Elle implique naissance, hérédité, histoire, passé. Elle constitue une première objection au rêve babélique de l'anarchie.

J'entends dire que pour organiser il faut détruire. Oui, dans l'ordre des faits une fois accompli. Mais pour entraîner les esprits, pour les induire à réaliser un projet, l'ordre est inverse : il faut organiser avant de détruire et si l'on veut réussir à détruire.

Tel est le sens de la parole attribuée généralement et, je crois, à tort, à Danton : « L'on ne détruit que ce que l'on remplace. » Le mot serait digne de ce fonctionnaire de l'ancien régime, l'un des rares esprits politiques de la Révolution. Pour changer ce qui existe, il faut avoir en tête autre chose que le décret d'un gouvernement provisoire et d'un appel au peuple. Les conceptions inconsistantes et mal définies ne poussent jamais à l'action. Tout au moins en imagination l'homme veut du solide et du précis.

Du vice de la discussion

L'art de faire traîner la discussion entre ceux qui savent et ceux qui ne savent pas est le plus élémentaire de tous les arts. Nous l'avons toujours pratiqué, enfants, au collège : Mais... Alors... Si...

Il suffit des trois petits mots dix fois et vingt fois répétés. Ils répondent à tout, et ils peuvent mener partout. Sans doute, le savoir est outillé pour dissiper un par un ces doutes de mauvaise foi, pour tout remettre dans le bon chemin ou dans le vrai jour. Mais ce travail fastidieux représente une énorme perte de temps, une égale déperdition de forces, sans compter qu'il produit nécessairement au dehors cet ébranlement de la confiance, cet arrêt plus ou moins net des enthousiasmes qui s'élançaient. Telle est l'œuvre naturelle de la critique, quelle qu'elle soit, quand elle est développée dans les assemblées ou devant des publics nombreux. Il ne faut que quelques secondes pour les émissions de voix destructrices, il faut des heures et des heures pour reconstruire patiemment les vérités particulières les mieux dégagées par les compétences techniques : parfois même les plus robustes vérités de bon sens ne reviennent au jour que lentement et péniblement.

Ah ! C'est alors qu'il serait précieux pour un peuple qu'on puisse « la *lui faire à l'influence* ». C'est alors que l'autorité morale serait précieuse, celle qui entraîne avant de convaincre, celle qui persuade avant d'argumenter. Elle sauve de l'inertie ou du piétinement qui, dans la lutte politique ou militaire, sont les causes fatales des derniers malheurs.

Voilà pourquoi tous les maîtres de la science politique, qu'ils aient appartenu à l'école théologique comme Maistre et Bonald, ou à l'école positiviste, comme Comte et ses disciples, circonscrivent la discussion à l'ordre théorique, au domaine de l'élaboration, mais la proscrivent de l'action. Il n'y a pas de *Religion* de la discussion ni de Morale de la discussion, car dès qu'on agit moralement et religieusement, on ne discute plus, on se décide, on risque. Attendre en pareil cas la « certitude » après débat contradictoire, c'est se résigner à périr. Il n'y a pas de *Gouvernement de la discussion : gouverner,* c'est encore se confier, risquer. Mais ce risque de l'action morale, religieuse ou politique est le risque sage par excellence ; rien n'y serait plus imprudent ni plus irrationnel que de ne pas risquer. Car on risque davantage encore à s'abstenir, à discuter et à délibérer, on risque le plus grave et on risque le pire, puisque l'ennemi est en armes, si l'on n'arme pas contre lui avant lui, le risque que l'on court est celui de tomber désarmé sous ses coups.

Générosité de la puissance

L'amitié véritable de peuple à peuple n'est pas un phénomène sentimental, mais un fait d'ordre élémentaire et primitif attaché à un ordre de besoins quasiment physiques. Un peuple puissant s'attache d'autres peuples par les marques tangibles de l'amitié en leur faisant part de ce qu'il a, en les faisant participer de l'utile et agréable rayonnement de ce qu'il est.

Pour répandre le bien autour de soi, il faut donc premièrement *être* avec plénitude, et n'avoir consenti aucun rabais sur le chapitre de l'honneur. Il faut, secondement, *posséder, prendre, tenir, si* l'on veut donner, et cela suppose un ferme usage de la force, le rendement de cette force, et de judicieuses et généreuses distributions de son produit.

Refrain : on *ne fait de bien autour de soi qu'en faisant tout d'abord en soi de la force.* Travaille, agis, gagne, produis : ni les clients ni les pauvres ne quitteront ton seuil en te montrant le poing. Étends-toi comme un gueux au soleil ou à la pluie, dans le rêve inerte de ton destin : ce bien improductif n'excitera qu'envie, jalousie, haine dangereuse et tu te mettras en danger si tu perpétues ce spectacle d'inaction et de demi gêne. Il montrera publiquement que tu ne peux être d'aucun secours à qui que ce soit. Ne serait-ce que pour être généreux, Peuple français, applique-toi à être fort.

L'action

On compose, on transige quand on a par ailleurs des sûretés. On manœuvre autour d'un pivot ferme et fort.

Mais, lorsque tout est à conquérir dans un milieu où tout se déplace, se transforme, se perd avec une rapidité inouïe, une seule méthode est recommandable parce qu'elle est seule forte et elle consiste à être soi-même, pleinement, intégralement, à s'organiser puissamment, à attirer à soi toutes les ressources et tous les moyens que l'on peut honnêtement espérer et, ainsi armé et doté, à marcher, à courir, le plus rapidement possible, droit devant soi, hardiment, inflexiblement : tout ce qui ne meurt pas, tout ce qui n'entre pas en dissolution est voué, par la loi même de la nature, à s'agréger tôt ou tard à ce noyau dont la croissance est régulière et qui progresse vers un but bien en vue, d'un mouvement rectiligne et accéléré.

Connaissance et utilisation de l'intérêt

Dans l'immense majorité des êtres, l'intérêt personnel est le nerf de l'action privée. On ne produirait pas, on ne s'ingénierait pas à varier les modes de la production, de manière à obtenir le plus grand rendement avec le moindre effort, si l'aiguillon de l'intérêt n'y contraignait pas. Cet intérêt peut être égoïste, comme il peut-être collectif. Il peut s'exercer au nom d'un homme seul, comme il peut agir au nom d'une famille ou d'une association : il s'exerce toujours aux mêmes conditions, par l'intermédiaire d'un cerveau et d'un cœur d'homme engagé dans la gestion de cet intérêt, récompensé par le succès et châtié par le revers, en un mot fortement, profondément, personnellement responsable.

Avec un État fort et des Associations puissantes, le rêve de Mirabeau pourrait se réaliser, ce rêve « où le législateur se contenterait de parler à l'intérêt individuel, de lui fournir les moyens de s'exercer, et de le diriger invinciblement vers l'intérêt général, pour le plus grand bien de tous les ressorts *politiques* ». En d'autres termes, selon le vœu d'Auguste Comte, un tel régime pourrait « appeler *les impulsions personnelles au secours des affections sociales* », en accordant aux particuliers tentés les libertés favorables au bien public.

« *L'intérêt général est la somme des intérêts particuliers* ». Prenez le contre-pied de cette sottise : dites que l'intérêt général est une soustraction faite aux intérêts particuliers et vous vous rapprocherez de la vérité.

Cette soustraction ne se fait pas spontanément mais d'autorité. Les particuliers y consentent lorsque l'opération est faite ou qu'ils se voient contraints de la laisser faire. Un très petit nombre est capable d'apercevoir l'utilité des sacrifices consentis par les particuliers à l'État ; un plus petit nombre encore voit les dangers des sacrifices consentis par l'État aux particuliers.

Je ne crois, certes pas, que l'intérêt mène le monde, et je crois plutôt qu'il l'immobilise et le perd, mais il est évident que les atomes particuliers et particularistes dont se composent les masses du monde sont facilement entraînés dans la direction de leurs intérêts.

Le désintéressement agit peu à l'état pur, sauf en quelques héros. L'intérêt pur guide souvent fort mal. L'art véritable du politique est de savoir discerner le point par lequel peuvent coïncider la passion et le devoir, l'intérêt privé et l'intérêt national.

L'argent

La richesse est un bien, sa concentration est une force, mais cette force se disperse et se dissout aux mains de l'individu qui en devient la simple dupe, dupe des choses matérielles, dupe de l'idée de profit quand il le convertit en prétendues satisfactions personnelles qui, de la première à la dernière, ne peuvent que tromper.

Quelque déguisement qu'il emploie, l'Argent est trop prétentieux, trop vaniteux, trop ambitieux de *tout avoir* pour qu'il soit possible de le méconnaître.

Pire encore que celui de la multitude et du Nombre qui, inerte et absurde, peut avoir de la fibre humaine, le *gouvernement* de l'Argent crée la déraison et le crime.

L'Argent rend de beaux services, quand il tient, *comme les autres forces humaines,* sa place de grand serviteur. Au-delà, au-dessus, il ne peut que détruire.

Souveraineté

Ni implicitement, ni explicitement, nous n'acceptons le principe de la souveraineté nationale, puisque c'est, au contraire, à ce principe là que nous avons opposé le principe de la *souveraineté du salut public, ou du bien public, ou du bien général.*

Nous ne croyons pas à la souveraineté du peuple. Nous n'y croyons pas parce qu'elle n'existe pas. Quand on la proclame, cela veut dire qu'il n'y a plus de souverain réel et que les fonctions souveraines sont désormais exercées par n'importe qui, par le premier venu, ou par le dernier, et surtout par personne : les affaires d'État sont livrées au hasard des hasards ou tombent en pleine carence.

Le grand honneur de reconnaître et d'expier doit être réservé au type de gouvernement où la souveraineté est concentrée dans l'âme unique et dans la personne vive d'un homme.

Le myriapode démocratique a la vie trop diffuse et le sens trop obtus pour entrevoir même le principe des grandes obligations politiques. Ni il ne les observe, ni il ne les viole, et non plus que les bêtes, à vrai dire, il ne pèche.

L'opinion

Où l'opinion gouverne, la spontanéité gouvernementale n'a même plus de centre, d'organe ni de lieu : athénien, polonais, français, l'État ne peut plus que flotter comme un bouchon de liège, sinon rouler comme une boule de billard. Toutefois, si l'indépendance et l'initiative tombent ainsi à rien, cela n'annonce pas du tout la fin du mouvement et des tribulations : au contraire ! L'activité que nous n'avons plus, on nous l'imprime ; si nous ne marchons pas, on nous fait marcher.

Il ne s'agit pas de savoir l'opinion des neuf dixièmes des Français sur les conditions du salut public, mais bien qu'elles sont les conditions réelles de ce salut. Ne fût-on, à connaître ces conditions, qu'un seul contre 38 millions, on aurait raison de les proposer, de les soutenir, de plaider pour elles, de travailler à les faire prévaloir sur l'avis des autres, par tous *les moyens qui se présenteront.*

Quand on prend l'opinion courante pour arbitre, on l'engage dans la plus terrible des voies.

Aujourd'hui elle veut vivre, demain elle voudra mourir. Vous ne changerez pas la nature de l'homme, mais vous aurez détruit les sages précautions que les sociétés civilisées ont prises contre ces causes de mort.

J'écris fort tranquillement qu'un Prince qui se croira la créature de l'opinion ne pourra pas remplir la plus difficile partie de la fonction royale, qui est d'éclairer et de diriger l'opinion au lieu de la suivre, c'est à dire de la contredire parfois quand le salut public le veut. À la fin du XVIIIe siècle, à la veille de la Révolution, rien n'égalait l'impopularité de l'Autriche en des milieux français qui se croyaient « bien informés ». Toute l'histoire subséquente établit pourtant que la Monarchie et ses ministres, et leur système du renversement des alliances, avaient raison contre l'opinion la plus puissante et la plus répandue.

Il importe que le Prince sache et sente qu'il ne dépend pas de l'opinion, qu'il n'a pas été créé par elle, qu'il ne tient pas d'elle ses droits.

La guerre et la paix

Pour qui voit les choses et non plus les mots, le fléau de la guerre naît du jeu naturel des forces de la vie. Ce n'est pas un état exceptionnel, ce n'est pas un accès merveilleux et rare, mais au contraire l'effet presque constant, toujours redoutable des passions tendues et des intérêts déployés. Il suffit de laisser aller : les unes et les autres aboutissent à la lutte armée, aussi bien entre particuliers qu'entre nations ; la Paix qui y met fin naît d'un labeur profond, énergique, puissant, et, dès qu'il s'arrête, elle s'arrête aussi. On ne comprend rien à la paix si on ne la conçoit comme le chef d'œuvre de l'art politique dans la vie sociale, nationale, internationale.

Pour faire ce chef d'œuvre, il faut que tous le veuillent. Pour le détruire, il suffit d'un seul. Le perturbateur peut-être nous-mêmes. Mais il peut-être un autre. Raisonner comme s'il suffisait de détruire en nous ou dans quelques-uns d'entre nous, les instincts, les volontés et les forces de guerre, c'est précisément négliger ce qui domine tout le reste.

Qu'en effet, à côté de nous, ces instincts persistent dans un seul groupe de nations ou dans une seule nation, rien n'est fait pour la paix : un seul « chien enragé de l'Europe », quel qu'il puisse être, aura toujours raison de la Paix.

Nous ne troublerons pas la paix si nous sommes justes et sages et si, fidèles à la maxime de nos rois, *nous voulons toujours raison garder.*

Mais ni notre raison, ni notre justice, ni notre sagesse ne pourront suffire à empêcher la Paix d'être troublée ; nous serions moins raisonnables que des animaux si nous omettons d'apercevoir que la paix du Juste et du Sage succombera fatalement le jour où elle aura le malheur d'éveiller les convoitises extérieures sans paraître assez forte pour s'en garder repousser l'agresseur ou l'usurpateur.

Le langage unilatéral des moralistes peut donc paraître adéquat à la solution de ce problème politique à moins recevoir un complément très strict, que l'on peut formuler ainsi : oui, en un sens, la Paix dépend, tout entière, des vertus morales d'Un seul, mais à la condition de ne pas oublier que, si la Sagesse et la Justice sont des vertus, la Prudence en est une autre, et une quatrième vertu s'appelle Force.

Les disciples de Marx traitent d'une sorte de biens que les moralistes estiment précieux, légitimes et agréables, mais déterminés, mais comptés et de telle nature qu'ils diminuent quand on les consomme et qu'ils sont amoindris and ils sont partagés. La communauté de ces biens ne peut-être poussée que jusqu'à un certain point seulement, il vient toujours une heure où il faut les rendre à la jouissance individuelle et les incorporer à un égoïsme personnel ou collectif, à un « ventre[8] ». La guerre est presque inhérente au partage de biens semblables : par leur nature même, ils la rendent toujours possible et même menaçante.

Le grand producteur, le producteur effréné de richesses matérielles, le travailleur qui s'enorgueillit de créer et de multiplier cette sorte de biens dont l'essence est d'être partagés, crée autour de lui ou en lui des puissances de destruction qui, en se développant, agiront à main armée. Car il créera des jalousies folles. Il s'enivrera lui-même de ses propres rêves et pour les mûrir plus rapidement, la suppression de toutes les rivalités s'offrira et s'imposera comme la plus prudente des ambitions. Il lui sera toujours possible de griser pour les entraîner en un mouvement belliqueux, ces éléments moyens qui d'eux-mêmes tendraient à préférer les douceurs de la consommation et de la jouissance. C'est ainsi que l'esprit d'équilibre conseillé par le premier degré du travail, de l'épargne et des autres arts dits pacifiques, est promptement rompu par l'esprit d'entreprise et d'initiative attaché à toute technique purement matérielle. Il faut dépasser la conception des richesses divisibles et susceptibles d'être volées pour abolir ce genre de guerre de rapine qui est à la société des nations ce que le vol est à la société des familles.

On se battra moins pour le bien-être matériel quand les hommes et les peuples en seront un peu détachés. Hors de ce détachement, hors de cet esprit *catholique,* toutes les perspectives d'avenir sont guerrières fatalement.

Quand bien même les raisonnements du pacifisme économique ne seraient pas faux comme des jetons, ils ne

---

[8] Le mot est de Jules Guesde.

résoudraient rien encore. La question ne sera résolue que lorsque, l'humanité ayant retrouvé une communauté de pensée, une communauté de foi, on commencera à se comprendre un peu entre peuples. Affaire de pensée avant d'être une affaire de sentiment. Affaire de raison avant d'être une affaire de justice ou d'amour.

On a parfois raillé, traité de cercle vicieux, la définition de la vie, par Bichat, comme *l'ensemble des forces qui résistent à la mort*. Ce prétendu cercle est une vue de profonde philosophie qui rend hommage à la qualité exceptionnelle et merveilleuse de la réaction de la vie au milieu des assauts acharnés qu'elle subit de toutes parts.

Ainsi la notion de la Paix, inspirée de son vrai amour et de sa juste estime, doit être conçue par rapport à la multitude infinie des éléments et des puissances qui conspirent tantôt à l'empêcher de naître, tantôt à la détruire à peine est-elle née.

Les *pacifistes* ignorent le prix de la paix : ils supposent la paix toute faite, naturelle, simple, spontanément engendrée sur notre globe. Or il faut qu'on la fasse. C'est le produit de la volonté et de l'art humain. Non, il n'est pas de qualité plus belle et plus noble que celle de *pacifique*. Mais elle convient uniquement au héros *qui la fait*. Il ne la trouve pas sous un chou. Pour la faire, il doit manier les outils qui s'appellent des armes. Avant la bombe et la grenade, c'était l'épée. Avant l'épée, la massue et le bâton.

Notre morale a un point faible. Nous croyons que les choses se gardent toutes seules. Nous croyons la paix fille de la nature. Pas du tout. La paix demande beaucoup d'efforts, d'intelligence, de dévouements ou de sacrifices, le passé du genre humain est là pour rappeler qu'aux nations comme aux familles il est plus difficile de conserver que d'acquérir et de conquérir.

CINQUIÈME PARTIE

La démocratie

Naissance de la démocratie :
le libéralisme

Les libéraux classiques et leur postérité anarchique et démocratique, issue de 1789, professent qu'un homme en vaut un autre, et, de là, justifient également la suppression des rangs sociaux, celle des corps de métiers, la disparition de toute variété dans les statuts des provinces, des villes, des foyers. Où l'ancien régime voyait une combinaison d'êtres différents par la valeur, le rôle, la fonction et qui ne devenaient pareils qu'au cimetière, le régime moderne a rêvé d'une juxtaposition de personnes supposées égales et identiques. En appliquant cette doctrine, les politiciens la diluaient afin d'en adoucir les absurdités par l'adjonction de principes contraires, mais, à l'état pur et franc, voilà ce qu'elle dit, voilà ce qu'elle fait, et pas autre chose.

Conséquences du libéralisme

1° L'esprit révolutionnaire

Créer des mécontents pour obtenir les agités, et jouir enfin du désordre, c'est le procédé ordinaire de l'esprit de révolution.

L'esprit révolutionnaire croit la politique appelée à donner des prix aux individus ; il oublie que sa tâche n'est que de faire prospérer les communautés. De cette confusion est sortie toute son erreur. Où la sagesse universelle pense bonheur collectif, bien public, unité collective, c'est à dire Famille, État, Race, Nation, le révolutionnaire pense bonheur et satisfactions du privé, en d'autres mots l'insurrection.

Le désordre révolutionnaire, fondé sur une philosophie individualiste, compte presque autant de complices qu'il peut y avoir en France de médiocres, d'envieux, de sots et de gredins.

La Routine consiste à continuer aveuglément ce qui eut raison d'être et qui n'en a plus. Le propre de la Révolution est de tout mettre sens dessus dessous à propos de bottes. L'effet commun de la Routine et de la Révolution est de piétiner : l'Inertie.

La Révolution vraie, ce n'est pas la Révolution dans la rue, c'est la manière de penser révolutionnaire.

Pour combattre toutes les traditions sociales, l'esprit révolutionnaire s'était tout d'abord présenté comme le lieutenant de la science, son ayant droit, son héritier présomptif. Et l'esprit révolutionnaire enseignait la science contre les religions, mais aussi contre les gouvernements.

Si, jusqu'à un certain point, la négation du métaphysique et du révélé, du surnaturel et du miraculeux, pouvait se prévaloir d'un certain progrès général de la connaissance du monde physique, celle-ci n'apportait rien ni ne pouvait rien apporter à cette critique des autorités et des inégalités sur laquelle s'appuie essentiellement la démocratie. La critique démocratique n'est pas physique, elle est métaphysique. Elle n'est pas née de la science, mais d'une religion, et fausse.

2° Recours à l'étranger

La Révolution procède en France d'un effort de l'Étranger et de ses suppôts en vue d'évincer l'indigène. Cette conquête pacifique ne se peut pas sans le secours des pires. Quand une Puissance étrangère s'installe par la force des armes dans un pays donné, elle convoque les meilleurs, notables, princes, chefs et, leur imposant la délégation de sa force, elle les tient pour responsables de la perception des impôts et de la sûreté de ses propres agents. Mais quand, au lieu de consolider l'occupation, il s'agit d'ouvrir les voies à l'armée d'invasion, c'est à la dernière lie du peuple que l'Étranger s'adresse. Il soudoie les démagogues afin qu'ils insurgent le vagabond sans feu ni lieu contre la partie possédante et laborieuse du pays. Il s'efforce d'obtenir que les moins intéressés à l'ordre public bénéficient du maximum de puissance publique. Il fait la Révolution et s'applique à déguiser cette Révolution en Gouvernement : trop heureux quand il peut, comme il l'a pu en France, obtenir des mesures de constitution et de législation générales dont les effets particuliers répétés chaque jour, en donnant avantage au criminel sur l'honnête homme, au bohémien ou au bohème sur le citoyen, établissent enfin la domination légale et presque régulière des plus insignes coquins. Un tel gouvernement, non content d'affaiblir toutes les défenses extérieures, les livre : il crée un état d'esprit d'impatience et de trahison ; stupéfait de son impuissance, à bout de vexations et de persécutions, le gros du peuple va chercher le gendarme où il est, c'est à dire au dehors. L'Étranger prend alors figure de libérateur et vient pacifier les désordres qu'il a payés. Cela ne s'est pas vu seulement comme le croient nos naïfs historiens révolutionnaires dans les années 91 et 92 du siècle avant dernier. Toutes les républiques italiennes ont recouru, à peu près de même, à ce même gendarme qui s'appelait tantôt le César d'Allemagne, tantôt le podestat de quelque château d'alentour.

Et ces villes grecques du temps de Polybe !

Et tels conservateurs français du temps de Hitler !

3° L'anarchie

L'anarchisme est la forme logique de la démocratie. Mais on ne peut pas s'arrêter à un anarchisme idéal. C'est un principe qui réclame énergiquement sa réalisation intégrale. L'esprit d'un anarchiste, s'il est droit, bien doué et conséquent avec lui-même, en arrive aisément à concevoir et à désirer l'état de nature. J'imagine que c'est alors pour lui, pour sa doctrine, un assez rude instant.

La vanité de l'anarchie

L'Anarchie prétend simplement détruire, pour les abolir à jamais, les liens qui, d'après elle, asservissent et déshonorent l'humanité : or, si nous la voyons procéder de bon cœur aux destructions qu'elle médite, nous la voyons refaire dans son propre sein, dans sa petite cité d'anarchie, tout ce qu'elle a détruit au dehors.

Forte contradiction qui ôte au programme anarchiste son explication rationnelle et sa justification morale, car on n'a pas le droit de détruire ce qu'on se voit obligé de reconstruire ainsi sans délai. Mais ce n'est pas tout : le système social ainsi rabiboché a des chances nombreuses de se montrer inférieur à celui qu'il sera censé remplacer.

En admettant, pour tout simplifier, que des matériaux ramassés en un jour d'improvisation vaillent ceux qu'avait réunis et affermis l'épreuve des temps et en supposant qu'une génération, celle d'aujourd'hui, puisse valoir, à elle seule, la suite des innombrables générations qui l'ont précédée, le nouveau bâtiment social ne correspondra qu'à des besoins immédiats ou très récents ; il fera face à des nécessités éphémères et partielles ; il représentera le fruit d'une expérience courte, suggérée par un petit nombre de besoins très bornés. Il aura besoin de réparations constantes, de compléments perpétuels. On n'en jouira guère. Il faudra sans cesse y combler lacunes ou crevasses. Une *police* rudimentaire, une *justice,* une *armée,* une *marine,* une *diplomatie* rudimentaires, voilà donc ce qu'on nous offre pour faire suite à la diplomatie, à la marine, à l'armée, à la justice et à la police que l'industrie de trente siècles d'effort historique, éclairé par des millions de faits concrets, avait composées à loisir.

Détruire la Société pour la rebâtir dans ces conditions, c'est proposer de mettre en pièces un paquebot afin d'en extraire un radeau. Je ne sais rien de plus sauvage. Comment se fait-il que les anarchistes sincères et cultivés ne s'en soient jamais aperçus ?

Je ne nourris pas le rêve enfantin d'endoctriner les hommes qui ont embrassé la Révolution comme une carrière. Mais il y a ceux dont le destin n'est pas fixé et chez qui la raison fait élever la voix. Puis, il y a les jeunes gens. Toute la jeunesse française se devrait entendre dire et répéter, matin et soir, que l'anarchisme (et son succédané : le libéralisme) est essentiellement un attrape nigaud. Il ne mène à aucune idée claire. Il n'emporte aucune satisfaction ni d'esprit, ni de fait, en dehors du métier de politicien.

On pourra détruire une société, on ne détruira pas la société. La nécessité sociale révèle et impose empiriquement sa puissance à ceux mêmes qui la contestent en théorie et dont la théorie ne peut même pas nous promettre un dégrèvement des charges sociales. Le jour social qu'ils conçoivent ne sera pas moins lourd que celui dont ils souffrent ; mais, appuyé à des institutions moins fortes, il sera moins utile, moins secourable et moins puissant. L'autorité y pourra être de qualité moins fine et moins ferme ; mais d'autant plus impérieuse, encombrante, tatillonne et portée à se mêler des moindres détails.

Tel a été *en fait* le résultat de notre Révolution.

Elle a détruit l'autorité monarchique, pour établir une autorité administrative beaucoup plus vexatoire. Elle a défait la collaboration hiérarchique des « ordres » pour établir des « classes » de moins en moins communicantes qui sont en guerre déclarée. D'un type social très perfectionné, le libéralisme de 1789 nous a fait descendre à un type élémentaire : l'anarchisme va-t-il nous faire descendre plus bas ?

Règne de la démocratie

Qu'est-ce que le démocratisme ? L'homme pratique demandera par qui est professée en France cette doctrine abstraite et, puisqu'elle règne, quels sont les hommes auxquels elle doit de régner. Le plus simple examen de la situation permet de répondre que ce ne sont pas des hommes.

Des hommes n'auraient pas eu le moyen d'exécuter, de faire durer ce tour de force. Songez que le plus grand, le plus ancien, le plus vénérable pouvoir spirituel d'une part, et d'autre part, la force matérielle, ceux qui portent l'épée, qui tiennent le fusil, qui pointent le canon sont tenus en échec, sont persécutés par un simple système d'institutions et d'idées : la démocratie !

Des hommes auraient faibli, se seraient divisés, querellés et dévorés les uns les autres en administrant cette institution et ce système. Il faut donc bien supposer autre chose, une organisation, des organisations je spécifie des *organisations historiques,* des familles physiques ou psychologiques, des états d'esprit, de sentiment, de volonté hérités de père en fils depuis de longs siècles, des compagnies traditionnelles, des dynasties.

Dynasties juives et métèques.

Dynasties étrangères, celles par exemple qui ont fomenté la Révolution française.

De ce mécanisme historique, il avait l'instinct, ce Poilu de la Grande Guerre à qui M. Poincaré demandait ce qu'il ferait des Allemands vaincus :

Nous pendrons leur Empereur et nous les f ... trons en République.

Les défenseurs de la démocratie, ceux qui ne manquent point tout à fait de sens et d'intelligence, sont des mystiques purs : leur opinion ne se soutient que par un mélange de rêveries et d'impulsions véritablement subjectives. Ni l'histoire des hommes, ni l'étude de leur nature ne permet d'adhérer au démocratisme, comme à un principe supérieur.

La France a été mise par la Révolution dans un état matériel sensiblement voisin de l'individualisme démocratique. Toutes les organisations nationales ont été brisées, l'individu sans lien est devenu poussière. Des organisations étrangères dès lors, n'ont cessé de grandir et de s'enraciner dans la société française ; car leur discipline intérieure se maintenait et s'affermissait à la faveur de notre émiettement. La doctrine démocratique qui fait de l'État une providence, du citoyen l'administré et le pensionné est leur plus puissant instrument de propagande et de conquête.

Empêcher les Français de s'organiser et de se qualifier en dehors de l'État de l'Administration, dont elles font leur instrument, tel est donc le programme naturel nécessaire de ces organisations pour peu qu'elles désirent continuer leur domination parmi nous.

On n'organise pas la démocratie

1° Les théoriciens politiques nomment démocratie tout gouvernement (*cratéo*) confié à la majorité (*démos*), soit dérivant des volontés du plus grand *nombre,* des volontés individuelles mises en addition. La démocratie idéale serait celle dont tous les actes législatifs ou administratifs exprimeraient loyalement mais exclusivement la somme de ces volontés qui, pour être additionnées, doivent être conçues comme égales entre elles, quelles que soient les différences de leur valeur. Essentiellement la démocratie se fonde sur le système de l'égale valeur politique des individus.

2° Les biologistes admettent d'autre part que, dans un corps vivant, un organe est un élément différencié, autant dire créé ou devenu distinct des autres éléments par les dispositions particulières qu'il a reçues. Le foie et le cerveau, le cœur et l'estomac, appartiennent au même corps, sont faits des mêmes éléments fondamentaux, mais ont des qualités, des pouvoirs différents ; ce sont des organes.

Il y a des vivants presque inorganisés : ce sont des animaux dits inférieurs, dont tous les éléments cellulaires, identiques les uns aux autres par nature et par position, soumis au même régime, font aussi le même travail ; la décision du tout n'y est que le total de la décision des parties. Mais aussitôt que s'organisent ces vies inférieures, comme on l'observe dans les colonies animales, le régime d'égalité se modifie si bien qu'il disparaît. Chaque élément ou chaque groupe d'éléments s'applique à quelque fonction particulière, plus ou moins utile, agréable, noble et active, et ces fonctions et éléments se subordonnent eux-mêmes les uns avec les autres : par suite de cette division du travail et par suite aussi de cet ordre qui en résulte, chaque fonction s'accomplit beaucoup plus vite et beaucoup mieux. Il y a donc progrès, mais du même coup commencement d'inégalité.

Au fur et à mesure qu'on s'élève dans l'échelle animale, ces inégalités deviennent plus nombreuses, plus profondes et si l'on y tient, plus choquantes. Elles sont en raison directe de la perfection organique. Si l'égalité est la formule de la justice, les vertébrés supérieurs sont de purs monuments *d'injustice immanente,* puisque des éléments de la même composition originelle y sont employés à des fonctions aussi cruellement inégales que le sont par exemple la fonction sensitive et celle de la digestion. Les éléments ayant acquis des *qualités* fort différentes, le pouvoir directeur de l'ensemble revient non point au plus grand *nombre* de ces éléments, mais à ceux qui se trouvent le mieux *qualifiés* pour voir et pour prévoir : aux organes de la sensibilité et du mouvement.

Vous qui parlez de donner ou de rendre des organes à notre peuple, voilà ce que c'est qu'un organe. Ne parlez plus d'organe, ne faites plus en sociologie cet emprunt d'une métaphore à la biologie ou convenez qu'un organe est un élément de différenciation, c'est à dire d'inégalisation : car l'organisation développe la qualité et diminue l'importance propre du nombre. Convenez-vous de cette vérité ? En ce cas, ne nous parlez plus d'organiser une démocratie, c'est à dire de tempérer un gouvernement d'égalité par l'inégalité ou usez du mot propre, et tombez d'accord avec nous *qu'organiser une démocratie, cela revient à la détruire.*

Au pouvoir de l'argent

Le progrès tel que le conçoit la Démocratie tend à assurer à l'individu des ressources viagères, mais en le rendant tributaire d'organisations capitalistes, extérieures et supérieures à lui et dont l'État est tantôt le gérant, tantôt le président tantôt le maître absolu.

L'idéal du progrès démocratique fait du citoyen pauvre, non à proprement parler un rentier de l'État, mais un pupille et serf de l'État.

Dans un État tombé en démocratie, ses attributions naturelles (politiques, diplomatiques, militaires) tendent à disparaître, mais il s'en crée d'autres en échange. D'abord hospitalier et maître d'école, pourvoyeur des beaux-arts, marguillier, marchant d'allumettes et marchand de tabac, il tend à devenir l'échanson et le panetier universel. Il prend donc du pain et du vin où il y en a, dans le cellier des riches, dans la cave des riches, puis des moins riches, puis des plus humbles possédants et, quand la richesse a fondu, il administre la disette et préside à la faim.

Il est sûr que de quelque façon qu'on s'y prenne, c'est l'Argent qui *fait* le pouvoir en démocratie. Il le choisit, le crée et l'engendre. Il est l'arbitre du pouvoir démocratique parce que sans lui ce pouvoir retombe dans le néant ou le chaos. Pas d'argent, pas de journaux. Pas d'argent, pas d'électeurs. Pas d'argent, pas d'opinion exprimée. L'argent est le géniteur et le père de tout pouvoir démocratique, de tout pouvoir élu, de tout pouvoir tenu dans la dépendance de l'opinion. Cela explique la fureur des discussions parlementaires quand elles portent sur le point d'incidence de l'argent et de l'électeur, de l'argent et de l'opinion, de l'argent et du gouvernement.

Chaque parti essaie de déshonorer l'autre. Mais ils sont tous déshonorés dans la mesure où ils sont démocratiques et reconnaissent au pouvoir le droit de naître comme il naît. La foule n'en sait rien, cela fait partie de la farce. Essaie-t-on de la renseigner, c'est un autre chapitre de cette dérision. De quelque façon qu'il se tourne, et quelque cri qu'il pousse, le pauvre peuple est gouverné par l'or ou le papier, par ceux qui les détiennent et par ceux qui les vendent, eux seuls lui fabriquent ses maîtres et ses chefs.

L'amour de l'argent est commun aux régimes, aux peuples et aux hommes. Il y a des variations dans le degré de cette avidité et de cette avarice, mais l'histoire universelle ne montre nulle part un gouvernement qui fût libre de l'amour de l'argent ou qui pût être absolument affranchi de son influence. Seulement il y a des régimes qui *existent* indépendamment de lui. Il y en a d'autres auxquels il donne naissance directement et qui sans lui ne seraient pas. Le Régent, par exemple, pouvait être un politique avide et cupide. Il n'était pas la créature de l'argent. Son autorité sortait d'autre source que la finance. La finance n'était pas la génératrice de son pouvoir, les liens honteux qui l'attachaient aux tripoteurs étaient d'abominables accidents personnels qui disparurent avec sa personne. Moralement, il n'avait pas l'excuse des tripoteurs du Panama, il avait dans les veines un sang royal qui ne devait rien à l'or. *Mais ce qui aggravait son crime donnait aussi des espérances au « droit » électif.*

Corrompu, corrupteur, c'étaient les vices du prince. Ils ne découlaient pas du principe. Lui mort, il suffisait qu'un prince honnête et modéré lui succédât pour que l'intégrité reprît ses droits. Au lieu qu'en démocratie l'élu peut être vertueux, il n'en est pas moins le produit et le producteur, l'effet et la cause de la ploutocratie souveraine. Elle l'a fait nommer, il la soutient donc, elle régénère son autorité en faisant renouveler son mandat, et il la défend de son mieux contre la justice et contre la nation.

Il n'y a pas d'exemple qu'on soit jamais sorti de ce terrible cercle autrement qu'en substituant les autorités *nées* aux autorités *élues* et le droit *héréditaire* au droit *électif*.

Le droit héréditaire, en vertu des faiblesses inhérentes au cœur humain, peut aboutir une fois, deux fois, dix fois à des scandales d'argent. Le droit populaire, de la propre énergie de son mouvement naturel, y aboutit *nécessairement* et toujours, et *de plus en plus.*

L'élection : moyen de gouvernement démocratique

Le mal, ce n'est pas le fait d'une élection, c'est le système électif étendu à tout, c'est la démocratie.

« La démocratie c'est le mat la démocratie, c'est la mort. »

Du suffrage universel

Toutes les fois que nous montrons quel mal politique, économique, intellectuel et moral a fait, fait et fera le régime électif à la France, il ne manque pas de nigauds pour répondre :

- Alors, vous ne voulez plus d'électeurs ni d'élus Alors, vous ne voulez pas que la nation puisse se faire entendre ? Vous voulez que ses affaires soient toutes faites d'en haut sans qu'elle ait le droit de dire son mot sur ses droits ?

Les plus nigauds ajoutent :

Nous vous voyons venir, c'est au suffrage universel que vous en avez.

Nous en avons si peu au suffrage universel que nous voudrions l'étendre. Nous voudrions que les enfants à la mamelle, qui ne peuvent pas voter, fussent représentés par le suffrage de leurs parents. Nous voudrions voir voter les femmes, du moins celles qui représentent une existence non engagée dans les liens du mariage, un intérêt non confondu dans les complexes intérêts du foyer. Le suffrage universel ne nous « effraye » nullement. Nous sommes effrayés des choses auxquelles on l'applique. Mais, par rapport à ces choses-là, par rapport au

170 | P a g e

Gouvernement, à la Souveraineté, le suffrage censitaire est aussi absurde, aussi incompétent que le suffrage universel. Dans l'ancienne Allemagne, celle qui était une République de Princes, le choix du souverain appartenait à sept électeurs : ce choix du supérieur par une poignée d'inférieurs n'a pas fait moins de torts à l'Allemagne ancienne que n'en fait le même choix à la France moderne quand il est opéré par des millions d'électeurs. Le mal ne vient pas du nombre des votants, mais de l'objet sur lequel ils votent. Si on leur donne à décider les tendances du Gouvernement, si on leur donne à choisir le Chef, il y a dix mille contre un à parier qu'ils éliront l'homme dont le nez leur plaira et qui n'aura pas plus de cerveau qu'une calebasse ; il y a dix mille contre un à parier qu'ils exigeront du gouvernement la politique de leur intérêt particulier, sacrifiant l'intérêt général, la politique du moindre effort et du moindre labeur sans se soucier du présent éloigné, ni du prochain avenir. Les princes électeurs de l'Allemagne agissaient là-dessus exactement comme les citoyens souverains de la République française. La dernière chose à laquelle penseront l'un et l'autre sera certainement l'intérêt public.

Dans la mesure où elle est affranchie de l'État et s'exerce avec quelque liberté, l'élection n'est pas une chose en soi, et dont on s'occupe professionnellement, abstraction faite de tout le reste. L'élection est à l'opinion ce que l'ombre est au corps, ce qu'est le reflet à l'image. L'esprit électoral oublie l'action et la propagande de l'idée pour courir l'unique mirage du vote. Tout est défait, tout est perdu au soir d'une défaite électorale, quand le labeur de plusieurs saisons a tendu uniquement à gagner des sièges.

Voilà pourquoi le Souverain intérêt public, voilà pourquoi le Chef gouvernant, responsable de l'intérêt public, ne doit pas être livré à la fortune de l'élection, qu'elle soit réglée par des dizaines ou par des millions d'hommes. Cet abandon général est absurde en soi ; il paraît plus absurde si l'on voit les perturbations que des élections de cette importance, de ce poids, de cette gravité causent à la nation.

La démocratie consiste à donner la direction générale et supérieure, le gouvernement et la souveraineté au nombre s'exprimant par la voie des suffrages. Ce n'est pas l'universalité du suffrage qui est à déplorer. C'en est le point d'application et la compétence faussée. C'est sur ce qu'il ignore le plus, c'est sur ce qu'il est le plus incapable de diriger, à savoir l'État, l'État central et souverain, que le suffrage est consulté, par la démocratie, et c'est là-dessus qu'il fonctionne le plus activement.

Le suffrage universel est conservateur

Nous n'avons *jamais* songé à supprimer le suffrage universel. On peut dire que le suffrage universel doit élire une *représentation* et non un *gouvernement*, sans vouloir supprimer ce suffrage, et en voulant tout le contraire.

Car ce suffrage, entre bien des vertus ou bien des vices, possède une propriété fondamentale, inhérente à son être même : le *suffrage universel est conservateur*.

Les théoriciens plébiscitaires n'ont pas tort de comparer le suffrage universel à la « masse » des physiciens. Il est a peu près aussi « inerte » qu'elle. Leur tort est de mal appliquer cette vérité, et de considérer un suffrage inerte soit comme le moyen de créer le Souverain, soit comme un ressort d'opposition et de révolution. Leur erreur sur le premier point est évidente. Sur le second, il suffit de songer qu'il faut un prestige bien fort, une popularité bien puissante pour émouvoir, pour ébranler un pesant amas de volontés qui ne concordent que dans l'idée d'un profond repos. L'appel au peuple peut-être un utile et puissant levier dans les périodes de trouble, quand le gouvernement hésite et incline de lui-même à la mort. Il ne vaut pas grande chose dans les autres cas. Il ne vaut rien contre un parti bien constitué, fort, uni, résolu à exploiter la nation jusqu'à l'os.

Hors les heures critiques, et tant qu'il paraît subsister un ordre matériel quelconque, le suffrage universel conserve tout ce qui existe, tout ce qui tend à exister. Il est conservateur de ce qui dispose de la puissance, de ce qui paraît bénéficier du succès : radical, si le gouvernement tend au radicalisme ; socialiste, si le socialisme paraît dominer le gouvernement.

La foule acquiesce, suit, approuve ce qui s'est fait en haut et par-dessus sa tête. Il faut des mécontentements inouïs pour briser son murmure d'approbation. La foule ressemble à la masse : inerte comme elle. Ses violences des jours d'émeute sont encore des phénomènes d'inertie ; elle suit la ligne du moindre effort ; il est moins dur de suivre des penchants honteux ou féroces que de leur résister par réflexion et volonté. La faculté de réagir, très inégalement distribuée, n'arrive à sa plénitude que dans un petit nombre d'êtres choisis, seuls capables de concevoir et d'accomplir autre chose que ce qui est.

Le nombre dit *amen,* le suffrage universel est conservateur.

L'État démocratique : la République française

La machine à mal faire

En République, nous ne vivons pas dans le domaine des raisons délibérées et réfléchies, mais dans l'ordre des causes brutes.

Flux ou reflux d'opinion, routine des bureaux, agitations et parades officielles, convoitises coloniales, opérations de groupes parlementaires et financiers, ces impulsions discontinues ne font pas une politique.

Un électeur conservateur et patriote devrait faire le bilan de ce que lui coûte une pareille *machine à mal faire.* Sacrifices d'argent. Ils sont considérables au temps électoral. Sacrifices d'idées, de jugement, de conviction, parfois d'honneur : il se donne un mal fou pour quelqu'un qui ne représente ni sa pensée, ni même une pensée qui lui soit tolérable dans l'ordre religieux, social, économique, national. En dernière analyse, ce quelqu'un est battu, sans autre bénéfice que d'avoir dispersé, démoralisé et découragé un nombre toujours croissant de braves Français.

Il faudrait réfléchir que, si telle est la règle du jeu, et c'en est bien la règle, il n'y a rien de plus immoral ni de plus dissolvant que de nommer cette erreur loi et règle ce péché.

Sous le nom de l'égalité, ce qu'elle fait n'est pas de l'ordre c'est de l'anarchie inavouée, couverte, et l'on peut se demander si une anarchie nue et crue ne serait pas moins dangereuse que la pratique invétérée de cette règle et de cette loi.

La démocratie vénère obscurément l'anarchie, comme son expression franche, hardie et pure. Quand le malheur des temps l'oblige à la combattre, elle en subit secrètement la fascination, et c'est toujours dès qu'elle en subit secrètement là ce côté qu'elle tombera dès qu'une cause extérieure cessera de l'impressionner.

La République, dans l'esprit de sa fondation et de sa logique, ne doit admettre ni année, ni famille, ni classes ni épargne, ni Propriété, ni ordre, ni patrie, rien enfin qui soit national Du social. Son point de départ révolutionnaire induit à laisser complaisamment se réaliser le programme révolutionnaire, sinon à le réaliser d'elle-même.

Le gouvernement des choses

Qui ne sent, qui ne voit la raison profonde de l'extrême précarité du bien sous le régime républicain ? Rien ne l'arrête, rien ne le fixe. Aucune institution n'est chargée de capitaliser les leçons de l'expérience. Nulle magistrature stable, et qui dure par elle-même, n'est capable de résister aux aveugles remous d'une opinion trompée.

La faiblesse de ses hommes compte pour infiniment peu auprès de la nocivité du régime. De quoi se plaint on ? De ce que des intérêts importants soient traînés en longueur puis réglés brusquement par des improvisations plus que dangereuses. Le scandale est double. Mais il sort d'une source unique de l'irresponsabilité *dans le temps*. À chaque minute de ce temps, on peut trouver un ministre pour bomber le torse, couvrir les subordonnés, revendiquer la paternité de tel ou tel acte. Mais, à trois mois ou à trois semaines de distance, le ministre a changé, il a changé de sa personne, il a changé de groupe et de parti, il est impossible de retrouver au pouvoir l'auteur de telles lenteurs, de telles négligences, de telles remises au lendemain et, si, par miracle, en le retrouve, il répond froidement qu'ayant dit *oui*, puis *non*, il n'a fait que subir les nécessités objectives. Elles sont variables et l'ont fait varier.

Elles seules comptent. C'est elles qui gouvernent. Se relâchent elles de leur prise sur les factions et les assemblées, on se relâche aussi et on ne fait rien. Pressent-elles, on est pressé, et l'on bâcle ce qui aurait dû être sérieusement mûri et profondément médité. Bref, l'homme abdique ostensiblement et s'en remet au gouvernement des choses muettes. Imaginons un chariot quelconque abandonné ainsi à la loi des forces aveugles ! C'est celle que l'on applique au char de l'État.

La république est une oligarchie

Telle est la « suite » du régime pour le gouvernement de la nation et quant aux affaires générales de l'État proprement dit, où son incompétence et son incapacité sont notoires.

Mais il y a des affaires qui lui sont propres et dans lesquelles la République fait montre d'une certaine continuité et même d'un certain savoir-faire : sa politique religieuse (une politique sectaire), les éléments constants de sa politique de parti, l'art de servir et de rémunérer l'électeur. Là se dessinent des réalités nouvelles qu'il importe de voir.

Il n'y a point dans la République de frein à la République, bien qu'il y ait dans la monarchie des freins à la volonté du monarque. Qui dit royauté dit Conseils royaux, États du peuple. Qui dit démocratie dit un double gouvernement : l'apparent, celui du nombre, le réel, celui des oligarchies et de l'or.

Observons la composition moyenne des groupes qui, autour du Pouvoir, exercent l'influence et, à l'occasion, meuvent l'autorité. Comme tous les gouvernements du monde, dès qu'ils sont un peu installés, la République est, dans sa somme, un gouvernement de familles. Quelques milliers de familles y occupent par les assemblées et par les administrations, ce que l'on appelle les avenues du Pouvoir. Elles forment ce que l'on peut aussi nommer l'axe de ce pouvoir. Beaucoup de changements se font et se défont, autour de cet axe. Mais lui-même reste, dans l'ensemble, inchangé.

L'hérédité républicaine n'est pas un vain mot. Ni la noblesse républicaine. Même socialiste, Henri Salengro demande à succéder à Roger Salengro.

La prétendue égalité démocratique joue le simple rôle d'un mensonge attractif et perturbateur.

La défense républicaine consiste à maintenir son formulaire traditionnel. C'est pour conserver l'assiette au beurre du pouvoir : démocratisme doctrinal et passionnel en vue d'une oligarchie réelle.

Le parlementarisme

L'instabilité obligatoire

Le député reçoit de ses électeurs un mandat d'entrepreneur de crises ministérielles. C'est par la crise et par la menace des crises que les représentants du peuple obtiennent du pouvoir exécutif ces faveurs et ces complaisances qu'ils ont la secrète mission d'obtenir de lui. Il faut que chaque député soit ministre ou ami des ministres. Dans un Parlement de plus de huit cents membres, cette situation exige un roulement dans le personnel ministériel. Il faut que les cabinets se succèdent avec une certaine fréquence.

Dans ces conditions, le contrôle exercé par des ministres aussi éphémères ne peut pas être sérieux. Le propre d'un ministre est d'ignorer son administration. Il travaille à se maintenir et, pour y réussir, il manœuvre sur le terrain parlementaire. La Chambre, le Sénat, son cabinet d'audience pour le jour où il reçoit sénateurs ou députés, voilà le pays qu'il connaît. Il y excelle quelquefois... Pour le reste, cela va comme cela va, et, fatalement, au plus mal.

Il existe en France, comme partout, une masse d'hommes occupée de son pain ou de son plaisir quotidiens et qui ne sera jamais attentive à son intérêt le plus général et le plus profond.

C'est pour elle que le régime républicain est cruel : car un tel régime la suppose capable de pourvoir spontanément à son propre salut et, comme cela n'est pas vrai, ce régime, si actif quand il se défend, lui, se trouve sans ressources pour la défense du pays qui demeure découvert et démantelé. Ceux qui auraient la mission apparente de prévoir et de préparer sont pressés d'autres intérêts !

Absence d'esprit national

Logiquement la République est une négation : l'exclusion d'un chef héréditaire, l'opposition à son retour. En réalité c'est un esprit, esprit qui peut s'accorder occasionnellement avec l'intérêt national, mais qui ne peut-être cet intérêt, qui doit être tout autre chose, étant un esprit de lutte intérieure, de division intérieure, l'esprit d'un parti, d'un assemblage de partis. L'expérience montre que ce parti quand il gouverne la France est habituellement dominé par d'autres vues que l'intérêt national, vues religieuses, vues sociales, même dans sa politique extérieure : quand il ne gouverne pas c'est bien pis, il se rue sans ménagement contre toutes les réalités nationales, détruisant notre marine au profit de l'Angleterre sous Louis XVI, déclarant la guerre au monde pour le plaisir de renverser le même monarque ;

puis durant les trente-trois ans de la Restauration et du gouvernement de Juillet luttant sans relâche contre toute la politique de paix, favorable à l'expansion allemande, au progrès prussien, applaudissant plus tard aux reculs des alliés naturels de la France, Sadowa en 1866, les chutes de Charles de Habsbourg en 1918, 1920, 1921.

Je ne crois pas qu'on puisse discuter cette tendance de l'esprit républicain. Elle est confirmée par tous ses actes, elle est attestée par les volumes de ses écrivains en vers et en prose. Il peut se sacrifier à la patrie, comme il peut se préférer à elle : naturellement, *il est une autre chose que notre patrie.* Il est l'adhésion à une sorte de confession religieuse dont les intérêts temporels *ne sont* pas nos intérêts nationaux.

L'esprit républicain étant ainsi tenté par la défense ou l'expansion de sa propre cause, il court sans cesse le risque du mauvais choix : l'assaut est si puissant, la résistance est si médiocre ! Certes, la plupart des républicains sont des Français comme nous, mais, si le patriotisme habite leur cœur, leur esprit politique est formé de conceptions qui sont *apatriotes* et peuvent tendre à devenir antipatriotes. Que ce mot ne donne pas le change ! Patriote commença par signifier citoyen du monde, et il garda ce sens tant qu'il garda une attribution strictement républicaine. Quand l'usage le rendit conforme à son étymologie, il devint plus ou moins suspect. Toute la politique républicaine étant plus ou moins inspirée de méthodes confessionnelles appliquées à l'Europe, appliquées au Travail, à la Vie sociale, détruit la nation, au lieu de la conserver comme c'est la fonction de la Politique.

Le règne de la Chambre et, de façon générale, le gouvernement parlementaire en France, évolue donc de plus en plus vers le type du Bénéficier sans obligation ni sanction.

On se fait élire pour profiter et faire profiter quelques grands électeurs. Les véritables républicains, les démocrates de stricte observance, quittent de plus en plus la notion de la communauté des intérêts nationaux. Ils ne connaissent que les leurs, et ils excellent à le montrer tous les jours de leur vie.

C'est la domination des intérêts, passions, volontés d'un parti sur l'intérêt majeur du peuple français, sur les conditions de son existence.

Le parlementarisme pur, ou le règne de l'argent

Nous savons, à n'en point douter, que le parlementarisme ne fut jamais « le palladium de la liberté ».

Seuls d'entre tous les peuples, nous avons eu le parlementarisme tout pur. Pur de l'arbitrage de la monarchie, puisqu'on était en République. Pur de la direction de l'Église, puisqu'on était en anticléricalisme. Pur du contrôle des grands corps nationaux, puisque la Révolution la Révolution et ses agents exécuteurs : le Consulat, l'Empire avait tout disposé, non seulement pour détruire ces corps, mais pour les empêcher de se recomposer de façon durable et vivante. Le parlementarisme français ne pouvait même rencontrer ni supporter des garde fous ou des contrepoids comparables à ce qui existe et fonctionne encore en Suisse dans la constitution cantonale, ni même à ce vestige des hautes traditions de la Couronne anglaise que les États Unis appellent leur Haute Cour de justice et que *nos réformateurs sur le papier* ont l'enfantillage de se figurer pouvoir transplanter d'un trait de plume avec ses qualités d'impartialité et d'indépendance !...

Nous avons eu le parlementarisme tout pur. En d'autres termes, par ce règne des parlementaires, la domination de l'Argent.

La Presse vérifie, jour par jour, anecdote par anecdote, comment, de l'électeur à l'élu, de l'élu au ministre, du ministre encore à l'élu et à l'électeur, tout se traite, se règle et se solde, ou plus ou moins, par de sales histoires d'argent.

La république démocratique et parlementaire « est » la centralisation

Parlementaire ou plébiscitaire, nulle République ne saurait décentraliser. Mettons tous les points sur les i. Je ne dis pas qu'il n'y ait point de république décentralisée. Je sais l'existence de la Suisse et celle des États Unis. Je dis que, de l'état de centralisation, une république, qu'elle soit parlementaire ou qu'elle soit plébiscitaire, ne peut passer à l'état décentralisé. Et ceci pour une raison bien facile à saisir : les *grands pouvoirs publics y sont électifs*. Le gouvernement, quel qu'il soit, a donc intérêt, pour se faire réélire, à conserver dans sa main, le plus nombreux possible, les administrateurs des services publics, autrement dit à centraliser. Plus il a de fonctionnaires à sa dévotion, plus ce pouvoir central électif a de fortes chances de bien tenir ses électeurs, les fonctionnaires étant le plus précieux des moyens termes entre les électeurs et lui.

Loin donc qu'il puisse *vouloir* décentraliser, un gouvernement électif doit vouloir le contraire ; le terme naturel d'une république démocratique est, en effet, le socialisme d'État démocratique : le chef d'œuvre de la centralisation et du fonctionnariat. Le mécanisme de la centralisation administrative est si efficace, ses effets sont si puissants et si continus qu'ils tendent à régir, non seulement les rouages de l'ordre politique, mais les meilleurs éléments du corps social.

Conséquences directes de la centralisation

1° L'intermédiaire

Dans un système gouvernemental où trente-neuf millions d'hommes, fichés et classés dans des cartonniers innombrables, sont sujets à des règlements généraux uniformes et minutieux pour tout le détail de leur existence individuelle, sociale et civique, la discussion est continue, éternelle et inextinguible sur les modes de l'application : les cas douteux sont innombrables et quelque grave péril de favoritisme que présente le débat de ces cas individuels, l'application automatique de la réglementation comporterait des difficultés morales, matérielles même, et des iniquités plus graves encore. De la loi centralisatrice aux sujets de cette loi, il faut un intermédiaire constant. De l'administré aux administrateurs, il faut un avocat permanent, puissant sur l'administration. Tant que la centralisation l'asservira et l'opprimera, l'électeur aura besoin d'un porte-parole, d'un porte-parole bien armé, mis au centre des choses, et cet élu devra être fait de sa main, pétri de son argile, pavoisé aux modestes couleurs de son patelin.

La bureaucratie nationale est un abus que cet abus du parlementarisme tempère. Le député de clocher étant nécessaire au bon peuple, ce besoin populaire donne la mesure naïve du mal obscur mais très profond que fait à l'État le régime centralisé consubstantiel au régime républicain.

Ôtez la centralisation, faites régler sur place, mais régler véritablement, sans l'intervention oblique du parti gouvernant, la plupart des affaires administratives, judiciaires et fiscales qui hérissent l'existence du citoyen roi, la cote d'amour du député aura chance de disparaître. Elle ne peut disparaître en démocratie où la centralisation va croissant, même et surtout quand on s'y amuse à des entreprises de décentralisation de façade.

Le licou des institutions consulaires n'est pas desserré par le député, mais la victime, le citoyen, le peuple, trouve en lui un organe qui lui sert à respirer et à soupirer : son murmure de réclamation repassera par *son* député, le député qu'il connaît, qu'il fréquente, l'homme d'une circonscription bien déterminée, celui dont il sait faire un représentant réel, un instrument direct.

Le vrai mandat du député ou du sénateur, ce qui en fait la valeur et le prix, s'applique à des opérations, qui dont lieu ni dans la salle des séances ni même dans les couloirs du Palais Bourbon. L'office véritable, le service intéressant de l'élu du peuple consiste à faire des démarches au profit, j'allais dire en faveur de son électeur.

Faveur serait impropre et injuste. Il n'y a point de faveur quand il y a nécessité : et la nécessité, ici, n'est pas douteuse. Le réseau serré et tendu de notre mécanisme administratif nécessite en vérité cette médiation continue entre les bureaux ministériels parisiens et le justiciable de la périphérie.

Le seul cas déterminé dans lequel le citoyen puisse obtenir des garanties personnelles contre l'État est celui où il se fait client régulier de quelque puissance élective.

2° La bureaucratie :
La prolifération des fonctionnaires

Dans un pays normal, fût-il constitué le mieux du monde, trop de fonctionnaires exposent l'État à subir beaucoup d'exigences. Mais, quand cet État repose tout entier sur l'élection, il est à leur merci : il suffit en effet aux fonctionnaires de s'entendre pour le brider, ce qui d'ailleurs n'avance en rien ni leurs affaires ni les affaires du pays.

L'État modèle comporte le plus petit nombre possible de fonctionnaires, tous fonctionnaires d'autorité, bien choisis, bien payés, et bien défendus. Tous les monopoles, toutes les fonctions parasites, toutes les charges qui ne sont pas essentiellement propres à l'État, y doivent être rendus à l'initiative privée. Les anciens salariés de l'État ne doivent point tarder à s'apercevoir qu'ils gagnent mieux leur vie, qu'elle est mieux assurée, et plus indépendante, dans la plupart des branches des industries et des administrations particulières.

Le très grand nombre des petites paies est plus coûteux que le petit nombre des gros appointements, et le gouvernement du Nombre comporte cette multiplication des petits fonctionnaires, cette disgrâce tacite mais sûre, infligée aux plus importants : la qualité et l'importance sont sacrifiées rondement ! Plus le service social est important, plus il est jalousé, diffamé, politiquement méprisé.

Exemple : le rempart commun de tout et de tous, l'armée en est réduite aux salaires de famine et, comme il existe, en avant de l'armée qui soutient la guerre, un corps d'élite qui a pour mission de défendre la paix, ce corps, le corps diplomatique est aussi celui dont les indemnités sont les moins proportionnées aux charges. Fatalité démocratique évidente : ne faut-il pas détourner les ressources du salut public au Maintien des monopoles onéreux et à la subvention de la masse électorale, et des agents électoraux ?

Ce n'est pas tout. La démocratie abolit naturellement les serviteurs gratuits qu'on pourrait appeler les serviteurs d'honneur qui se dévouaient à l'État en échange d'un peu de prestige, de considération et de dignité. Quand l'État perd sa majesté, quand sa considération est livrée à tous les arbitraires politiciens, quand son prestige n'est plus un nom ni même un mot d'usage courant en conversation, on ne s'empresse guère à le servir pour rien. Lui-même, d'ailleurs, n'y tient pas.

Ces sortes de services comportent de l'indépendance et de la fierté : la jalousie, l'envie, l'ombrageux esprit d'inégalité et d'uniformité qui sont le nerf de toute démocratie ne tolèrent pas ces vertus. Ceux qui les ont sont donc exclus, éliminés, de façon presque automatique, des services de l'État : la religion, la classe, l'origine, les idées politiques, autant de prétextes substantiels ! Il ne faut pas être dégoûté pour surmonter de telles barrières. Les gens bien élevés qui disposent d'une large aisance et qui seraient fiers de jouer, sans subsides ou avec des subsides dérisoires, un rôle administratif ou judiciaire de premier ou de second plan, les hommes de cette espèce, si fréquents en d'autres époques, ne peuvent qu'être très rares parmi nous. Ils ne s'y frottent même plus[9]. Les partis avancés leur ont trop bien marqué le cas qu'on pouvait faire d'eux : le rythme de la démocratie nécessite l'épuration périodique des emplois publics au même titre que

---

[9] Il y a, de temps en temps, des « ajustements » variés. Ils sont vite laissés en arrière par les autres dépenses.

l'aggravation cyclique de ses budgets.

3° L'étatisme

Il n'y a pas contradiction à résoudre, mais conséquence à remarquer, entre l'étatisme social et l'individualisme social. Un logicien qui part de la souveraineté de l'individu, et qui veut construire un État, peut mourir avant d'être sorti du moi fondamental et d'avoir élevé son système ; mais, s'il le construit, s'il le construit sur ce fondement individualiste, il ne peut concevoir ni réaliser autre chose que le despotisme de l'État Théoriquement, son État, est le plus absolu des souverains absolus, puisqu'il est l'émanation d'un total de souverainetés individuelles incoercibles et qu'il en reçoit toutes les forces, toute l'autorité, toute la majesté. Pratiquement, étant le seul produit de ces volontés souveraines, ne pouvant tolérer de groupe intermédiaire entre l'individu et lui, cet État, tient à la merci de sa loi les personnes et les biens. *Chacun se trouve seul contre l'État signe de tous,* et toutes les unités peuvent être ainsi broyées tour à tour par la masse unie et cohérente des autres. Celles-ci ont droit et devoir de se faire bloc, et celle-là, devant leur coalition, ne peut en fait ni en droit que subir.

Quand l'État devient tout, l'État n'est plus rien : c'est une thèse qui se soutient et qui se démontre. Mais la même thèse établit que chacun des citoyens tombe alors au-dessous de rien.

Quand il faut que tous agissent pour que quelqu'un agisse, chacun cesse d'agir, du moins avec initiative et progrès, et notre activité sociale devient la répétition mécanique, de plus en plus lente, et tendant même à l'inertie, des activités singulières et personnelles qui subsistent encore. La gestion financière de la République affaiblit la production de la richesse. La gestion financière frappe cette faible production de paralysie, tout en redoublant la consommation.

Limites de la justice dans la République

Notre justice est impuissante en raison de ce fait initial, qui domine la question : on a voulu trop lui donner. On a voulu lui donner tout. On a voulu absorber dans le Juste le Politique, et ramener à l'universalité de l'Ordre judiciaire ce qui est du domaine strict de l'État Un État, ne se passe point de raison d'État. Et c'est parce qu'il y a une raison d'État qu'il faut constituer l'État avec tant de soin ! Qu'il faut y concentrer le maximum de la sagesse, de la conscience, de la prudence, de la personnalité et de la justice ! Seul, un État très personnel, très pénétré de ses responsabilités personnelles peut exercer utilement les hautes prérogatives extra judiciaires ou, si l'on veut, hyper judiciaires qui lui sont dévolues. Tant vaudra cet État tant vaudront ses applications de la raison d'État. Si votre État est galvaudé dans les parts, s'il est l'esclave de la Finance ou de l'Étranger de l'intérieur, elles seront fort misérables ; au lieu de servir et de protéger le salut national, sa raison d'État servira « l'intérêt supérieur de la République », autrement dit les intérêts successifs et changeants des factions.

Les recours au « fait du prince » seront d'autant plus vils qu'ils ne seront ni avoués, ni invoqués directement. La prétention de tout traiter régulièrement, judiciairement et en forme, aura pour effet de fausser jusqu'à la forme même de la justice et de faire recevoir pour l'expression pure de la loi ce qui en sera le travesti. On voudra supprimer toute intervention de l' « arbitraire » pour éviter quelques abus ; mais on aura gagné, en échange, l'hypocrisie judiciaire avec ses interventions continues, ses violations chroniques, ses falsifications endémiques. Quand l'autorité légitime n'existe pas, sa fonction, qui est éternelle et nécessaire, est usurpée par le premier esclave venu. Nul pouvoir supérieur à la loi écrite n'existant, la Loi ne s'incarnant en aucune souveraineté vivante et capable de dire : « La Loi c'est moi », on verra tous les magistrats en venir, par nécessité politique, à frauder la loi, ce qui enlève peu à peu à la loi toute autorité. Une loi que l'on tourne habituellement perd tout prestige et toute valeur.

Elle les perdra d'autant plus que les applicateurs et interprètes de la loi seront eux-mêmes diminués et humiliés davantage.

Qui écrira le détail de l'histoire de la magistrature française depuis « l'épuration » de Martin Feuillée ?

Qui comptera les cas dans lesquels les égaux ou les supérieurs du Procureur général Fabre de l'affaire Rochette ont pu gémir sur telles ou telles des « plus grandes humiliations de leur vie » !

Les partis

Nature des Partis

Qu'est-ce que le gouvernement de la République ? Le gouvernement des partis, ou rien.

Qu'est-ce qu'un parti ? Une division, un partage. Les « *mots de la tribu* » *offrent* souvent une contexture sacrée qui en contient, en conserve, en préserve le sens. Ici, il est limpide. Il n'y a qu'à fermer les yeux et écouter le son. *Parti* ! Rouvrons les yeux : le spectacle contredit-il l'audition et l'entendement ?

Aucun résultat politique ne s'obtient, dans le fonctionnement normal du régime, que par cette opération diviseuse et cette lutte intestine. On arrive ainsi aux honneurs. C'est le jeu des partis qui élit. Une fois élu, on peut prêcher l'accord, mais surtout après avoir pris l'engagement formel de ne pas revenir devant l'électeur.

D'où viennent les partis ? Ou, plutôt, qu'est ce qui donne aux partis et aux clans cette incurable ardeur dont le temps ne fait, parfois, que rafraîchir et renouveler la brûlure ? Nos clans naturels sont détruits, nos clans historiques passent pour être anéantis. Mais les classes subsistent et notre État est constitué de manière à en tirer plus de mal que de bien.

Les révolutionnaires les exploitent toujours en s'efforçant de les légitimer par des antagonismes économiques *inexistants* car, loin de diverger, nos intérêts les plus essentiels convergent, *en* fait. L'intérêt général, sans être la somme des intérêts particuliers, les comprend néanmoins et les enveloppe : le plus haut, le plus profond des intérêts de chacun tend, sur le plan réel, à l'unité du tout. Le partage et la division sont des fléaux dont chacun aura à souffrir : pourtant, si beaux soient les appels à la conciliation, à la concession, à la convergence des actions et des vues, cette idée si naturelle reste bien froide en comparaison des chaleurs artificielles et des fureurs factices auxquelles les passions diviseuses élèvent leur fausse doctrine.

L'élément générateur des partis est passionnel et, presque toujours, personnel. Un homme, un nom servent de drapeau, et ce drapeau flotte et palpite d'autant plus vivement qu'un prétexte a été fourni, soit par une ambition trompée, soit par un déni de justice ou par son semblant, soit par une vengeance exercée ou subie.

La France est déchirée parce que ceux qui la gouvernent ne sont pas des hommes d'État, mais des hommes de parti. Honnêtes, ils songent seulement au bien d'un parti : malhonnêtes, à remplir leurs poches. Les uns et les autres sont les ennemis de la France. La France n'est pas un parti.

Dans un pays constitué comme la France, dans un pays qui n'est entièrement représenté ni par son aristocratie, ni par sa bourgeoisie, la République n'a duré que parce qu'elle a été la propriété d'un parti, d'un parti fermé, organisé assez jalousement pour répondre à tous les assauts.

Les idées des partis, les idées diviseuses ont, en République, des agents passionnés ; mais l'idée unitaire, l'idée de la patrie n'y possède ni serviteur dévoué ni gardien armé.

On ne fait pas la guerre sans provisions ni munitions. Il faut que, dans leur guerre, les partis vivent et combattent avec tous les objets qui leur tombent sous la main.

L'entente avec l'Étranger est l'ingrédient essentiel et

classique du régime des partis. Possible et contingente sous tout autre gouvernement, elle est nécessaire en République. Il faut ou changer le régime, ou se résigner à ce mal.

De même il faut changer le régime ou se résigner, à peu près de la même manière, à une certaine dose de routine dans les grandes administrations dont la Marine et la Guerre donnent le type. On n'y triomphe pas de la routine par l'esprit révolutionnaire qui anime les partis.

Le contrôle révolutionnaire du Parlement n'a jamais fait que superposer aux anciens abus des abus incomparablement supérieurs. Tout le mal que l'on voudra dire des bureaux, routiniers si l'on veut, mais compétents et expérimentés, ne sera jamais à mettre en balance avec les insanités d'une commission parlementaire ou d'un délégué du parlement, souvent ignare ou turbulent, touche à tout par définition.

Il n'est ni dit, ni écrit, ni pensé nulle part dans l'essence du régime républicain, que les questions militaires, les questions liées à la vie de patrie, soient supérieures à la République, supérieures à la querelle des partis. Les plus patriotes de nos républicains esquivent cette question de la priorité de la Patrie ou des Partis, de la France ou de la République, en disant que ce sont là deux synonymes et que l'État républicain et l'État français ne font qu'un.

Mais la nature des choses se charge toute seule de la distinction, et c'est alors qu'au fur et à mesure des événements, les réactions strictement propres à chacun donnent la mesure des personnes, des caractères, des esprits.

Les partis, y compris le parti communiste, sont connus, réputés, avoués pour des syndicats d'intérêts personnels destinés à entretenir un parasitisme d'État.

Le vieux parti républicain

Le vieux parti républicain a fait la République et il s'en vante : la République a fait sa situation actuelle et il en profite. Le mécanisme de cette double action historique n'est pas difficile à saisir. Faire la république, c'était poursuivre les partisans des régimes antérieurs, les noter, les chasser des emplois publics et leur donner tout aussitôt des successeurs intéressés au maintien de l'état des choses. La première révolution se créa une clientèle en vendant les biens nationaux ; la troisième République s'est recruté son monde en « épurant » l'administration nationale et en la repeuplant de ses créatures.

Et l'on a formé de la sorte un vaste plexus d'intérêts maintenus en haleine par la crainte de la disgrâce, le désir de l'avancement. Tous ces intéressés, il faut le reconnaître, sont disciplinés à merveille. Ils ont une confiance complète dans leurs chefs de file ; et ceux-ci, à leur tour, ne « lâchent » point leurs clients. Ce tacite contrat bilatéral a pu s'appeler autrefois « union républicaine ». Il pourra changer de nom et s'appeler même l'union radicale socialiste : croyez bien que le personnel, à quelques têtes près, sera le même ; il se recrutera dans les mêmes milieux, il se gouvernera par la vue des mêmes intérêts de personnes et de clans.

Oui, les intérêts d'une race, d'une vaste famille. L'intérêt solidarisé d'un certain nombre de mille hommes. La loge maçonnique, le comité central en étaient les deux foyers dans chaque chef-lieu de canton ; et ils étaient représentés dans les moindres hameaux par un émissaire de confiance, facteur rural, instituteur ou petit débitant d'alcool et de tabac.

Et il y avait là des gens intelligents ; et il y avait là aussi des gens infiniment stupides. Mais ni la stupidité ni l'intelligence n'étaient la caractéristique de cette curieuse brigade. Non pas même les appétits ! Non pas même les cupidités, ni les haines. Beaucoup de ces gens étaient riches. Il s'en trouvait même d'honnêtes. Cependant les figures de ces républicains d'origine, de ces républicains qui fondèrent la République, niaises ou fines, corrompues ou intègres, spartiates ou athéniennes, portent toutes un même trait : c'est un don de parler, d'intriguer, de mener la foule. Tous sont nés démagogues. Ils restent démagogues en quelque lieu qu'on les visite : au conseil municipal de Fouilly les Oies ou dans les bureaux de la Chambre, à la tribune du Sénat tout aussi bien qu'à la table boiteuse des estaminets borgnes.

Où ont-ils appris cela ? D'où tiennent-ils cet art du succès dans les assemblées ? Personne ne saurait le dire ; et personne ne peut nier qu'ils ne le possèdent. Cela est bien indépendant de l'éloquence, de l'autorité ou du mérite personnel.

Cette spécialité, qui n'appartient certes pas à la fine fleur du pays, ne correspond, non plus, en aucune façon, à la bonne moyenne des qualités françaises.

Mais c'est presque un trait ethnique ou professionnel : un instinct pareil fait les bons marins ou les bons cultivateurs.

On naît démagogue comme on naît juif. Comme les juifs sont aptes au maniement de l'or, les vieux républicains sont aptes à « manier » les assemblées.

Je les ai comparés aux Juifs. Et voici une nouvelle ressemblance. L'or des juifs est stérile. Il ne fait que de l'or. Ainsi des aptitudes démagogiques du vieux parti républicain. Ce parti n'a rien pu, rien conçu, rien produit. Il est politique de carrière et de profession ; et il n'a rien de politique. Sans doute il a fait la guerre aux conservateurs, mais en vertu d'une méthode bien plus que d'une doctrine il lui fallait déposséder afin de posséder à son tour.

C'est le procédé d'une horde en pays conquis. La nôtre a mis la main sur les emplois, sur les profits : on serait bien embarrassé de dire qu'elle a eu, en outre, une conduite, des desseins suivis, des vues particulières ou générales sur nos affaires intérieures ou extérieures, hormis, il faut le dire, sur le plan anticlérical. Les résultats sont nuls au dehors comme au dedans, et cependant c'est avec ce parti seulement que la République est possible.

Le procédé ne varie guère.

Le vieux parti républicain agit d'abord. Par des lois ou des décrets, il agit ; il dit ensuite aux électeurs : « Choisissez entre moi (c'est à dire entre les révolutions que j'ai faites) et la révolution inconnue, la mystérieuse anarchie, l'effroyable guerre civile qui éclaterait si moi, moi gouvernement révolutionnaire, révolutionnaire mais gouvernement, je n'étais pas là pour tout doser, retenir, mesurer. »

Les grandes erreurs de l'esprit sont à la source de la plupart des dérèglements de l'action. Or, il est impossible de s'être trompé plus complètement, sur les idées et sur les choses, que l'élément sincère, l'élément fanatique du Vieux parti Républicain.

Les fondateurs de la République, ceux qui se trouvaient, il y a cent cinquante ans, en présence du fruit de l'œuvre capétienne, le royaume de France, la civilisation de la France, eurent deux idées directrices. La première était qu'il fallait changer tout cela, car ce composé politique, social, moral, n'étant pas bon ou ne valant pas cher, était à refaire de fond en comble. « Autre chose, mais non ceci ! » Tel fut le premier point de leur idéalisme. Secondement, ces réformateurs voulaient, les uns le parlement comme, en Angleterre, les autres la démocratie comme en Suisse, tous le protestantisme, comme en Prusse ; notre catholicisme leur paraissait inférieur, par définition, à la Réforme ; nos aristocraties hiérarchisées sous le Roi leur semblaient lamentables au prix des bourgeoisies et paysanneries des Cantons ; enfin, la concentration énergique du pouvoir proprement politique aux mains des successeurs de Louis le Grand et de Henri le Grand leur semblait une tyrannie, comparée au bavardage des chambres et au « régime de cabinets ». Tout l'idéalisme d'alors procédait d'un triple mécontentement de nous-mêmes. On rêvait, sous trois formes, dans la direction des types jugés supérieurs, Un « progrès » religieux, social et politique. Nous mesurons aujourd'hui les trois reculs nés de ce triple effort.

Le parti libéral

Le libéral en est resté aux vieux thèmes à la mode dans jeunesse et d'après lesquels il y avait antagonisme nécessaire entre une nation et son gouvernement. La coopération de la cité et de ses magistrats avec les citoyens, la solidarité fraternelle des États avec leurs sujets, la profonde réciprocité de services basée sur la communauté absolue de leurs intérêts, ces fortes vérités aujourd'hui très présentes à tout esprit jeune et vivant, saisissables dans l'examen de tout gouvernement national, étaient recouvertes, dans les cervelles, il y a un demi-siècle, par le problème métaphysico juridique de la balance et du partage des Pouvoirs. Auguste Comte ne traitait de ce contresens politique et moral qu'avec le mélange de risée et de courroux qu'il témoignait à tous les succédanés de l'anarchie révolutionnaire pour en flétrir ce qu'il nommait déjà le plus *nuisible et le plus arriéré des partis*. Sauf au Palais, où ce byzantinisme sévit encore, beaucoup moins qu'autrefois du reste, les nouvelles générations en sont délivrées. Elles voient le public avec le gouvernement, au lieu de le voir *contre lui*. Elles se représentent ce magistrat, ce chef, comme un protecteur ou un guide, un directeur *(rex)*, non comme un ennemi.

Le libéral ne pense pas sans le concours de cette méthode périmée. Il n'est pas le gouvernement ? Il est *donc* l'opposition. Il n'a pas le pouvoir ? Il a donc mandat de mettre tous les bâtons possibles et imaginables dans les roues du pouvoir. Pas de milieu entre l'exercice direct et l'opposition directe, le pouvoir absolu et la critique absolue. Ne lui parlez pas de concours, de collaboration. Ou que voudriez-vous dire ? Il ne comprend pas cette langue. Chef du gouvernement, il apportera la même frénésie à user de l'autorité qu'il emploie aujourd'hui à s'agiter contre elle : son libéralisme rageur se muera en jacobinisme violent, mais, dans les deux cas, il appliquera à son procédé gouvernemental la marque, ou parlons mieux, la tare de l'esprit révolutionnaire qui ne peut concevoir la société nationale sous le régime de l'union et de la paix. Il les lui faut toujours divisées contre elles-mêmes : au lieu de tendre à réaliser des convergences heureuses, il entrechoque, dans un dualisme éternel, d'irréductibles divergences dans l'intention plus ou moins avouée de les exploiter jusqu'au fond.

C'est l'esprit, c'est la *théologie* du régime. Si le libéralisme n'était modéré par le bon sentiment qu'ont parfois certains libéraux du danger qu'il fait courir à la paix intérieure du pays, il ne se déroberait pas indéfiniment à ses conséquences logiques autorisées par les fameux précédents de 1792 et 1871. Doubler la guerre étrangère d'une guerre civile ? Après tout, pourquoi pas ! Métaphysique d'un autre âge qui peut servir à mesurer la haute antiquité du fossile qui nous la sert. Elle mesure aussi l'antiquité et la fossilité de la République.

Le parti radical

Ce parti se définit suffisamment par son personnel horde de destructeurs variés qui peuvent être divisés par des haines de personnes ou des compétitions d'appétits, mais réunis par un aliment collectif autour d'une pensée qui les discipline.

Qui passe le premier, cet aliment cette pensée ? Est-ce la religion du désordre, le goût de la désorganisation, qui les jette ainsi sur le capital moral et matériel de la France ? Ou bien sa verve critique est-elle allumée par la perspective d'un pillage et de ses profits ? La réponse à cette question devrait nécessairement varier avec les personnes et selon les époques de leur carrière. En tout cas, les deux mobiles font bon ménage.

Ces deux manières de comprendre la Révolution ne se gênent aucunement et font coopérer les forces de l'esprit qui tend à détruire et les aspirations de la bourse qui veut se remplir. Dans cette association de désintéressements et de concupiscences, la doctrine ajoute aux intérêts qui la servent l'autorité, la majesté, la grandiloquence ; les intérêts fournissent à la doctrine une force de propulsion qui lui manquerait tout à fait si elle était livrée à ses propres moyens. La première séduit et rassure les naïfs, les secondes appâtent et rallient les coquins.

Comment ont pu s'accréditer chez un peuple qui n'est pas plus bête qu'un autre cette doctrine de division et cette œuvre de gaspillage qui ne tendent qu'à le tuer ? Drumont note parfois qu'on a peine à imaginer un peuple se détruisant de ses propres mains. Mais on imagine fort bien un peuple détruisant un autre peuple et pour le mieux détruire, le trompant, l'enivrant et l'empoisonnant. Judith de Béthulie n'est pas toujours une belle veuve : il y a des idées, des songes, des mirages qui, pour un temps du moins, paraissent plus beaux que Judith ; lorsque Judith s'appelle une philosophie, une sensibilité, une école ou une mode littéraire et quand ce prestige, ce charme sont bien connus pour être, à coup sûr, meurtriers, il suffit de savoir en diriger les forces vers un ennemi. C'est ce qu'a fait, en France, depuis la fin du XVIIIe siècle, l'Étranger de l'intérieur aidé par celui du dehors, Anglais et Prussiens.

Sans doute l'engouement pour l'erreur Jean Jacquiste a cessé, depuis bien longtemps, d'être spontané, mais, depuis longtemps aussi, on a achevé, à la faveur de cet engouement, les opérations politiques grâce auxquelles on s'est emparé des hautes positions dans l'Administration, l'Université, les académies, d'où l'on est bien à l'aise pour imposer les rossignols d'il y a cent vingt ans. Ayant instillé à leurs adversaires, aux chefs du pays, toutes les idées et tous les sentiments Capables de nous affaiblir et ainsi de nous asservir, les quatre États confédérés (juif, protestant, maçon, métèque)[10] commanderont tant que nous subirons l'autorité

---

[10] *Les quatre États Confédérés* : Dans un conseil des ministres tenu en septembre 1898, comme les derniers adversaires de la révision du procès Dreyfus dénonçaient la puissance des juifs, des protestants et des francs-maçons, M. Henri Brisson, président du Conseil et ministre de l'intérieur, défendit énergiquement les trois groupes mis en cause, et s'écria, au cours de ses déclarations, que les juifs les francs-maçons et les protestants étaient L'OSSATURE DU RÉGIME REPUBLICAIN. Pour que cette *ossature* soit bien complète, il faut y ajouter un groupe injustement omis, par M. Brisson, le groupe étranger des métèques installés en France à la place des Français, et protégés et favorisés par les lois de la République « française ».

légale qui est demeurée sous l'empire de leur poison.

Il leur faut achever d'établir leur doctrine : d'où l'hostilité au catholicisme, particulièrement à l'école catholique. Il leur faut maintenir la centralisation : d'où la nécessité de limiter les concessions socialistes au point précis où l'administration perdrait la haute main sur les groupes ouvriers et leur permettrait la moindre vie autonome ; dans le cas contraire, accentuer le socialisme d'État en truffant le syndicalisme ouvrier du plus puissant syndicalisme des services publics. Enfin, il leur faut éviter d'alarmer les régions moyennes de l'opinion publique par un programme trop subversif. Mentir au centre, foncer sur la droite catholique et céder à la gauche de simples apparences : c'est le programme radical.

Sur le triple but, tout le monde est d'accord : Étatisme pour dominer, Anticléricalisme pour pervertir, Opportunisme pour n'être pas balayés.

Et l'opportunisme prévaut de plus en plus depuis quelques lustres. Avec l'opportunisme, la corruption, la concussion et l'escroquerie.

Ces quatre oligarchies, de nature profondément internationale toutes, puissantes et régnantes, ont été appelées les *quatre États confédérés*.

Nous nous rendons d'ailleurs compte qu'il faut faire une distinction entre les protestants, et nous l'avons faite : beaucoup d'entre eux se sont profondément enracinés de cœur et de chair dans la terre de France, ni leur patriotisme, ni leur nationalisme ne peut être mis en cause, mais les plus « avancés » d'entre eux se sont laissés dénationaliser. C'est à une équipe essentiellement protestante que nous devons l'école primaire anarchique, fondation des Buisson, des Pécaut, des Steeg, tout puissants dans l'État.

Le parti socialiste

Qu'est-ce au fond que le socialisme ? C'est une solution du problème posé par la démocratie. La volonté du nombre étant *reine de l'État* ne peut pas ne pas tendre à devenir *reine de la société,* c'est à dire de l'ordre économique, à l'usine, au bureau, au champ, partout. Ne dites pas ce serait la ruine de tout. Le Nombre ne le croira jamais. Il agira toujours, s'il est le maître de l'État, de manière à s'emparer des richesses produites et des moyens de la production afin de se les partager. Cela, c'est l'inévitable. Il y a des démocrates qui tendent à ce résultat en décrétant que tout sera fonction d'État, monopole d'État, chaque citoyen devenant ainsi fonctionnaire. C'est le socialisme d'État : il sort du cœur et des entrailles de la démocratie ; ainsi résout elle le problème qu'elle pose en se posant. D'autres pensent que l'égalité démocratique, déjà réalisée dans l'État, se poursuivra dans la société au moyen de la pompe aspirante de la fiscalité, l'État, prenant aux particuliers tout ce qu'il faut pour les appauvrir afin qu'il puisse, lui, en enrichir le nombre paresseux : ce socialisme fiscal, autre émanation des viscères démocratiques, fournit une seconde solution. Le socialisme orthodoxe ou communisme scientifique fournit une solution un peu différente, plus pompeuse, plus précieuse, embrassant en apparence une organisation industrielle plus complexe et plus avancée, mais elle ne peut ni ne doit compter que comme l'une des solutions de l'unique problème dont les termes sont posés, dont les chiffres sont alignés dès le premier moment où la démocratie, atteignant son premier objet, s'empare de la force publique. Le Nombre, s'il est maître, ne peut tendre qu'à obtenir de la nation sujette ce qu'il lui faut.

De manière ou d'autre, quelque dictature du prolétariat doit permettre au Nombre de s'alimenter sans rien faire.

Écarter la solution socialiste proprement dite, négliger même le socialisme d'État, ce n'est résoudre rien et c'est laisser tous les x sur le tableau noir. Vous êtes démocrate ? Fort bien ! La démocratie veut devenir *oecocratique* (maîtresse de la maison), ploutocratique (maîtresse de la richesse), elle n'existe que par et pour cette volonté. Qu'y répondez-vous ? Oui ? Non ? Si c'est non, vous n'êtes pas démocrate. Si c'est oui, tous les inconvénients du socialisme reparaissent. Si c'est ni oui, ni non, tout se passe comme si c'était oui. Les faims, les soifs, les appétits, les convoitises éveillées par le seul mot de démocratie, se donnent carrière, ils règnent sur l'électeur, par l'électeur sur l'État, par l'État, sur les finances, et vous voilà, comme disait l'autre, au rouet.

Le parti communiste

En quoi le communisme diffère-t-il du socialisme révolutionnaire ? Par la méthode, en ce qu'il accélère le désordre. Par la doctrine, en ce qu'il ne fait pas grâce au compromis de la démocratie bourgeoise : il est égalitaire quant aux destructions, il est autoritaire et même hiérarchique lorsqu'il prétend reconstruire conformément aux intérêts et aux vues d'un parti. Le système d'oligarchie (maçonnique et juive) que la République française pratique sans le dire, le Communisme l'institue au grand jour et même l'avoue.

Mais il ne faut pas se perdre dans ces nuances. D'un peu haut, qu'est-ce que c'est que le socialisme ou « communisme » plus ou moins « scientifique » ?

C'est l'esprit de la république démocratique, c'est même l'esprit du libéralisme qui, venu de la politique, est introduit dans l'économie et dans le travail. *Eh quoi*, disaient les avancés aux doctrinaires du temps de Louis Philippe, *vous établissez la monarchie constitutionnelle dans l'État et vous conserveriez la monarchie absolue dans l'usine et dans la manufacture ?* On regimbe, on chicane, mais la question est là. Si tout le monde est roi, tout le monde doit être patron. Si les affaires communes de la nation se trouvent bien gérées par la volonté de tous, comment la volonté de tous ne gérerait elle pas encore mieux les affaires particulières d'un commerce et d'une industrie ? Du point de vue de l'intérêt général, la pente est directe : si le bien commun politique dit *: République,* le bien commun économique et social doit dire : Communisme à plus forte raison. Car qui peut le plus peut le moins. Si le pouvoir élu est excellent pour la Maison de la France, il doit être meilleur encore pour la maison Dupont et Durand.

Vous pouvez alléguer le droit de l'héritage, les droits de la propriété ! Je comprends ce légitimisme social. Mais il y avait un légitimisme politique qui alléguait le droit héréditaire d'une famille royale, son droit, fruit du plus utile et du plus puissant travail séculaire, au commandement du pays, qu'elle avait constitué comme une métairie ou comme un atelier.

Ce légitimisme politique est bafoué par les républicains. Pourquoi les socialistes et les communistes ne bafoueraient ils pas le légitimisme social des républicains bourgeois d'aujourd'hui ?

Conclusion du radicalisme au communisme, différences faibles ou nulles

Distinguer entre la révolution sociale et la révolution politique est absolument vain. Toutes les démocraties de l'histoire ont fait le double trajet ; l'article 1er disait *égalité politique* et, quand cette égalité, théorique du reste, a été admise, il a bien fallu dire, article 2, *égalité sociale, les* deux termes n'appartiennent pas à des séries différentes, leur essence est la même, ils répondent aux mêmes besoins. En Grèce, en Italie, toute constitution démocratique eut pour effet d'imputer peu à peu aux « riches » les charges de la cité : ce qui avait pour effet d'aboutir aux plus sordides méthodes d'obstruction politique, de lâcheté civique et d'appauvrissement social.

Des villes florissantes, de grands États, de véritables empires ont été ainsi ruinés en cinq sec.

Les communistes représentent une stricte observance moins informé, moins attentif à la constitution politique et sociale de ce pays, telle qu'elle résulte des institutions de l'an VIII, leur marxisme judéo moscoutaire omet ou feint d'omettre des facilités de révolution lente et de spoliation graduelle.

Au fond, pourtant, il ne se présente qu'à titre de stimulant et d'auxiliaire.

Stimulant, pour empêcher les socialistes de s'endormir dans leurs prébendes, leurs pro consulats et leurs sous secrétariats. Auxiliaire, pour le grand soir. Dans la société comme dans la nature, il arrive que les choses procèdent tout d'abord par degrés fort nuancés, presque insensibles, mais il vient un moment où toute évolution a besoin de se compléter par une intervention de cette « grande accoucheuse de sociétés » qui s'appelle la Force. Ce fait de force plus ou moins brutal, plus ou moins explosif, ne serait certainement pas accompli par les bourgeois ventrus et flasques du type socialiste parlementaire. Mais les communistes sont là : quand ils auront « flambé » un certain nombre d'étages et de maisons, les socialistes parlementaires, leur ayant fait courte échelle aux grilles du Palais Bourbon, s'occuperont de mettre en articles de Lois, proprets et nets, ces incendies, pillages et assassinats.

Pour les partis de gauche, il n'est en réalité jamais question de doctrine ni même de programme. Un seul mot d'ordre, un intérêt : la lutte contre la réaction.

Jamais un radical bien né ne se laissera enrégimenter sous une bannière suspecte de réaction. On lui montrera une bande d'étoffe rouge comme le taureau fonce, le radical marchera. Tel radical ne fait ainsi que suivre ses habitudes, tel autre suit sa passion. Il marche, et c'est l'essentiel. Il marche de manière à rencontrer ses frères socialistes autour de l'Urne, d'où la mauvaise Loi fait dépendre le sort du pays.

Cette conjonction du radical et du socialiste qui fait crier à l'immoralité est la plus naturelle du monde.

Elle est aussi naturelle, pour le moins, que la conjonction finale du socialiste et du communiste. Comment ne voit-on pas cela plus clairement ?

On ne saurait trop le redire, il existe dans le socialisme deux traits distincts, et le plus important n'est pas celui qui donne au socialisme son nom, le plan de règlement de la question dite sociale, qui s'entend plus particulièrement de la question ouvrière, telle qu'elle se pose dans la grande industrie. Ce socialisme, le plus vigoureux, le mieux défini, n'est pas celui de gros bataillons. La grande industrie en France n'est pas assez développée, malgré la guerre et l'après-guerre, pour expliquer la présence de nombreux socialistes à la gauche des radicaux. Mais, dans les régions les plus étendues de la France, là où dominent la vie rurale, l'artisanat, la petite industrie, le petit commerce, *socialiste* signifiait autrefois républicain extrême, républicain « sang de bœuf » ultra radical. Cet extrémisme, cette outrance, s'appliquaient alors aux idées. Il y a très longtemps que les idées républicaines ont cessé de susciter l'enthousiasme ou la confiance. Leur fanatisme a subi une chute profonde. Le faible résidu qui subsiste ressemble beaucoup moins à un état d'esprit qu'à un intérêt, ou plutôt à l'idée d'un intérêt, mais d'un intérêt privé et quasi personnel. Le socialiste du Midi, par, exemple, tend surtout à réaliser le programme démocratique étatiste : tout *le monde fonctionnaire, un petit emploi pour tout le monde,* sur un plan d'égalitarisme ingénu. Ce n'est pas autre chose que veut le radical. Dès lors, tous les deux veulent et doivent vouloir de gros budgets, avec de gros impôts spoliateurs.

Mais le radical, membre d'organisation où la grosse bourgeoisie n'est pas sans représentants, tend à placer le point de la spoliation un peu moins bas que ne ferait le socialiste. Le premier appelle à grand cris les gendarmes contre les gens qui possèdent plus des cent mille francs qu'il a dans son portefeuille. Le second, armé de sa fourche socialiste ou révolutionnaire, fait fonctionner la pompe aspirante à cinquante, vingt ou dix mille. Le principe est le même, parce que le sentiment qui l'inspire est aussi le même : l'envie.

Il ne faut pas se faire d'illusion, ni s'en laisser conter par une poignée de charlatans aux dents longues, l'analyse sévère du complot électoral donne cela et ne donne absolument que cela. Nous revivons les temps de la Cité antique où toutes les fois qu'un certain degré élevé de civilisation matérielle a été atteint, quand la ploutocratie, manœuvrant la démocratie, a fait disparaître le patriciat et la royauté, les biens collectifs réunis, y compris les trésors spirituels et moraux qui s'y joignaient, furent enveloppés dans les mêmes ruines. Ils le sont comme il le faut, au moyen de la même lutte furieuse entre les pauvres et les riches, entre la troupe des producteurs actifs et heureux et la foule des consommateurs pauvres et avides qui trouvent commode de s'adjuger le fruit du travail par la législation d'abord, par l'émeute, le sac et la tuerie ensuite. Il n'y a point de différence entre ces jeux des factions aujourd'hui et il y a deux mille ans. La démocratie politique fait la démocratie sociale. Le principe d'égalité attaché à la capacité du suffrage des personnes exige d'être étendu à la propriété des choses. Il n'y a pas un conservateur démocrate capable d'un peu de réflexion et d'esprit de suite qui puisse faire une réponse décente à la question.

Pourquoi n'êtes-vous pas communiste ?

Le communisme dilué s'appelle socialisme. Le socialisme dilué s'appelle radicalisme, démocratisme, républicanisme. À quelque degré que soit portée la solution du principe poison, on se rend compte qu'il tue naturellement, nécessairement, la Cité et l'État, la Patrie et l'Humanité.

SIXIÈME PARTIE

Les questions sociales

L'économie

L'économie étant la science et l'art de nourrir les citoyens et les familles, de les convier au banquet d'une vie prospère et féconde, est une des fins nécessaires de toute politique. Elle est plus importante que la politique. Elle doit donc venir après la politique, comme la fin vient après le moyen, comme le terme est placé au bout du chemin, car, encore une fois, c'est le chemin que l'on prend si l'on veut atteindre le terme.

En matière économique, plus encore qu'en politique, la première des forces est le crédit qui naît de la confiance.

L'essor économique incite au progrès politique.

L'ordre économique est l'ordre de la nature

La doctrine libérale assure que le bien social résulte mécaniquement du jeu naturel des forces économiques. Qu'est-ce qu'elle en sait ? Au fur et à mesure que les faits économiques viennent démentir son optimiste et fataliste espérance, elle nous répond : attendez, l'équilibre va se produire de lui seul. Mais cet équilibre fameux ne se produit pas. Les conseils des économistes libéraux valent pour nous ce qu'auraient valu autrefois pour le genre humain une secte de naturistes qui lui aurait recommandé de se croiser les bras et d'attendre que la terre porte d'elle-même les fruits et les moissons. S'il eût écouté de tels sons, le genre humain attendrait encore ou serait mort de froid et de besoin.

Non, la nature, non, le jeu spontané des lois naturelles ne suffisent pas à établir l'équilibre économique. Mais prenons garde ; ces lois, auxquelles il serait fou de vouer une confiance aveugle et mystique, il serait encore plus fol de les négliger. Cultivons, tourmentons, forçons même l'ample et bizarre sein de la vieille nature, ajoutons à ses forces nos forces et notre sagesse, notre prévoyance et notre intérêt, doublons-les partout de nous-mêmes. Mais sachons que nous ne commanderons aux choses qu'à la condition de leur obéir. Moissonner en hiver, vendanger au printemps, voilà l'impossible. Avant de moissonner et de vendanger, connaissons le temps naturel des vendanges et des moissons. Et, si nous voulons influer en l'améliorant sur l'ordre économique, connaissons-le. Par-dessus tout appliquons nous bien à n'en connaître aucun fait essentiel. Nous payerions comme toujours ces oublis et ces ignorances ou plutôt notre peuple payerait notre grande erreur.

Rapports de l'économique et du politique

Il n'est pas vrai de dire que les crises économiques sont toujours les causes des crises politiques. Pourtant il serait faux de dire qu'elles ne le sont jamais. La vérité est que les unes et les autres sont tour à tour cause et effet. Certaines explosions de 1789 ont résulté de la misère, mais, sans l'état d'esprit que le philosophisme avait déterminé chez les gouvernants et les gouvernés, les émeutes auraient-elles pu devenir des révolutions ? En 1848, sans le licenciement des ateliers nationaux, on n'aurait pas eu les journées de juin, mais ces ateliers n'eussent jamais été ouverts sans les idées politiques de la crise de février.

Les phénomènes économiques semblent d'ailleurs jouer, en histoire, le rôle d'excitateur plutôt que de déterminateur ; ce sont des *causes matérielles* plutôt que des *causes formelles*.

Nous ne sommes pas sectateurs de l'État Providence, mais l'État a pourtant d'autres fonctions que la gendarmerie. Il a, sinon des fonctions d'économe, celles de contrôleur et de président de l'économie, et nous entendons bien que sa protection ne s'arrête pas aux produits, elle doit s'étendre aussi et tout d'abord à l'homme, leur producteur.

Que pourrait être l'avenir de la race, de la nation, si l'État se désintéressait des conditions faites par la vie à ses nationaux.

La question économique et les lois sociales

Dites que nos lois sociales ont été bâties de travers sur un double principe de lutte des classes et d'uniformité d'organisation, vous serez près de la vérité. Vous y serez en plein si, opposant principe à principe, vous demandez qu'on légifère ou qu'on réglemente par région et par profession, après avis des compétences, après accord direct des intéressés. Mais, de grâce, que l'on ne nous oppose plus on ne sait quelle *fatalité* des lois de l'économie dont le jeu mécanique aurait déterminé un inévitable renchérissement de la vie en raison de toute élévation de salaire !

On dit : « C'est évident. » Ce n'est pas si évident que cela. Les lois que l'on formule supposent que l'on sous-entend : « *Toutes choses étant égales d'ailleurs,* nul autre facteur n'intervenant, nulle autre loi plus étendue n'étant mise en jeu. Votre loi, elle est vraie en système clos : je serais obligé de vendre plus cher si, payant davantage des ouvriers *qui ne me produiraient point de plus-value correspondante*[11], si, redis je, j'étais tenu de réaliser les mêmes bénéfices qu'auparavant, mais que je sois tenu, en fait, de réaliser ces bénéfices-là, c'est une hypothèse vérifiée dans certains cas et démentie dans d'autres car un manque à gagner n'est pas nécessairement une perte, ni une cause de faillite ou de liquidation : on peut gagner moins et continuer de faire honneur à ses affaires ; en outre, il n'est pas inconcevable ni sans précédent qu'un accroissement du salaire de l'ouvrier détermine l'amélioration ou l'augmentation du

---

[11] C'est cette plus-value que l'expérience Blum n'a pas su provoquer et a même empêchée net (1936-1937).

produit. »

Me dira-t-on que les ouvriers ne veulent pas ceci ? Que les patrons ne veulent pas cela ? C'est peut-être leur droit, mais l'expression de leur volonté, l'exercice de ce droit ne sont pas le jeu fatal d'une loi naturelle. D'autres idées et d'autres mœurs peuvent modifier ces volontés en les civilisant : l'antagonisme des deux droits témoigne du conflit de deux barbaries en présence, nullement d'une flexible nécessité naturelle extérieure aux volontés.

Dans cette corruption du langage qui marque notre temps, l'on perd de vue le sens de la notion de loi en étant qu'elle est conçue comme le signe de succession entre deux faits. L'élévation de salaire et celle du prix des denrées peuvent être en rapport étroit, mais ce rapport peut et par conséquent doit être corrigé au moyen d'autres facteurs interposés à propos. Ici, une meilleure administration. Là, plus d'ardeur au travail. Plus haut, des finances épurées permettant d'alléger les charges publiques, une décentralisation rationnelle[12], une étude de la législation commerciale plus vigilante. En aucun cas, la « loi » économique ne peut signifier qu'une riche population doive mourir de faim toutes les fois que le salaire des ouvriers y est augmenté, car autant vaudrait dire que la loi de la pesanteur nous oblige fatalement à nous rompre le cou.

Les Lois donnent la table des constantes de la nature.

C'est à l'homme de ne pas s'asservir à elles, mais bien de se servir de leur fidèle avis. Au nom des lois fatales de la chute physique, on s'en va en ballon, peut-être ira-t-on jusqu'aux astres. Les fatalités de l'économie doivent ainsi se composer en vue du bien de la nation. Il n'y a pas de protectionnisme, il n'y a pas de libre échange qui tienne : il y a la vigilance et l'incurie, il

---

[12] L'expérience Blum a procédé à rebours : centralisation, augmentation d'impôts, etc. (1936 1937).

y a l'organisation intelligente des tarifs ou la résignation à leur jeu automatique et mécanique, lequel ne peut-être que désastreux comme toute résignation humaine aux caprices de la nature. Une situation matérielle aussi complexe que celle du sol français exigerait une police économique âprement et passionnément dirigée, mais cette police suppose aussi un État fort, vivace, dévoué aux intérêts de la patrie entière et non pas d'un parti ; un État occupé de l'avenir des peuples et non plus condamné à se débattre sans espoir dans chacune des plus misérables difficultés du présent ; un État bien servi, un État respecté, un État attentif aux particularités significatives et soucieux d'en interpréter et d'en traduire en acte chaque avertissement...

Les classes

Qu'il y ait des classes, que la reconnaissance de ce fait soit l'œuvre des partis les plus avancés, voilà sans doute une victoire du sens commun sur l'uniformité et l'égalité que rêva la démocratie libérale. Il y a des classes, il faut le dire et le crier : constituant, législateur ou administratif, un homme d'État devra tenir compte de la communauté d'intérêts et de goûts particulière aux habitants d'une même zone sociale. Vouloir agir en la négligeant revient à poser un problème en en biffant l'un des facteurs principaux. Mais ce facteur essentiel, il n'est pas le seul, il n'est pas essentiellement bienfaisant ; rien ne montre qu'il doive faire seul la paix sociale.

S'il arrive que l'on se batte de classe à classe, la paix ne règne pas toujours à l'intérieur de chacune. C'est entre pairs que l'on s'entre tue le plus volontiers. La rivalité des Montaigus et des Capulets synthétise le cas des aristocraties gouvernantes ; mais les bourgeoisies n'ont rien à leur envier, nous savons de quelles animosités violentes peuvent se poursuivre des familles d'avocats ou de marchands, et nous voyons les mêmes luttes fratricides dans ce que l'on nomme aujourd'hui la classe ouvrière.

Ces guerres intestines peuvent sans doute être apaisées par une sage vue de l'intérêt commun ? Mais il peut en être de même des luttes de classe à classe, à la faveur des importantes communautés d'intérêts qui, de l'une à l'autre, existe également.

On peut diviser la société par paliers, par étages et par zones ; mais cette division naturelle n'est pas la seule : d'un degré à l'autre de cette échelle, il y a des rapports de solidarité fort étroits. Cela, du plus bas au plus élevé. L'industrie du pain, celle du bâtiment, s'étendent de la plus humble vie rustique ou urbaine aux rangs supérieurs de la plus haute société ; la solidarité entre tous ceux qui tendent à créer les mêmes produits peut et doit donc être aussi vive et profonde que la solidarité d'une même classe ; elle est autrement sociale et pacifiante !

Nous la préférons bien. Sans nier les classes, nous les subordonnons aux corps de métier qui réunissent toutes les classes et rassemblent les membres de la nation, au lieu de les parquer et de les diviser.

La classe et l'individu

L'être qui se déclasse, s'il le fait sans raison ou trop vite, risque de se faire du mal et d'en faire aux autres : un mal double et triple dont il faudrait faire l'économie dans l'intérêt de chacun et de tous.

L'esprit révolutionnaire croit la politique appelée à distribuer des prix aux individus, il ignore que la fonction politique est de faire prospérer la communauté. Où la sagesse universelle pense bonheur collectif, bien public, unité collective, c'est à dire famille, État, nation, l'esprit révolutionnaire pense bonheur et satisfaction du privé. Naturellement, au premier bruit de la nouvelle, l'individu accourt, frémissant, demandant sa part. Mais il y est trompé et cette part est vaine. Ce qui fait le malheur des groupes qui l'engendrent fait très rarement son bonheur ; ce qui ferait la paix et l'ordre de ces groupes ferait très fréquemment son ordre et sa paix. L'on appauvrit la substance d'un pays, l'on anémie un peuple quand on soutient que tout enfant intelligent doit passer, comme de roture en noblesse, du travail manuel des champs au travail manuel de la plume, échanger sa blouse contre la jaquette ou le veston du petit employé et de l'instituteur ; l'ordre de la communauté en souffre évidemment, mais le titulaire de ce transfert n'en est pas enrichi ni amélioré nécessairement ; s'il peut l'enorgueillir, cet avancement comporte aussi une rupture d'habitudes par défaut de préparation, qui peut le faire souffrir en l'exposant à des déboires et à des chagrins qui ne seront pas compensés.

Tout esprit objectif se rend compte que le difficile n'est pas d'arriver, mais de tenir de père en fils : les hauteurs sociales et même les places moyennes sont extrêmement malaisées à conserver au-delà de la première ou de la seconde génération : les tentations sont fortes, l'amollissement est aisé, la chute probable. Comment les tâches de direction sociale seraient elles exercées sans ce puissant et vaste mouvement spontané de translation séculaire qui apporte les bons, emporte les mauvais ? La merveille n'est pas que beaucoup se remplacent, c'est qu'un petit nombre ne soit pas remplacé. Quelques familles ont la vie dure par l'énergie de la fibre, la solidité de la tradition et la qualité de l'effort. Elles sont peu. L'État doit plutôt les aider : c'est l'élimination qui est le fait courant que l'on appelle le droit commun.

La vérité historique sur les classes

La Révolution a changé le cours naturel et le rythme normal de la vie en France. Il ne faut donc pas la louer, ni par conséquent la blâmer d'avoir inventé ce qu'aucun événement historique ne saurait inventer : un fait aussi naturel que ce mouvement qui renouvelle les hautes classes par l'ascension de familles, parfois même de tribus entières, venues du peuple. Comment se serait réformée l'aristocratie militaire en France après la guerre de Cent ans ou après les guerres de religion, si meurtrières, sans le mouvement de transfert qui fit passer la robe dans l'épée et qui renouvela la robe presque de fond en comble ? Comment expliquer sans un mouvement du même ordre cette période louisquatorzienne règne *de vile bourgeoisie,* dit Saint Simon, et qui porta le Tiers État à son apogée ? On ne peut pourtant pas juger des coutumes de l'Ancien Régime sur les effets de quelques ordonnances rendues deux ou trois lustres à peine avant 1789 et qui témoignent d'une pensée de réaction aussi passagère que folle. Oui, le mouvement de 1789 fut précédé d'un accès de fièvre aristocratique qui détermina de fâcheux malentendus entre deux classes aussi voisines que l'étaient alors le Tiers État et la Noblesse, et qui eut aussi le malheur d'aliéner à une partie de la Noblesse une partie du peuple de Paris et de différentes provinces. Qu'est-ce que, je vous prie, que ces anecdotes auprès de dix siècles de sagesse politique continue ?

Le livre d'or du patriciat finit par se fermer à Venise. En France jamais, même dans cet accès final, l'ancien régime ne cessa jamais d'admettre le passage d'une classe à l'autre. Il l'admettait. Il le protégeait et, au besoin même, selon les temps, il le favorisait. Mais il ne le provoquait pas. Ou, pour mieux dire, il n'érigeait pas en *devoir le* parti de provoquer ces déclassements. La constitution de ce devoir contre nature, telle est précisément la tare du régime moderne ou plutôt, car ce régime n'existe pas à cause de cette tare, la tare de la conception moderne de l'État.

Tous les hommes politiques dignes de ce nom, à quelque temps et à quelque nation qu'ils appartiennent, savent qu'un *changement, à* quelque égard qu'il se produise, est un sujet digne des attentions et des précautions les plus vives.

Qu'un homme change de contrée et, selon l'expression de Maurice Barrès, qu'il se déracine, c'est une perturbation ; elle peut être heureuse et fructueuse si le sujet déraciné trouve sans grand retard et sans causer de trouble à l'entour, un meilleur sol, plus favorable à ses aptitudes. Encore faut il y veiller, et ne pas supposer que le seul fait de ce changement soit un bien en soi.

De même, qu'un autre homme change de classe, c'est une

autre perturbation, c'est un autre risque et qui peut être heureux pour le public comme pour le sujet déclassé, si celui-ci s'agrège en peu de temps à une autre classe et à d'autres fonctions mieux adaptées à ses conditions et à ses vertus personnelles : là encore, il ne faut pas croire que le seul fait de le chercher fasse trouver le mieux, et que le désir du progrès, même suivi d'effort, même couronné par un succès apparent, soit le progrès lui-même.

En un mot, le déclassement doit être traité par le Politique, s'il est nationaliste, comme un mal intrinsèque, duquel peuvent se dégager de grands biens, ou de plus grands maux. La considération des biens éventuels peut faire passer sur le mal passager qui en est la condition : mais le risque des maux possibles doit entrer en ligne de compte.

Or, voilà la partie du compte que néglige et que doit négliger l'esprit révolutionnaire. Étant libéral, cet esprit ne conçoit que des individus. Étant égalitaire et démocratique, cet esprit ne retient des individus que les valeurs et les capacités personnelles, sans calcul des capacités de circonstances, des valeurs de position. Il sera même déterminé par sa logique interne à considérer fort peu ces dernières comme ; aussi bien, à exagérer les premières.

Le conflit social

Le premier souci du législateur doit être de soustraire le domaine social aux passions et aux intérêts de la politique.

La paix sociale ressemble à la paix des nations, elle dure par un effort qu'il faut renouveler sans cesse.

Il faudra poser la question sociale par rapport à ce qui en est l'objet.

On la pose en termes *subjectifs,* c'est à dire par rapport aux sujets en cause : patrons, ouvriers, prolétaires, propriétaires. Cela est naturel en République démocratique où tout dépend et doit dépendre de la volonté des individus, et qui votent.

On divise les citoyens français en classes, suivant le degré de fortune ou le rang qu'ils occupent, ou le grade auquel ils se sont élevés. De là ces formules brutales : ceux qui dont rien contre ceux qui ont tout, ceux qui peinent contre ceux qui jouissent, etc., etc. La vraie, la solide, la consistante réalité est absente de ces classifications tout accidentelles. Un paysan riche et un paysan pauvre, un propriétaire campagnard et un ouvrier agricole ont, en réalité, plus d'intérêts communs que n'en auront jamais entre eux un prolétaire des villes et un prolétaire des champs, un rentier de grande ville et un gros métayer. La distribution en classes, en zones sociales fondées sur la richesse ou le rang social est tout à fait fictive.

Il faut classer par profession, par *objet travaillé*, chaque catégorie ayant ses pauvres et ses riches, ses prolétaires et ses propriétaires, ceux-ci aidant ceux-là, ceux-là secourus par ceux-ci.

L'ancien cri juif allemand : *prolétaires de tous les pays unissez-vous,* n'a pas seulement été proféré de circonscription territoriale à circonscription territoriale, il a été porté de profession à profession, de métier à métier, de corps social à corps social.

Il n'y a pas un seul mal, le prolétariat. Il y a deux maux le prolétariat et le capitalisme. De leur confrontation ressort l'idée de leur antidote commun.

Quel antidote ? L'incorporation du prolétariat à la société par l'opération des forces politiques et morales autres que le Capital : les forces du Gouvernement héréditaire, de la Corporation et de la Religion, qui ôteront au Capital son *isme* despotique, l'empêchant de régner tout seul.

Le paysan

Pourquoi le paysan n'est-il pas content de la place que la République lui fait dans le monde ? Pourquoi le fils du paysan français change-t-il de métier ? Pourquoi les campagnes françaises se dépeuplent elles ? Pourquoi faut-il avoir recours à des hordes d'étrangers à l'époque des grands travaux ? Pourquoi, en dépit du machinisme, le vieux Pont-Neuf reste-t-il vrai et entend-on de plus en plus que *la terre manque de bras* ?

La réponse est simple. Ce que la République pouvait faire pour le paysan était très limité. Le Kamtchatka de ses concessions à l'antidémocratie aura été de permettre l'association rurale qui donna des fruits excellents. Mais cette association a été strictement limitée aux contemporains. Le paysan peut contracter librement avec ses voisins et ses proches, en même temps qu'avec ses confrères les plus éloignés : il lui est défendu de contracter librement dans la durée des temps avec ceux qui descendent ou descendront de lui. Il n'a ni cette liberté de tester, ni ces droits de substitution, véritable équivalent moderne de l'antique droit d'aînesse, et la terre en reste grevée du plus lourd des servages, qui sont : le partage égal et, par voie de conséquence inéluctable, les fortes hypothèques, au bout desquelles arrivent d'inévitables dépossessions. Un élément moral, l'hérédité sainement comprise, est le seul qui assure la possession durable du premier des matériaux : le sol.

Une bourgeoise de robins fut la principale bénéficiaire du lotissement de l'avant dernier siècle. Là où les paysans eurent vainement part aux dépouillés, les anciens possesseurs furent rapidement vengés par les dommages qui s'acharnèrent depuis lors sur la petite propriété. Je ne suis pas de ceux qui se représentent sous l'aspect de fatalités historiques insurmontables une évolution de la propriété vers le dépècement et la destruction. Mais, ce dépècement une fois produit et cette destruction acquise, le grand propriétaire une fois dépossédé, le petit propriétaire en profite peu : créature du financier et du marchand de biens, il en devient vite la victime.

Les parasites vivent sur lui et le dépouillent en peu de temps.

Il n'est pas possible d'éviter ce parasitisme ; armé des droits de mutation et de succession écrasants qu'édicte la démocratie, le fisc est là pour dévouer la petite propriété à l'usure. Et l'usure, à son tour, reconstitue au lieu et place des domaines traditionnels des domaines parfois plus vastes, mais possédés collectivement, tristes avoirs de cette « fortune anonyme et vagabonde » qui dépossède tout agriculteur, pauvre ou riche, noble ou vilain, des cultures de la patrie.

Les systèmes politiques ont des effets automatiques, et la volonté humaine, si libre soit elle, a fort peu de moyens de les annuler. Le régime électif suppose l'égalité des électeurs qui suppose l'uniformité des fonctions : s'il est entendu qu'un homme en vaut un autre, qu'une fonction en vaut une autre, qu'on peut être indifféremment et tout aussi bien paysan, bourgeois, député, sénateur, président de la République, personne ne voudra plus être paysan, et chacun sera, peu ou prou, candidat à la présidence. La démocratie est une pompe aspirante, récoles-y est l'organe essentiel de cette aspiration. On ne la réformera pas. C'est le régime qu'il faut détruire si l'on veut retrouver l'équilibre des intérêts, si l'on veut restaurer le cours des honneurs et des valeurs.

Le régime stérile a stérilisé la nation. Si le choix national ne se porte pas où il faut, si le travail des champs n'est pas aidé et continué, les chances d'avenir national tomberont à si peu de chose que l'unique moyen d'opposer force à force, cause à cause, facteur matériel à facteur matériel en démocratie sera perdu par le simple fait de cet abandon.

Comment est détruite la propriété

Il y a des partisans de la petite propriété. Il y a des partisans de la moyenne ou de la grande propriété. Je n'ai jamais compris grand-chose à ces sortes de divisions, alors qu'il est si aisé de se rendre compte que les grandes exploitations appuyées sur de fortes assises héréditaires sont d'immenses biens historiques, mais que la petite et moyenne propriété, convenablement défendues, fournissent à chaque moment de la vie nationale une source admirable d'énergie intelligente et d'activité mesurée. Les démocrates ont coutume de procéder par des formules d'exclusion, entre lesquelles il n'y a pas grand-chose à concevoir. Nous procéderons au contraire par affirmations additionnées, composées, organisées. Il nous plaît de tenir sous un même regard les formes différentes par lesquelles s'enlacent et s'entraident les institutions naturelles. Où l'esprit révolutionnaire prophétise que *ceci tuera cela,* nous disons que *ceci pourra faire naître cela, aider cela ou s'arranger de cela.*

La grande propriété a besoin, pour se développer, de défendre, de guider et de patronner : comme, pour résister et pour se maintenir la petite propriété a besoin d'être patronnée, guidée et défendue. Mais cette commune nécessité mutuelle est soumise elle-même à une condition politique. À ces deux propriétés, il faut un État qui soit libre de la servitude de l'or. Pour que la petite et la grande propriété puissent faire appel au Ministère de l'or sans *avoir à le redouter comme arbitre de tout*, il faut que l'État soit assez puissant pour dominer l'usure, assez sage pour modérer le fisc et le proportionner aux intérêts de la fortune nationale, celle qui est incorporée au sol, enfin assez maître de soi pour ne rien demander à l'élection démocratique.

L'ouvrier

Quand elle raisonne sur les ouvriers, la bourgeoisie pense et parle comme elle reproche aux ouvriers de vivre : elle divague sans souci du lendemain, sans prévoyance, sans égard à l'ensemble de la situation. Ne vous en tenez pas aux conversations d'hommes qui traduisent souvent plus que les idées de leur monde ; prenez, à titre d'expression de la sensibilité d'une classe, ce que les femmes disent sur ce sujet, et vous admirerez ce qu'on peut ajouter d'aveuglement à l'esprit de justice, au bon sens, à la charité.

Elles disent : « L'ouvrier n'est-il pas plus heureux

qu'autrefois ? Ne vit-il pas plus largement, ou plus commodément ? N'Est-il pas mieux vêtu et logé ? Ne mange-t-il pas mieux ? C'est vrai. Elles oublient que tel est le cas général. La vie générale a relevé ses conditions de puissance matérielle, et ce progrès commun à tous n'est pas le progrès d'une seule classe : les griefs de celle-ci, s'ils existent, restent intacts.

« Les salaires ont augmenté », ajoutent-elles. Assurément. Mais tout a augmenté, y compris le prix de la vie. Et la remarque précédente se vérifie encore. « Oui, mais le patronat ne s'est jamais montré aussi prodigue en bienfaisance, en assistance. Autant de suppléments à la paie, autant de subventions directes du Capital anonyme ou du Maître personnel... » Et l'on ajoute volontiers si l'on parle des siens : « Mon père, ou mon frère, est si bon ! Mon mari est si généreux ! Que veut-on qu'ils fassent de plus ? »

Mais rien. Ou plutôt une seule chose. Tout simplement madame ou mademoiselle, ceci : qu'ils comprennent. Monsieur votre père, monsieur votre frère ou monsieur votre mari ne sont pas immortels. Ils peuvent être amenés à cesser leur exploitation. Leurs bonnes dispositions, mortelles et changeantes, comme tout ce qui vit, peuvent disparaître : d'excellentes, devenir iniques, de généreuses avares, de bienveillantes contrariantes et difficultueuses. Tout ce qui dépend d'eux variera-t-il ainsi ? Et la condition de l'ouvrier doit-elle être entraînée dans ces variations ?

La bonté de monsieur votre père ou de monsieur votre mari assure aux prolétaires qui dépendent de lui une position stable, un avenir réglé, une vieillesse à l'abri des premières nécessités. Si cette bonté change ? Si un acte de vente la remplace par l'indifférencé d'une « société » ? Admettez-vous que tout le reste soit remis en question ? Que tout ce qui se croyait stable doive se remettre à branler ? Je ne dis point : *ce n'est pas juste,* je dis : ce *n'est pas possible,* car il s'agit là, non d'une action, mais d'un homme capable de penser et d'agir, qui doit vouloir renverser ce système d'instabilités oppressives. Si vous admettez l'impossibilité d'en rester là, vous discernez la vraie question, question de principe : L'ouvrier sera-t-il maître de son lendemain ?

La question ne se pose pas très durement dans les petits métiers qualifiés et qu'on exerce dans des localités de moyenne étendue. Où chacun se connaît, les mœurs établissent d'elles-mêmes un minimum d'ordre et de paix. Les rigueurs anarchiques sont adoucies en fait. Elles se font sentir, en toute leur violence, dans les vastes agglomérations de grande industrie, où des milliers d'ouvriers embauchés individuellement occupent une place qui vaut parfois de gros salaires, mais ne l'occupent que par chance, pour un jour. Rien qui la garantisse. Ceux qui la perdent, perdent exactement tout ce qu'ils ont. S'ils n'ont rien épargné, il leur reste à tendre la main.

Mais là-dessus s'élèvent les voix que nous connaissons : « Tant pis ! C'était à eux... ! C'était leur affaire, quand ils gagnaient beaucoup. Chacun doit s'arranger », etc. On s'arrange en effet, et comme on peut. C'est un fait que l'ouvrier ne peut guère ou ne sait guère économiser. Mais, puisqu'on lui prêche de l'arranger, c'est un autre fait, qu'il s'arrange en s'associant, en se coalisant avec les camarades. Son système d'arrangement est de demander par la coalition et la grève, les plus gros salaires possibles, soit en vue de l'épargne, soit pour d'autres objets. On n'a pas à lui demander lesquels : c'est son affaire, c'est sa guerre. Oui. Le cas de la guerre de classes naîtra ou renaîtra quand une classe parlera du devoir des autres au lieu d'examiner si elle fait le sien.

Au lieu de se figurer tout ouvrier paresseux, agité, dissipateur, ivrogne, qu'on se représente un ouvrier normal, ni trop laborieux, ni trop mou, levant le coude à l'occasion, mais non alcoolique, la main large, non pas percée ; qu'on l'imagine ayant à faire vivre une femme et des enfants : je demande si ce prolétaire ainsi fait peut admettre facilement que son avenir ne dépende que de la bonté d'un bon monsieur, même très bon, ou des largesses d'une compagnie qui peut du jour au lendemain le rayer de ses effectifs ? Si l'on ne laisse à cet ouvrier normal d'autres ressources que d'épargner sur de gros salaires instables, ne l'oblige-t-on pas dès lors, en conscience, au nom même de ses devoirs de père et d'époux, à se montrer, devant l'employant, exigeant jusqu'à l'absurdité, jusqu'à la folie, jusqu'à la destruction de son industrie nourricière ? En ce cas, seule, l'exigence lui assure son lendemain.

Situation sans analogie dans l'histoire. Le serf avait sa glèbe et l'esclave son maître. Le prolétaire ne possède pas sa personne, n'étant pas assuré du moyen de l'alimenter. Il est sans « titre », sans « état ». Il est sauvage et vagabond. On peut souffrir de ce qu'il souffre. Mais plus que lui en souffre, la société elle-même. On comprend la question ouvrière quand on a bien vu qu'elle est là.

L'ouvrier, qui n'a que son travail et son salaire, doit naturellement appliquer son effort à gagner beaucoup en travaillant peu, sans scrupule d'épuiser l'industrie qui l'emploie. Pourquoi se soucierait il de l'avenir des choses, dans un monde qui ne se soucie pas de l'avenir des gens ?

Tout dans sa destinée le ramène au présent : il en tire ce que le présent peut donner. Qu'il le pressure, c'est possible. Il est le premier pressuré.

Mais il n'en tue pas moins la poule aux œufs d'or, ce qui n'en est pas moins d'un pur idiot.

Admettons qu'il soit idiot, mon cher Monsieur. Et vous ? Vous le blâmez de compromettre son avenir : donc, vous le priez d'y songer ; or, voulez-vous me dire sous quelle forme un prolétaire salarié peut concevoir son lendemain : si ce n'est pas sous forme de gros salaire toujours enflé, il faudra bien qu'il se le figure comme la conquête de ce que vous nommez votre bien, et de ce qu'il appelle « instrument de sa production ». Ces prétentions, peut-être folles, sont celles qui devaient naître du désespoir d'un être humain réduit à la triste fortune du simple salarié. Tout lui interdisait la prévoyance raisonnable : sa prévoyance est devenue déraisonnable.

Elle n'en a pas moins produit de magnifiques vertus de dévouement mutuel.

L'honneur syndical, l'union des classes sont des forces morales qu'il ne faut pas sous-estimer, bien qu'affreusement exploitées, maximées et envenimées par les politiciens démocrates.

Et d'où vient cette exploitation ? Qu'est ce qui la permet ? la produit et, quelquefois, la nécessite ?

Le bourgeois ne comprend pas que, si l'ouvrier et lui n'ont pas encore abordé sérieusement et cordialement, en citoyens du même peuple, en organes d'un même État, la question difficile mais claire qui les obsède, c'est que la politique démocratique républicaine a dû dans son intérêt le plus égoïste les mettre aux prises sur des questions de façade et de pure apparence ! Lettré, cultivé, maître de grands loisirs pour la réflexion, le bourgeois n'a pas su lire ce que l'ouvrier qui pendait le buste de Marianne devant la Bourse du Travail a pu déchiffrer couramment, le nom et le prénom de l'ennemi commun : politique ! démocratie ! Oh ! ce n'est pas infériorité de votre part, monsieur le bourgeois, c'est même plutôt prévoyance, et dans cette prévoyance, timidité. Vous ne voyez pas la question, parce que vous craignez de la voir, en raison des perspectives très sérieusement inquiétantes qu'elle pourrait vous découvrir. Car la question, la vraie question, qui est d'établir le prolétariat, représente et entraîne de votre part certaines concessions de fond, certains sacrifices de forme, qui réviseraient tout le régime économique existant. Or, vous voyez fort bien jusqu'où l'on peut vous faire aller, vous faire marcher et courir si vous entrez dans ce chemin-là. Si vous accordez A, on demandera B, il faudra aller jusqu'à Z. Autant défendre tout, puisqu'on déclare vouloir tout prendre, et qu'entre ceux qui se défendent comme vous et la jeune classe avide et ambitieuse qui vous attaque, personne n'est là, non Personne, pour faire respecter et durer un juste accord réciproquement consenti[13].

L'organisation du travail :
corporation et syndicalisme

La corporation

Si, au XIIIe siècle et longtemps, très longtemps après, si, à la veille de la Révolution, la corporation rendait des services, ces services n'étaient pas limités à l'avantage privé de ses membres, elle comportait des avantages publics, je dis des avantages pour la société. L'ouvrier organisé dans le corps de métier bénéficiait de la force immense que l'association et l'union ajoutent à chaque unité humaine ; oui, mais la mise en ordre de ces unités contribuait à rendre la société stable et prospère : elle comportait donc une discipline pour le corps et pour les membres, pour le groupe et pour les personnes qui le composaient.

L'individu, comme on ose dire[14] n'était donc pas « libre » pour être heureux, il subissait en bien et en mal « la force » du groupe, étant encadré et réglé dans la corporation aux époques mêmes où la corporation était florissante. Et ce n'est pas de l'abus du cadre ni de la règle que la corporation a péri.

- La corporation avait décliné non parce qu'elle encadrait trop, mais parce qu'elle encadrait mal, parce que les cadres étaient

---

[13] Ces lignes furent écrites dès 1908, à l'occasion des grèves de Draveil et Vigneux. L'organisation du travail corporation et syndicalisme.
[14] Si nous parlons d'ouvriers et de travailleurs français, ne disons pas l'individu. Ce chien est un individu. Cet orme est un individu. Le premier venu des êtres vivants, si bas qu'on le prenne dans l'échelle organique, est un individu. Pour un Homme, pour, un Ouvrier, pour un Français, j'emploie le seul terme convenable, je dis que c'est une personne et, rétablissant le mot propre, je ne fais pas seulement œuvre de grammairien, je préviens une erreur que la logique imposerait : car si l'individu est dieu, on ne met pas de laisse à cet individu chien on ne met pas de broche en travers de cet individu poulet, on ne jette pas cet individu blé sous la meule.

devenus, à la longue, trop étroits, trop minutieux, qu'ils avaient prêté à la constitution de monopoles abusifs, parfois dangereux pour le public, parfois gênants pour certains spéculateurs et gens de corde dont le pouvoir était en train de grandir. Malgré tout, c'était sur cette vieille base très réformable que subsistait le travail national, et quand déjà, sous la royauté, la bande des économistes et des roussiens l'ébranla, cette base, et voulut la rompre, le sentiment public, cabré, opposa des résistances telles qu'il fallut composer et céder du terrain. Les plaintes contre le corps de métier, ne venant pas de membres « opprimés » mais du dehors, surtout de politiciens théoriques et brasseurs d'affaires, les vieilles entraves génèrent surtout les ambitieux et les exploiteurs, il fallut reculer. Le roi Louis XVI eut le bon sens de reculer : pas assez, mais un peu. La Révolution, elle, ne recula pas. Elle fit le décret Le Chapelier que chacun peut lire en note de la page 2 de *l'Annuaire des syndicats*[15].

Ce décret ne volait nullement au secours de commodités personnelles : il était l'expression de la théorie roussienne, et pas d'autre chose !

L'esprit de ce décret était d'interdire aux ouvriers (ou aux

---

[15] Voici le texte de l'article III de la loi Le Chapelier, an II : « Si, contre les principes de la Liberté et de la Constitution, des citoyens attachés aux mêmes professions, arts et métiers, prenaient des délibérations ou faisaient des conventions tendant à refuser de concert ou à n'accepter qu'à un prix déterminé le secours de leur industrie ou de leurs travaux, lesdites délibérations ou conventions, accompagnées ou non de serments, sont *déclarées inconstitutionnelles, attentatoires à la Liberté et à la Déclaration des Droits de l'Homme et de nul effet.* ».
Les ouvriers et journaliers furent en outre avisés, par un arrêté du Comité de Salut public, deuxième jour de prairial an II, que tous ceux qui se coaliseraient sur le terrain professionnel pour défendre leurs *prétendus intérêts communs* seraient traduits devant le tribunal révolutionnaire. Une pétition fut adressée à l'Assemblée Nationale par des milliers d'ouvriers de toutes les corporations ; La Chapelier la fit rejeter, et il fit décréter que les réunions d'ouvriers étaient inconstitutionnelles. Faon, à la tribune, *il proclama qu'il n'y avait plus que l'intérêt particulier de chaque Individu et l'intérêt général du gouvernement.*

patrons) de se coaliser «*pour leurs prétendus intérêts communs*». *Parce* que leur communauté était oppressive pour les uns ou les autres ? Eh non : parce que leur unions et associations portaient ombrage à la jalousie d'un État que les roussiens, appelés en ce temps-là jacobins, ne concevaient qu'absolu et sans limites, affranchi de toute société secondaire, conformément au vœu essentiel du *Contrat social*. C'est contre l'intérêt et la liberté des personnes, des personnes ouvrières et des personnes patronales que le fameux décret a été pris : les résistances violentes qu'il rencontra dès lors le prouvent surabondamment.

L'histoire ouvrière du XIXe siècle n'est qu'une longue aspiration et une réaction ardente des personnes ouvrières, des volontés ouvrières, contre le régime d'isolement « individuel » imposé par la Révolution, maintenu par le bonapartisme et le libéralisme bourgeois successeur du jacobinisme non moins despote, qui était parvenu à imposer ses folles doctrines à la royauté de Juillet, mais qui fut vaincu (à moitié et de la mauvaise manière), sous le Second Empire, quand le droit de coalition enfin reconnu fut *déchaîné* au lieu d'être organisé.

Du syndicalisme

La concentration syndicale répond à la concentration capitaliste, avec des armes similaires et la lutte en cesse d'être absolument inégale ; il va falloir ou bien compter avec la masse ouvrière organisée ou bien se résigner à tout interrompre, à paralyser l'industrie, la nation, la civilisation.

La dernière hypothèse est inacceptable. *Il faut que l'œuvre soit.* Il faut que le monde moderne poursuive sa besogne propre, qui est d'aménager notre Terre. Il faut donc qu'un traité intervienne entre les principes en guerre et au profit de tous. Les rapports du travail et du capital doivent être réglés par des engagements réciproques qui leur permettent de se concéder des garanties équivalentes établissant de part et d'autre la vie, la force et la prospérité.

La guerre sociale a des partisans. Quels qu'ils soient, quoi qu'ils veuillent, ils ne peuvent vouloir que cette guerre soit éternelle. Et l'immensité des dommages dont les deux camps sont également menacés, le camp ouvrier plus que le camp patronal, à vrai dire, montrera clairement que les avantages de la guerre, de ses labeurs, de ses exercices et de ses épreuves, ne peuvent être conçus qu'à titre transitoire. C'est à la paix qu'il faut en venir de toute façon et, si l'on reconnaît que la paix sociale par le socialisme (ou mise en commun de tous les moyens de production) est une solution chimérique, d'une part, rudimentaire et barbare, de l'autre, on est ramené à la réalité syndicale, premier germe de l'organisation corporative, qui, d'elle-même, définit ou suggère un accord. Accord à la fois industriel et moral, fondé sur le genre du travail, inhérent à la personne du travailleur, et qui reconnaît à ceux qui n'ont point de propriété matérielle proprement dite une propriété morale : celle de leur profession, un droit : celui de leur groupe professionnel. C'est la seule idée qui puisse pacifier le travail en lui donnant une loi acceptable pour tous les intéressés. Mais la pacification et la législation du travail supposent un ordre politique. TANT QUE LES AMBITIEUX ET LES INTRIGANTS TROUVERONT DANS LES PERTURBATIONS SOCIALES LE MOYEN LÉGAL ET FACILE DE PÉNÉTRER DANS LES ASSEMBLÉES ET LES MINISTÈRES, LES LOIS MÊMES SERONT FORGÉES EN VUE DE PROVOQUER ET FACILITER CES PERTURBATIONS.

Ce régime ci, c'est la prime aux agitateurs. Il organise, il règle très exactement leur carrière. Quiconque prêcha la grève et la désertion en est toujours récompensé par l'élection du peuple.

On n'arrive pas autrement. Il faut passer sur les bas grades de la perturbation et de l'anarchie pour devenir gardien de l'ordre. Le personnel du Gouvernement républicain se recrute par la Révolution.

SEPTIÈME PARTIE

Retour aux choses vivantes

La France et les Français

Nous mettons la France avant tout et, au service de la France, nous nous efforçons de placer des vues justes et des idées vraies. Naître en France et de vieux sang français, alors même qu'on y procède du dernier des déshérités, c'est encore naître possesseur d'un capital immense et d'un privilège sacré. C'est porter avec soi, en soi, un titre d'héritage. C'est acquérir des possibilités de progrès moral et matériel qui n'ont été données avec cette abondance aux fils d'aucune autre nation.

Les longues durées historiques méritent, dans le passé, une admiration studieuse ; dans le présent, notre dévouement filial. Qu'il y ait une France, que la France subsiste, que ce trésor territorial, intellectuel et moral soit descendu, à travers les siècles, jusques à nous, c'est un bienfait que tout citoyen et tout homme digne de ce nom doivent s'attacher à prolonger et à perpétuer. Que la fin de chacun soit inévitable, les ouvriers de la société future ont le devoir de travailler à l'avenir, non, comme on nous le fait dire avec une rare sottise, d'après les anciens plans, mais sur des plans conformes à ces grandes lois éternelles qui permirent aux anciens plans d'être suivis.

L'assise de la nation française n'est très puissante, le dépôt de nos traditions ne s'est accumulé dans la race et dans le pays que parce que la France existe autrement que par une trentaine et une quarantaine de millions de têtes vivantes. Quarante millions d'hommes vivants, soit, mais un milliard d'hommes morts. La vraie assise, la voilà.

Comme la France est politiquement antérieure aux Français,

l'agriculture française est supérieure aux paysans français, l'industrie française aux industriels français. *Pâturage et labourage*, disait Sully ; le grand ministre d'un grand roi se gardait bien de dire : pâtres *et laboureurs*.

La patrie

La patrie : fait de nature

Notre patrie n'est pas née d'un contrat entre ses enfants, elle n'est pas le fruit d'un pacte consenti entre leurs volontés : voilà ce que l'esprit du XIXe siècle finissant admettait déjà. Mais voilà aussi ce qui faisait que les logiques tenants de l'individualisme révolutionnaire refusaient alors de servir, de saluer, même d'admettre l'idée de patrie. Seulement, celle-ci a su s'imposer par la force des menaces européennes : il a donc fallu que, peu à peu, le Gouvernement se patriotisât, et qu'il se militarisât, qu'il rentrât en un mot dans la ligne du plus grand intérêt qui nous soit commun. Mais cette réaction de fait, cette réaction instinctive et physique, d'ailleurs contrariée par les forces et les intérêts républicains, n'est point ce qui justifie l'idée de patrie.

On est tenté de la définir comme une association d'intérêts mais si le mot d'intérêts porte un sens précieux, celui d'association en détruit l'effet, car « s'associer » est un acte de volonté personnelle, et ce n'est pas notre volonté qui nous a faits Français. Nous n'avons pas voulu notre nationalité, nous ne l'avons ni délibérée ni même acceptée. Quelques transfuges la quittent bien : ceux qui restent ne choisissent pas de rester. C'est un état dont ils s'accommodent et dont dix mille fois contre une, ils ne songent même pas à cesser de s'accommoder. Une association dure par l'acte continu de la volonté personnelle, mais la patrie dure au contraire par une activité générale supérieure en valeur, comme en date, à la volonté des personnes. La patrie est une *société naturelle,* ou, ce qui revient absolument au même, *historique*. Son caractère décisif est la naissance. On ne choisit pas plus sa patrie la *terre de ses pères que* l'on ne choisit son père et sa mère. On naît Français *par le hasard de la naissance,* comme on peut naître Montmorency ou Bourbon. C'est avant tout un phénomène d'hérédité.

La sensibilité démocratique et républicaine qui se débat instinctivement contre ces idées, et surtout contre leurs conséquences, fait ce qu'elle peut pour y échapper.

Les Français nous sont amis parce qu'ils sont Français, ils ne sont pas Français parce que nous les avons élus pour nos amis. Ces amis sont reçus de nous : ils nous sont donnés par la nature. Ne laissons jamais mettre cette charrue avant ce bœuf. Ne laissons pas dire non plus que, en mettant devant ce qui doit y être, nous sacrifions ce qui suit, car ce qui suit n'est bien qu'en étant à sa place. Rien ne serait plus précieux que d'avoir des Français unis par des liens d'amitié. Mais, pour les avoir tels, il faut en prendre le moyen et ne pas se borner à des déclarations et à des inscriptions sur les murs. On fera plus pour l'amitié des Français en disant l'origine et les fortes raisons de leur communauté nationale qu'en leur imputant d'ores et déjà des sympathies théoriques, obligatoires. Les Français d'aujourd'hui s'étonneront si l'on commence par leur affirmer le caractère forcément amical de leurs relations civiques, car la vie sociale n'est aucunement une idylle, et les démentis à ce rêve, ne cessant de pleuvoir en fait, multiplieront les sujets de déception et d'irritation par lesquels l'amitié effective sera retardée.

Au contraire, l'étude de notre antique parenté française et de ses avantages accrus par dix siècles de collaboration graduelle réveillerait les sentiments par lesquels nos pères s'unirent, contre l'ennemi menaçant, autour du sceptre ami, de l'épée tutélaire, du patron et du défenseur couronné. Notre histoire montre qu'il est bien vrai que les États se fondèrent sur l'amitié, mais qu'il est extrêmement faux qu'une fois fondés, les États ne tiennent que sur cette base. Car l'amitié eut des effets. Elle créa une hérédité. C'est ce principe héréditaire qui joue alors au premier plan. Ainsi nous le suggère le nom même de la *patrie ; ainsi* le crie plus haut encore le terme de *nation,* qui dit naissance ou ne dit rien.

Ainsi conçu dans sa moelle historique, dans son essence héréditaire, le patriotisme se rapproche de toutes les idées contre lesquelles la démocratie s'éleva de tout temps ; il fait disparaître les vieilles répugnances qui pourraient subsister contre la notion de souveraineté héritée. Quand on comprend qu'une patrie a pour fonction de résister aux orages du Temps, quand on conçoit la nation, comme Barrès, ainsi qu'« une chose éternelle », quand on sait que la France n'est pas *une réunion d'individus qui votent*, mais un *corps de familles qui vivent,* les objections de principe s'évanouissent et le sens historique réclame comme nécessité ou convenance ce qui semblait d'abord faire difficulté.

Certes, il faut que la patrie se conduise justement. Mais ce n'est pas le problème de sa conduite, de son mouvement, de son action qui se pose quand il s'agit d'envisager ou de pratiquer le patriotisme, c'est la question de son être même, c'est le problème de sa vie ou de sa mort.

Pour être juste (ou injuste), il faut tout d'abord qu'elle soit. Il est sophistique d'introduire le cas de la justice, de l'injustice ou de tout autre mode de la patrie au chapitre qui traite seulement de son *être*. Vous remercierez et vous honorerez vos père et mère parce qu'ils sont vos père et mère indépendamment de leur titre personnel à votre sympathie. Vous respecterez et vous honorerez la Patrie parce qu'elle est-*elle* et que vous êtes-vous, indépendamment des satisfactions qu'elle peut donner à votre esprit de justice ou à votre amour de la gloire. Votre père peut être envoyé au bagne : vous l'honorerez. Votre Patrie peut commettre de grandes fautes : vous commencerez par la défendre, par la tenir en sécurité et en liberté. La justice n'y perdra rien, la première condition d'une patrie juste, comme de toute patrie, étant d'exister, la seconde étant d'ailleurs de posséder cette indépendance de mouvement et cette liberté de l'action volontaire sans laquelle la justice n'est plus qu'un rêve.

L'égoïsme patriotique

Oui, le secours de l'homme est dû à tous les hommes. Œdipe

et don Juan sont d'accord. Cependant, il me semble me souvenir qu'il est plutôt recommandé de secourir d'abord notre prochain et, comme le prochain, dans le langage sacré, proximus est un véritable superlatif, il en ressort que c'est aux êtres humains les moins éloignés de nous que doit s'adresser la première charité.

Est-ce égoïsme ? Non : nous y sortons de *nous,* de notre vrai *nous,* celui qui s'appelle moi. Il n'y a aucune trace d'égoïsme à prendre tout d'abord pour objet de nos soins les gens auprès de qui le sort nous fait vivre. C'est par un jeu mobile de métaphores que l'on dit : égoïsme national ou « égoïsme sacré ». Ces égoïsmes collectifs n'ont pas de sujet personnel unique, qui en soit comptable. Les critiques de l'égoïsme national ainsi libellées n'ont aucun objet. *Celui qui sert sa patrie ne se sert pas, lui. Il se dévoue à autre chose que lui.* Et c'est d'ailleurs à ce groupe tout proche, maison, rue, village, que s'applique un amour du prochain réel et fécond.

Il y a sans doute les Chinois et les Tibétains que j'honore et admire, mais ils sont un peu loin pour en tirer aucun profit. Commençons par donner un coup d'épaule à notre voisin Ucalégon, surtout s'il brûle, c'est un principe de morale élémentaire, la politique le ratifie.

La nation

L'idée de nation n'est pas une « nuée » comme le disent les hurluberlus anarchistes, elle est la représentation en termes abstraits d'une forte réalité. La nation est le plus vaste des cercles communautaires qui soient, au temporel, solides et complets. Brisez-le, et vous dénudez l'individu. Il perdra toute sa défense, tous ses appuis, tous ses concours.

Libre de sa nation, il ne le sera ni de la pénurie, ni de l'exploitation, ni de la mort violente. Nous concluons, conformément à la vérité naturelle, que tout ce qu'il est, tout ce qu'il a, tout ce qu'il aime est conditionné par l'existence de la nation : pour peu qu'il veuille se garder, il faut donc qu'il défende coûte que coûte sa nation. Nous ne faisons pas de la nation un Dieu, un absolu métaphysique, mais tout au plus, en quelque sorte, ce que les anciens eussent nommé une déesse. Les Allemands déifiant l'Allemagne parlent de son vieux Dieu, comme de Jéhovah, seul, infini et tout puissant. Une déesse France entre naturellement en rapport et composition avec les principes de vie internationale qui peuvent la limiter et l'équilibrer. En un mot, la nation occupe le sommet de la hiérarchie des idées politiques. De ces fortes réalités, c'est la plus forte, voilà tout.

Subsumant tous les autres grands intérêts communs et les tenant dans sa dépendance, il est parfaitement clair que, *en cas de conflit,* tous ces intérêts doivent lui céder, par définition : lui cédant, ils cèdent encore à ce qu'ils contiennent eux-mêmes de plus général.

La nation passe avant tous les groupes de la nation. La défense du tout s'impose aux parties.

Dans l'ordre des réalités, il y a d'abord les nations. Les nations avant les classes. Les nations avant les affaires.

Le droit des nations participe de leur inégalité. Il contient donc de l'identique et du différent.

Le sentiment national varie évidemment de peuple à peuple ; il y a des formes de gouvernement qui le protègent et le fortifient, d'autres qui le relâchent et le dissolvent. Sous ces formes différentes, des traditions inégales de force et d'efficacité sont maintenues ou négligées ou renoncées.

La diversité de ces éléments est une des causes de la diversité de l'Europe, qui, elle-même, réagit aussi sur les nations, par la variété de leurs cadres territoriaux, des besoins et des ambitions, et des satisfactions que ces ambitions ou ces besoins y reçoivent.

Les mots suffisent à le dire, on se met d'un parti, on naît d'une nation. On ne saurait trop répéter qu'il y a entre les deux termes la différence de l'Association à la Société.

Ceux qui s'associent créent l'élément commun établi entre eux. Les membres d'une société commencent par en être. Ils peuvent y adhérer ensuite, se révolter contre elle ou la quitter, mais elle leur préexistait. Si leur volonté personnelle crée leur conduite à son égard, son existence à elle ne dépend de la leur que dans une faible mesure, et fort éloignée.

Pour établir le caractère distinctif d'une nation quelconque, on peut se borner à considérer un unique moment de son histoire. Les qualités que l'on affirme d'un peuple doivent être des constantes, de manière à se révéler tout le long de sa vie.

L'homme et sa nationalité

Les organes de large unification, les créateurs de grandes nationalités, ce ne sont pas les personnes, leur troupeau immense de petites volontés autonomes. Celles-ci bornent leur champ à l'intérêt particulier de chacune d'elles et à celui, tout limitrophe, de la famille qui est le « prolongement, de soi. C'est tout ce que l'on peut demander au citoyen librement consulté. En histoire, tout le surcroît vient d'une race d'êtres bien différente, il vient de la petite poignée des chefs fondateurs, directeurs, organisateurs.

Ils ont perfectionné une vie sociale supérieure à la vie individuelle. Ôtez, supprimez ces cadres améliorés par eux, détruisez leurs fondations, essayez de tout ramener à « l'individu », donnez tout au Nombre, enlevez tout à la Qualité et vous verrez naître des formations nouvelles qui vaudront juste ce que vaut la moyenne personnelle. L'Italie vaut mieux que les personnes composant le peuple italien, de même que la France vaut mieux que nos Français ; mais c'est que ni notre France, ni l'Italie n'ont eu pour principe générateur le suffrage universel et le régime égalitaire. L'une et l'autre reposent sur des générations de maîtres, de héros et d'artistes, de demi-dieux et de saints.

Il est vrai que la nationalité n'est pas un phénomène de race. Il ne s'ensuit pas qu'elle soit le résultat artificiel d'un acte de volonté contractante. Sans doute, et avec une certaine liberté, nous adhérons à notre race, à notre nationalité, à notre nation, mais on adhère comme on consent, de la façon la plus tacite, et l'adhésion est sollicitée, elle est emportée par une multitude de forces bienfaisantes, aimées et chéries contre lesquelles nous ne sommes même pas en garde et que nous subissons de tout cœur 9.999 fois sur 10.000.

Entre la Nature brute, celle qui est entendue au sens strict et direct, et l'artifice, juridique ou autre, issu de la volonté plus ou moins arbitraire de l'homme, il existe un intermédiaire que l'on pourrait appeler une seconde nature : la Société. La vie sociale fait essentiellement partie de la nature de l'homme, lequel ne peut absolument pas exister sans elle. La nationalité est une modalité de cet état naturel. On peut rappeler un fait social. Il n'est point aussi rigoureusement nécessaire pour l'homme que le besoin de vivre en commun. On ne peut pas échapper à ce besoin, ni à la société qui le satisfait, au lieu qu'on peut changer de nationalité et même profiter de la diversité des nations pour vivre plus ou moins en marge de toute nationalité.

La nationalité dérive donc de la nature humaine définie et qualifiée par la société. Loin de figurer le simple vœu de notre volonté personnelle, elle correspond à une masse énorme de désirs, de passions, de besoins, d'aspirations, de coutumes, de mœurs, de manières d'être, de penser, de parler, qui va souvent jusqu'à modeler le physique et dans laquelle la conscience réfléchie et la volonté délibérée des personnes jouent un rôle qui peut être le premier, mais qui ne l'est pas toujours, ni le plus souvent.

Pour s'en convaincre, il suffit de considérer deux cas : réduite à elle-même, la formule juridique de l'idée de nation se détruit, c'est le *ubi bene, ibi patria : si* la patrie est où l'on est bien, là où l'on est bien est aussi la patrie ! Au contraire, dégagée d'ornements juridiques, l'idée de nationalité, telle que nous venons d'en montrer les composants naturels, sociaux, historiques, tient parfaitement debout ; on peut la décorer et la polir encore, pourtant le principal y est...

La double épreuve juge la valeur des conceptions en présence.

Le nationalisme

Il faut commencer par le commencement, il faut commencer par affirmer, enseigner, distribuer une doctrine positive, qui puisse intéresser ensemble les cerveaux et les cœurs. La discussion viendra ensuite. *Commencez par poser l'idée de la France.* Faites que vos contradicteurs à venir soient portés à donner la même importance que vous à l'indépendance française. Pour cela, développez la philosophie du nationalisme français. Motivez avec force les sentiments que vous voudriez enraciner parmi les esprits cultivés. Le meilleur moyen de prouver la valeur de l'idée de patrie, c'est de montrer de façon concrète ce que la nôtre vaut, ce que nous lui devons, comment elle nous enveloppe, nous soutient et nous prédestine de toute part. Notre histoire, bien analysée, peut égaler le plus émouvant des poèmes.

Patriotisme et nationalisme : définitions

Les deux mots, par leur passé et par leur étymologie comme par leur sens, ont des acceptions parfaitement distinctes. Patriotisme s'est toujours dit de la piété envers le sol national, la terre des ancêtres et, par extension naturelle, le territoire historique d'un peuple : la vertu qu'il désigne s'applique surtout à la défense du territoire contre l'Étranger. Comme le mot suppose une frontière déterminée, un État politique défini, il a quelque chose d'officiel et d'installé. Les intrigants et les flibustiers, comme disait Mistral, sont bien obligés de lui tirer le chapeau. Mais, si nécessaire que soit le patriotisme, loin de rendre inutile la vertu de nationalisme, il la provoque à la vie.

Nationalisme s'applique en effet, plutôt qu'à la Terre des Pères, aux Pères eux-mêmes, à leur sang et à leurs œuvres, à leur héritage moral et spirituel, plus encore que matériel.

Le nationalisme est la sauvegarde due à tous ces trésors qui peuvent être menacés sans qu'une armée étrangère ait passé la frontière, sans que le territoire soit physiquement envahi. Il défend la nation contre l'Étranger de l'intérieur. La même protection peut être due encore dans le cas d'une domination étrangère continuée dont la force consacrée par un droit écrit n'est pourtant pas devenue un droit réel, ainsi qu'il était arrivé, notamment, pour la Pologne, pour l'Irlande et, plus anciennement, pour l'Italie du temps de Mes Prisons.

De ce qu'un peuple impose doctrine ou méthode à un autre peuple, il ne s'ensuit pas du tout qu'il le rapproche d'une culture plus générale et plus voisine de l'universel. Cela peut arriver. Cela n'arrive pas toujours.

Le propre de l'esprit classique français est de s'enrichir par adaptation, par intussusception de toutes les grandes découvertes de l'humanité. Ainsi Rome, d'après Montesquieu, s'honora d'utiliser tous les engins de guerre, toutes les bonnes méthodes qu'elle put observer chez ses ennemis. Le Germanisme se renferme au contraire dans l'étroite prison d'un esprit national qui n'a d'humain que ses prétentions, car il est, en fait, très strictement circonscrit dans l'espace et dans le temps.

Il y a donc nationalisme et nationalisme ? Il y a donc autant de nationalismes que de nations ? Mais la même difficulté peut se poser pour le patriotisme aussitôt qu'il se distingue de la simple piété élémentaire du sol natal et de son clocher. Pas plus que les hommes, les patries ne sont égales ni les nations. L'esprit doit se garder en tout ceci du piège que lui tendent le vocabulaire de la démocratie internationale et celui des juristes inattentifs aux différences des matériaux de leurs déductions. Le vieux mot n'a pas cessé d'être vrai, qu'une science est d'abord une langue bien faite. On n'abolit pas les distinctions nécessaires quand on les néglige. L'abstraction légitime a des règles précises, on peut les ignorer, cela ne suffit pas pour les anéantir.

Le gouvernement de la France

De l'aristocratie

La France n'est pas faite pour vivre en démocratie. Ni la France, ni aucun pays. La démocratie est un « mensonge universel », le mot n'est pas de moi, il est de Pie IX. La démocratie est une maladie politique. On en sort ou en meurt. On ne vit pas en démocratie. Et ceux qui parlent de la « democracy » des pays anglais ne la connaissent pas. La démocratie anglaise est ce que nous appelons, en bon grec et en bon français, une aristocratie (république à trois têtes, Couronne, Lords, Communes, conversations, *parlement* entre ces trois têtes). L'Amérique est une ploutocratie. Il n'y a de démocratie vivante que dans les pays déchirés et blessés à mort.

Mais l'aristocratie n'est pas le bon remède en France.

Qui pense au régime aristocratique ou bourgeois est obligé de considérer tout d'abord qu'il n'y a pas de gouvernement des Grands, sans rivalité entre les Grands. Les dissensions, les divisions, la haine des clans et des classes (à la gauloise) est le fléau constant des bourgeoisies, comme des aristocraties.

De braves gens leur disent : Mais unissez-vous donc Mais cessez vos querelles de personnes !

Et les plus grands appeleurs et crieurs d'union sont en même temps les plus grands communs diviseurs.

Et, sans un pouvoir unique, non électif, soustrait par sa nature à ces divisions, tout régime semblable est condamné aux ballottements des républiques grecque, italienne, flamande, aux déchirements de la France pendant les absences et les minorités de la Guerre de Cent ans, pendant les affaiblissements du pouvoir royal au XVIe siècle et au XVIIe, pendant l'interrègne du XIXe et du XXe.

Ce passé, que l'on peut trouver archaïque, est cependant explicatif : il rend raison de ce que nous voyons, il en apporte l'intelligence lumineuse.

La Tour du Pin disait que l'autorité ne naissait pas spontanément de la masse. Elle lui est extérieure, bien qu'elle y soit très ardemment désirée et que rien n'y soit plus utile. Ni les princes d'Allemagne, ni les eupatrides d'Athènes, ni la chevalerie polonaise n'ont pu tirer de leurs Diètes et Conseils ce que la Diète et le Conseil ne contenaient pas. Plus les membres de ces assemblées avaient de valeur personnelle, mieux fonctionnait le *quot capita tot sensus,* et plus l'autorité appartenait aux éléments diviseurs. Il suffit de fermer les yeux du corps pour ouvrir cinq minutes les yeux de l'esprit : ces simples axiomes de vieille sagesse politique sont irrésistibles.

On y résiste cependant parce qu'on subit plus ou moins l'illusion de trois ou quatre grandes aristocraties dont le succès remplit l'histoire du monde. Il y a Rome, il y a Carthage, il y a Venise, il y a, de nos jours, la République impériale des Anglais.

Cette illusion est si forte que le grand Fustel de Coulanges lui-même y a été pris. On ne se rend pas compte que, dans ces rares exemples de réussite aristocratique, la nature avait fait des frais de préparation inouïs. À Rome, à Carthage, à Venise, à Londres, un *bien public d'une homogénéité parfaite* (ici la Terre, ailleurs la Mer) permettait à l'union des bons citoyens de se faire spontanément dans tous les cas difficiles, dans tous les cas mortels. Partout où cette homogénéité n'existe pas, c'est à dire dans la plupart des cas, la République aristocratique est vouée à un échec rapide. Pour cette raison, elle a échoué à Athènes. Elle a échoué, échoue et échouera en France pour cette raison.

Les conditions géographiques

Nos Gaulois contemporains de Jules César n'ont manqué ni de générosité ni de dévouement à la cause de leur pays. Eux qui donnaient leur vie, ils ont su rarement se faire une concession d'amour propre.

À qui, à quoi, l'eussent-ils d'ailleurs faite ? Au bien public ? Mais le connaissaient ils ! Existait-il pour eux ? C'est à tort que l'on parle d'une nation gauloise. La Gaule était une expression géographique, et son territoire occupé par des races aussi diverses que les Celtes et les Ligures, les Ibères et les Kymris. Ce territoire était lui-même, ce qu'il est plus encore aujourd'hui, d'une extrême variété de cultures et d'exploitation. Les aristocraties qui, d'un territoire exigu, surent fonder de grands empires, possédaient une situation économique très homogène, Carthage et Venise faisaient uniformément du trafic, Rome du labour et du pâturage : de là une unité de vues profonde entre ceux qui représentaient l'intérêt économique commun. Ici, c'est le contraire : fédérations gauloises souffraient déjà de l'immense variété de l'effort économique français, tel que l'établit la variété de notre géographie.

Grande culture et petite culture, culture de la vigne et culture de la betterave ou des céréales, les intérêts sont déjà en antagonisme dans le seul domaine agricole ! Mais ajoutez les industries qui en procèdent et le commerce, qui est aussi très développé sur notre longue étendue de côtes que baignent trois mers, la disposition rayonnante des voies ferrées, la pente diverse des fleuves qui dicte son ordre aux canaux...

Toute élite *morale* qui, d'un pays ainsi construit, se dégagera par élection ou par sélection, pourra bien s'être recrutée par un comble de chance entre les éléments les plus représentatifs de la fortune nationale : plus ils exprimeront fidèlement la France, plus ils seront en guerre les uns contre les autres, non par étroitesse de cœur, mais par la diversité tyrannique de leurs points de vue respectifs les plus légitimes.

Avec la meilleure volonté du monde, ils travailleront à se

neutraliser, à s'annuler les uns les autres, et enfin à *se soustraire* les uns des autres. Cette soustraction mutuelle, cet amoindrissement mutuel, tel sera leur commun et constant caractère. Ils ne pourront être ajoutés les uns aux autres, comme ils l'ont été autrefois, que par l'opération d'une force d'une autre essence, quoique fondée aussi sur la propriété du commandement par une force représentative des intérêts, mais les dominant comme l'intérêt général domine l'intérêt particulier et de la même manière que la prospérité politique représente et domine la prospérité économique dans un État.

De quelque façon qu'on la compose et si excellemment qu'on la recrute, nulle sélection, nulle coopération, nulle aristocratie française ne sentira et ne représentera exactement l'intérêt national de notre France au point de pouvoir la gouverner. Très bien faite, comme royaume, la France est un paradoxe géographique, un monstre européen, en régime républicain.

La seule absence d'un pouvoir indépendant, assez fort pour faire converger nos intérêts trop variés nous voue à des luttes furieuses : chaque instant d'une vie pareille équivaut pour le pays à une blessure, qui la divise, qui l'épuise et la rapproche certainement de sa fin.

L'Empire, né de la Révolution

L'Empire est un gouvernement d'opinion, il est démocratique, plébiscitaire, électif. Il est donc *dépendant*. On peut en conclure sans peine qu'il n'est pas *indépendant*.

Ce qui manque à l'Empire, c'est le nationalisme. La royauté est nationaliste, c'est un grand fait. L'Empire est extra national, c'est un autre fait.

Sans manquer de justice envers les gloires de l'Empire, les plus pures ont été très directement au rebours du profond intérêt français. Aucun Bourbon, aucun membre de la famille Capétienne n'eût, *physiologiquement*, réussi à concevoir ou à consentir la politique extérieure de Napoléon III, qui fut un rêve d'étudiant international.

On conteste qu'il soit juste d'assimiler l'Empire et la Démocratie. Cette assimilation n'est pas de moi, elle est d'abord des empereurs et de leur parti. Les pièces de monnaie portèrent « République française, Napoléon empereur ». L'Empire voulut quelquefois, non toujours, fonder l'hérédité ou la dynastie : il n'en procédait pas. Son principe était révolutionnaire, électif, démocratique, il invoquait la volonté populaire exprimée par le plébiscite et, en fait, les groupes qui l'avouaient et le soutenaient se confondaient avec ce parti « avancé » et ce parti libéral qui furent au XIXe siècle le parti de la guerre. Il suffit de rappeler les dates de 1830, 1840, 1848, pour mettre au-dessus du débat ce dernier point.

Sans doute, cette démocratie s'incarnait dans un homme, mais les meilleurs de nos théoriciens politiques ont enseigné, d'accord avec toute l'histoire ancienne et moderne, que la démocratie a plusieurs aspects : elle peut gouverner directement dans ses comices, ou déléguer un conseil et une assemblée, ou encore s'en remettre à un homme qui peut s'appeler Cléon ou Périclès, Gracchus ou Marius, certains Césars ou les Napoléons.

On nomme démocratique un pouvoir qui procède ainsi du nombre dont il est l'élu, que ce pouvoir soit exercé par un ou par plusieurs.

Au pôle opposé, il se trouve que le pouvoir héréditaire peut résider dans une seule famille et dans son chef, le Roi, ou se distribuer entre plusieurs familles composant Patriciat, Sénat, comme aux Républiques de Venise et de Rome.

Il est tout à fait arbitraire de scinder le Consulat de l'Empire, il est non moins fictif de couper, comme d'autres le pourraient faire, le Consulat ou l'Empire de la Révolution. Tout cela, émanant exactement du même principe, fait corps et doit être jugé en corps. Cela forme la masse des vingt-cinq années de guerre et d'opérations diplomatiques qui se résument, du point de vue politique, du point de vue des résultats, dans les noms de Trafalgar, de Leipzig et de Waterloo ; si les traités de 1815 furent moins désastreux que ne l'a soutenu le libéralisme pendant un demi-siècle, ce fut grâce à l'expérience diplomatique de la Restauration. À quelques hauteurs militaires et morales que se soient élevés nos drapeaux entre 1792 et 1815, il faut se rendre compte que la défaite en forme le dernier mot.

La Démocratie peut être l'Empire. L'Empire est une forme de la Démocratie.

La République plébiscitaire ou parlementaire est un gouvernement sujet de l'opinion et qui tire son principe de l'élection. L'Empire plébiscitaire est un gouvernement sujet de l'opinion et qui tire son principe de l'élection : alors même qu'il a cru devenir héréditaire, il a cherché, à la première menace d'ébranlement, son point d'appui dans l'opinion dans l'élection, tant par les décrets de 1860 et par le plébiscite de mai 1870 que par l'Acte *additionnel* des Cent Jours.

Il *voulut* être héréditaire, mais il ne se *sentit* point tel. La politique extérieure et intérieure de Napoléon III fut gouvernée par l'interne nécessité du plébiscite, dans le sens de plaire aux majorités ; ordre matériel, large escompte de l'avenir, esbroufes diplomatiques et militaires, tout cela s'est tenu.

Le prince héréditaire doit tout d'abord être *né* tel et s'être habitué à concevoir en lui l'origine de sa puissance. Il a à la faire accepter. Il doit obtenir des *assentiments. Il* n'a pas à quêter de suffrage des *volontés.*

De la dictature : dictateur et roi

Les grandes crises ne se dénouent pas sans dictature. Le dictateur est donc nécessaire. Est-il suffisant ? L'histoire des grandes dictatures montre ce qu'il y a en elles d'heur et de malheur, le service qu'elles rendent, la pente qui les entraîne.

Il faut à la dictature des contrepoids. Non dans l'ordre de la liberté, cela serait contradictoire. Mais dans l'ordre de l'intérêt public. La dictature courte et collective, donc quasiment anonyme, ose tout et pour tout sauver, compromet tout, outre tout, abuse de tout. Elle devient rapidement tout aussi odieuse que la pire licence dans les régimes d'extrême anarchie. Les dictatures personnelles et viagères comportent plus de modération, parce qu'elles enferment une responsabilité directe et constante, parce que le souci de l'avenir ne peut pas leur être étranger. L'esprit humain est ainsi fait que l'empire des grands devoirs et l'expérience des grands pouvoirs l'instruisent à se mesurer.

Cependant, un homme seul, c'est peu. Une vie d'homme, un cœur d'homme, une tête d'homme, tout cela est bien exposé, bien perméable à la balle, au couteau, à la maladie, à mainte aventure. La seule forme rationnelle et sensée de l'autorité d'un seul est celle qui repose dans une famille, de premier né en premier né, suivant une loi qui exclut la compétition, et c'est un pouvoir tellement naturel que, comportant la dictature et la détenant de façon virtuelle, le chef qui l'exerce ne s'appelle plus dictateur : il est roi (comprenons bien le mot : *rex,* directeur et conducteur, fonctionnaire de l'intelligence), et cette magistrature royale, combinant les deux idées du commandement et de l'hérédité, est une chose tellement souple qu'elle ne cesse pas d'être elle-même lorsqu'elle varie avec le temps et affecte tantôt l'aspect paternel d'une simple présidence de ses Conseils ou des États de son peuple, tantôt l'appareil de la dictature directe, tantôt la dictature indirecte au moyen d'un ministre de premier plan. Comme il arrive pour les très grandes choses, l'institution est de beaucoup supérieure aux hommes. Sa valeur principale est d'utiliser complètement le passé au profit du présent et néanmoins de n'y pas sacrifier l'avenir.

Nous tenons fermement pour ces deux termes de dictature et de royauté parce que, la dictature étant dans la nécessité et dans l'évidence des choses, si l'on écarte le Roi de cette fonction, pourtant inhérente à sa magistrature historique, elle sera remplie par des gens qui s'en feraient des titres à la faveur publique. On ne peut rien fonder chez nous en dehors de la royauté. Mais on peut avoir l'air de fonder quelque chose et ainsi vouer le pays à de nouveaux ébranlements.

La dictature royale offre en outre cet avantage de renouveler les titres de la monarchie nationale. Autant il convient de juger à leur valeur flottante et variable les fragiles papiers des Constitutions et des Chartes, autant il faut considérer ce qu'il leur arriva maintes fois de représenter. Avec ou sans papier, les dynasties se maintiennent en raison des services effectifs rendus à leur peuple.

Le nationalisme intégral : la monarchie

Le nationalisme intégral

Le patriote peut se croire républicain. Pourtant il aime mieux voir la force française s'unir et se multiplier devant les rivalités étrangères que de se diviser et de s'épuiser elle-même dans les conflits intérieurs. Quand il ne s'avoue point les muets sentiments de sa révolte généreuse au spectacle du déchirement chronique et systématique de la Cité, chaque fait de guerre intestine éveille en lui une horreur violente : ce qu'il évite de réprouver en général, il le blâme et le repousse en détail. Son républicanisme est un système auquel il peut croire, mais qu'il ne peut pas voir pratiquer sans souffrir. Il assigne à l'effet détesté des causes diverses : ce sont tantôt les hommes méchants (dont le Droit républicain lui enseigne à révérer l'égale valeur), tantôt des partis enragés (dont le même Droit valide les conflits et implique le gouvernement). Si bien qu'il est républicain sans consentir aux conséquences de la République ni à la condition de son fonctionnement. Il est vrai qu'il est patriote de la même manière. Il veut relever sa patrie sans en vouloir le moyen comme il veut garder la République sans en admettre les effets ordinaires et naturels.

Un nationaliste conscient de son rôle admet pour règle de

méthode qu'un bon citoyen subordonne ses sentiments, ses intérêts et ses systèmes au bien de la Patrie. Il sait que la Patrie est la dernière condition de son bien-être et du bien-être de ses concitoyens. Tout avantage personnel qui se solde par une perte pour la Patrie lui paraît un avantage trompeur et faux. Et tout problème politique qui n'est point résolu par rapport aux intérêts généraux de la Patrie lui semble un problème incomplètement résolu. Le nationalisme impose donc aux questions diverses qui sont agitées devant lui un commun dénominateur, qui n'est autre que l'intérêt de la nation. Comme pour ce Romain dont parlait Bossuet, l'amour de la Patrie passe en lui toute chose.

J'ai vu sur l'Acropole, jonchant la terrasse où s'élève la façade orientale du Parthénon, les débris du petit temple que les Romains, maîtres du monde, avaient élevé en ce lieu à la déesse Rome, et j'avoue que la première idée de cet édifice m'avait paru comme une espèce de profanation. En y songeant mieux, j'ai trouvé que le sacrilège avait son audace sublime. À la beauté la plus parfaite, au droit le plus sacré, Rome savait préférer le salut de Rome, la gloire des armes romaines et, non content de l'en absoudre, le genre humain ne cesse de lui en marquer sa reconnaissance. L'Angleterre contemporaine a donné des exemples de la même implacable vertu antique. Le nationalisme français tend à susciter parmi nous une égale religion de la déesse France.

La monarchie héréditaire est en France la constitution naturelle, rationnelle, la seule constitution possible du pouvoir central. Sans roi, tout ce que veulent conserver les nationalistes s'affaiblira d'abord et périra ensuite nécessairement. Sans roi, tout ce qu'ils veulent réformer durera et s'aggravera ou, à peine détruit, reparaîtra sous des formes équivalentes. Condition de toute réforme, la monarchie en est aussi le complément normal et indispensable.

Essentiellement, le royalisme correspond à tous les divers postulats du nationalisme : c'est pour cela qu'il s'est nommé lui-même le NATIONALISME INTÉGRAL.

La Monarchie

Au commencement de la royauté nationale, par-delà le phénomène de protection et de patronage, il faut placer d'abord un fait aussi complet, aussi primordial, aussi digne de vénération et d'admiration que possible, le fait de force qui est aussi un fait d'amour, le fait de nature qui est aussi un acte de volonté : la paternité.

Les Rois de France ont été les Pères de la Patrie.

L'admirable ouvrage royal, si on le refait méthodiquement, pourra supporter des pressions et des chocs autrement forts que les pauvres petits mécanismes constitutionnels que nous offrent, de ci de là, de modestes réformateurs. Sera-t-il à l'épreuve du temps qui ronge tout ? Résistera-t-il à jamais ? Ce sont des questions transcendantes. Il n'est pas bon de les poser aux hommes.

Humainement, nationalement, nous ne sommes sûrs que d'une chose : la Monarchie reconstituerait une France mais sans la Monarchie la France périra.

On démontre la nécessité de la Monarchie comme un théorème. La volonté de conserver notre patrie française une fois posée comme postulat, tout s'enchaîne, tout se déduit d'un mouvement inéluctable. La fantaisie, le choix lui-même n'y ont aucune part : si vous avez résolu d'être patriote, vous serez obligatoirement royaliste. Mais si vous êtes ainsi conduit à la Monarchie, vous n'êtes pas libre d'obliquer vers le libéralisme, vers le démocratisme ou leurs succédanés. La raison le veut. Il faut la suivre et aller où elle conduit.

Le moindre mal, la possibilité du bien

N'étant pas les charlatans de la Monarchie, comme il y a des charlatans de la Démocratie, nous n'avons jamais enseigné que la Monarchie détourne par sa seule présence les maux dont la guerre civile ou la guerre étrangère, les épidémies physiques ou les pestes morales peuvent menacer les nations.

Ce que nous disons, c'est que, dans les pays qui sont faits comme la France, la Monarchie héréditaire réunit non les meilleures, mais les seules conditions de défense contre ces fléaux. La Monarchie n'est pas incapable d'erreur, mais elle est mieux armée que tout autre pouvoir pour la démêler, s'en garantir et en cas de malheur revenir à la vérité en procédant aux réparations nécessaires. Qu'une brusque évolution économique ou sociale, intellectuelle ou religieuse s'impose, la Monarchie peut y présider soit heureusement, soit avec un minimum de dégâts. Si, pris dans un cyclone comme l'histoire en a vu parfois déchaîner, on essuie quelque révolution brutale, le passage est moins rude, le renversement moins complet quand cela se produit sous un chef, sous un prince dont la succession, étant réglée d'avance, exclura tout conflit de compétiteurs. Ainsi, en Monarchie, les intérêts supérieurs, les plus étendus, les plus graves sont placés dans une atmosphère assez haute et assez sereine pour qu'on puisse espérer que l'ouragan n'y monte pas. Si, malgré tout, il y arrive, eh bien ! Tant pis. Le genre humain, au maximum de la détresse, aura toujours eu le maximum de ses garanties. Dans ce malheur, immense, le fléau serait plus fréquent, plus complet et plus douloureux si le pouvoir suprême était placé plus bas.

Même déchue, démoralisée, éperdue, la Monarchie emporte en elle-même *le sentiment* et elle laisse après elle *la notion* d'une responsabilité, d'une mémoire, d'une prévision, toutes choses dont les Parlements démocratiques sont dépourvus.

La Monarchie royale confère à la politique les avantages de la personnalité humaine : conscience, mémoire, raison, volonté ; le régime républicain dissout ses desseins et ses actes dans une collectivité sans nom, sans honneur ni humanité. Dès lors, comme la Monarchie représente naturellement la capacité du plus grand bien et du moindre mal, la République signifie la possibilité permanente du pire mal du moindre bien. Quant aux éléments du mal et du bien, ce sont des données qui dépendent des circonstances et des hommes : nul régime ne crée les hommes ni leurs circonstances intellectuelles et morales. Manifestement la mise en œuvre républicaine gaspille et pervertit les admirables ressources d'esprit et de cœur qui lui sont fournies par la France. La Monarchie en a créé les conditions premières. Manifestement, elle créerait les conditions de leur Renaissance.

Oui, la République est le mal, oui le mal est inévitable en République. Et ce que nous disons de la Monarchie, c'est qu'elle est la possibilité du bien. Le bien public, impossible en République, est praticable en Monarchie ; même dans une monarchie qui manque son but, le mal public reste beaucoup moins nuisible qu'en république, car il est sujet à finir, avec le mauvais ministre ou le mauvais roi, et le mal républicain étant inhérent à la République ne saurait finir qu'avec elle.

Dans la monarchie française, l'autorité est indépendante, une, sans partage.

Pour la plupart des hommes du XIXe siècle et aujourd'hui, encore *absolutisme* est synonyme de *despotisme,* de pouvoir capricieux et illimité.

C'est absolument inexact pouvoir *absolu* signifie exactement pouvoir *indépendant* la monarchie française était absolue dès lors qu'elle ne dépendait d'aucune autre autorité, ni impériale ni parlementaire, ni populaire : elle n'en était pas moins *limitée,* tempérée par une foule d'institutions sociales et politiques héréditaires ou corporatives, dont les pouvoirs propres l'empêchaient de sortir de son domaine et de sa *fonction.* Son droit confinait à une multitude de droits qui la soutenaient et l'équilibraient. L'ancienne France était « hérissée de libertés ».

Ni le vieux Guillaume, ni Victor Emmanuel, ni Louis XIV n'ont été des princes médiocres, et cependant l'historien politique ou le politique philosophe est tenté de leur préférer ce magnifique Louis XIII, qui permit au grand Cardinal son incomparable dictature fondatrice et réparatrice.

La royauté est une institution telle que toute force nationale y est employée à sa valeur, presque sans déperdition, de manière à donner le maximum du rendement.

Dans une Prusse républicaine, il y eût de grandes chances pour que Bismark, Moltke et Roon se fissent la guerre ; la Prusse eût donc valu : ce que valait le parti de l'un de ces hommes, du vainqueur, *moins* ce que valait la somme de chacun des partis vaincus.

Avec la royauté, la Prusse a valu : Bismarck, plus Roon, plus Moltke, plus l'effet multiplicateur de leur bonne harmonie établie tant par la fonction que par, la haute valeur personnelle du roi.

Nous ne songeons pas à restaurer en France une monarchie parlementaire. Elle est peut-être à sa place en Belgique où elle peut remplir une fonction nationale supérieure et même en Angleterre dont elle *tient* l'Empire.

Pour nous, les immenses bienfaits de la Restauration ne nous ont jamais aveuglés sur la part excessive que le régime parlementaire y donnait aux excès du système électif. Il faut revenir à un régime qui rétablisse la distinction entre le Gouvernement, chargé de gouverner, et la Représentation, chargée de représenter. Dans l'état présent des nations, les royaumes, les empires, les républiques se plaignent tous du gaspillage financier : ce gaspillage sort de la confusion générale du Parlement et du Souverain.

La monarchie française, « traditionnelle, héréditaire, antiparlementaire et décentralisée », c'est à dire la Monarchie représentative et corporative est seule en état de mettre fin à cet abus.

La République a besoin de s'imposer aux consciences puisqu'elle repose sur des volontés. Elle a besoin de *l'enthousiasme* de ses sujets, qui sont ses électeurs et qui, nominalement, constitutionnellement, ont ses destinées dans leurs mains.

Au contraire, la Monarchie existe par sa propre force, *sua mole stat*. Elle n'a pas besoin de consulter à chaque instant un prétendu souverain électeur. Il lui suffit en somme d'être tolérée, supportée, et elle a toujours mieux et davantage, précisément parce que son principe ne l'oblige pas à harceler les gens, à aller les sommer constamment de la trouver belle. La République est une religion. La Monarchie est une famille. Celle-ci n'a besoin que d'être trouvée acceptable. Celle-là exige que l'on suive ses rites, ses dogmes, ses prêtres, ses partis.

Hérédité et autorité

Les minorités, les régences forment la plaie des monarchies. Là est le défaut de ce mode de gouvernement qui n'est pas parfait, nul gouvernement ne l'étant, mais qui est le moins imparfait de tous. Néanmoins, son défaut peut être atténué par une bonne loi de succession (la loi de la Maison de France, par exemple), par l'esprit politique de la race régnante et aussi par la volonté, par le patriotisme, par la raison des citoyens, auxquels on demande, une fois ou deux chaque siècle, un effort sagement limité à quelques années. Les démocrates qui espèrent éviter ce fléau en proclamant la République ressemblent à Gribouille qui se noie dans la mer pour éviter d'être mouillé par l'eau du ciel : car proclamer la République, c'est précisément établir à demeure le mal qu'ils veulent éloigner. C'est ériger en institution permanente une période de danger et de crise, c'est rendre la Minorité perpétuelle, c'est offrir la Régence à l'universelle compétition !

Avec quel art sublime et de quelle pointe rapide Jacques Bainville a buriné cette élégante assimilation !

J'ai, pour mon compte, toujours pris garde de séparer les réflexions sur l'hérédité politique et économique d'avec les généralisations vagues, aventureuses et captieuses sur la stricte hérédité physiologique. Une aristocratie peut être formée de sangs assez divers, et, ce nonobstant, accomplir toutes ses fonctions les plus hautes, si d'autres conditions s'y prêtent favorablement. Il y a au début de l'histoire de France une aristocratie franque, une aristocratie scandinave, une aristocratie gallo-romaine : toutes les trois ont concouru à l'admirable système féodal.

Plus tard, le phénomène s'est répété dans les mêmes conditions.

C'est par l'hérédité *professionnelle,* qui n'était pas *l'hérédité des rangs ni des dignités,* que se forma cette sélection de familles, grâce à laquelle l'ancienne France a pu produire, d'âge en âge, pendant des siècles, un personnel si remarquable d'officiers, de juges, de diplomates, d'artisans, qui excellèrent en toutes sortes d'industries et de métiers.

Ceux qui souhaitent l'autorité feraient sagement de sentir que l'autorité ne se fabrique pas de main d'homme, ni par voie d'élection, que l'autorité est *née,* que c'est un don du ciel.

Les personnes éphémères n'ont pas à rechercher quel est celui d'entre eux qui est le plus apte à gouverner. C'est à l'ensemble des races françaises, ou bien plutôt à leur histoire de décider quelle est la famille chef.

Deux de ces grandes familles, après de bons services, furent frappées de déchéance : les fils des Charles ont remplacé les fils des Clovis, puis les fils des Robert ont succédé aux fils des Charles.

Il n'y a pas de commune mesure entre l'œuvre mérovingienne ou carolingienne, et cette grande œuvre nationale de génération et de régénération à laquelle ont procédé en un succès constant, les Robertiniens appelés depuis Capétiens. Grâce peut-être à leur admirable loi de succession, ces princes modèles ont construit la patrie ou l'ont reconstruite. Quand ils tombaient, l'État déclinait avec eux. Quand ils se relevaient, l'État remontait aussi. Cela s'est vu deux fois à la guerre de Cent ans (Charles V, Charles VII) ; cela s'est répété avec les guerres de religion et sous Henri IV... La Fronde et Louis XIV nous en ont ébauché le dernier exemple avant que l'anarchie révolutionnaire nous conduisît à Trafalgar, Leipzig, Waterloo, Sedan par une courbe descendante motivée par leur régicide ou par leur exit et dans laquelle le retour momentané de trois d'entre eux détermina le point de relèvement national.

La famille qui, parmi ses ruines, s'arrogea le titre de IVe dynastie, a fait exactement la même faillite que l'anarchie révolutionnaire dont elle procédait.

Le choix de l'histoire est bien net.

Le roi

Corruptible en tant qu'homme le Roi a comme roi un avantage immédiat et sensible à ne pas être corrompu : sa règle de sensibilité est de se montrer insensible à tout ce qui n'affecte que le particulier, son genre d'intérêt est d'être naturellement détaché des intérêts qui sollicitent au-dessous de lui tous les autres : cet intérêt est de s'en rendre indépendant.

Le Roi peut le méconnaître, il peut l'oublier. Mettons les choses au pire. Un esprit médiocre, un caractère faible l'exposent à l'erreur et à la méprise. Il n'importe pourtant ! Sa valeur, la valeur d'un homme, est incomparablement supérieure à celle de la résultante mécanique des Forces, à l'expression d'une différence entre deux totaux.

Quoi que vaillent son caractère ou son esprit, encore est-il un caractère, un esprit, c'est une conscience, un cœur, une chair d'homme, et sa décision représentera de l'humanité, au lieu que le vote 5 contre 2 ou 4 contre 3 représente le conflit de 5 ou de 4 forces contre 2 ou 3 autres forces. Les forces peuvent être, en elles-mêmes, pensantes, mais *le vote qui les exprime ne pense* pas : par lui-même, il n'est pas *une* décision, *un* jugement, un acte cohérent et motivé tel que le développe et l'incarne le Pouvoir personnel d'une autorité consciente, nominative, responsable.

Ce pouvoir juge en *qualité*. *Il* apprécie les témoignages au lieu de compter les témoins.

Bien ou mal, c'est ainsi qu'il procède, et ce procédé est supérieur en soi au procédé de l'addition et de la soustraction.

Ayant intérêt à savoir la vérité afin de rendre la justice, il encourage les uns, rassure les autres, et parfois n'en écoute qu'un, si un seul lui paraît digne d'être écouté. S'il y a lieu il le défend contre les embûches et les tentations des puissants. Ce discernement *humain* des valeurs intellectuelles et morales diffère, comme le jour de la nuit, du procédé aveugle et grossier des démocraties. L'idée de tout remettre à une espèce de combat singulier ou à une bataille générale des intérêts en cause est une *régression* qui répète, sous une forme neuve et beaucoup moins belle, ces duels judiciaires dont les prédécesseurs de saint Louis se montraient déjà indignés.

Seule, la barbarie peut faire confiance aux solutions des majorités et du nombre. La civilisation fait intervenir aussi souvent que possible le discernement de la vérité, le culte du droit. Mais cela suppose que l'Un pris pour juge et pour chef se distingue des forces appelées à être arbitrées par lui. Le souverain n'est pas le sujet, le sujet n'est pas le souverain. En les mêlant, la démocratie brouille tout, complique tout, retarde tout et sa dégression ramène le monde aux plus bas étages de l'antique passé.

Si l'on compare les comparables : vices d'une assemblée aux vices d'un prince héréditaire, vertus d'une assemblée aux vertus d'un Roi, on s'aperçoit de graves différences. L'institution royale pallie ou combat les effets du mal, au lieu que l'institution républicaine les appuie et les amplifie. De même la Monarchie donne à la vertu des personnes royales un concours actif, permanent, au lieu que la Démocratie lasse, désespère, épuise ou corrompt, à toute force, ses meilleurs serviteurs.

La pire *sanction* de la « responsabilité » royale, c'est le régicide ou la déposition, ou la chute de la dynastie : encore peut-elle être appliquée le plus iniquement du monde, comme, par exemple, à Henri IV ou à Louis XVI. Mais l'idée de cette sanction est assez forte pour élever au-dessus d'elle-même la moyenne des rois. La conservation de leur vie, de leur gloire et de leur héritage se confond, dans la psychologie naturelle des rois, avec la conservation de l'État.

Ils sont intéressés à ce que l'État leur survive et, de fait, le nôtre n'a gravement succombé qu'une seule fois depuis 987 jusqu'à 1792. Mais depuis cent quarante-quatre ans que le régime électif est officiellement établi parmi nous, ce ne sont que chutes, révolutions, désastres, glissements dont les responsabilités sont divisées tout à la fois dans l'étendue et dans la durée : divisées dans l'étendue, puisqu'elle se répartit entre les chefs élus, leur parlement et l'opinion de tout un peuple ; divisées dans la durée puisque, en tant que responsabilité *politique,* elle se limite aux personnes sans se répercuter dans leur descendance.

Un roi détrôné devient un exilé misérable.

Un républicain qui a perdu le pouvoir est un grand personnage qui ne perd jamais l'espérance d'y revenir et qui vit entouré d'une cour de parasites actifs et remuants.

C'est pourquoi si un roi est à la fois âpre et prudent au bien public, parce qu'il perdrait beaucoup à manquer de l'une et de l'autre de ces qualités, le républicain ne perd grand-chose ni à tout risquer, ni à tout négliger : il peut même se dire en tombant qu'il saura toujours tout rattraper et réparer *la prochaine fois !*

À ce prix-là, on peut se permettre tout. Érostrate brûlait le temple d'Éphèse, mais il y rôtissait dedans. En régime républicain, on peut bouter le feu aux quatre coins de nos administrations, s'en tirer et recommencer.

Hé ! Il n'est pas indifférent que le roi et les princes soient de bonnes gens et des gens capables !

Mais les bons règnes, les grands règnes, les restaurations brillantes sont toujours liés à l'esprit de l'institution qui rend ces hautes valeurs humaines infiniment plus fréquentes et infiniment plus productives qu'en République, pour la raison qu'un prince, deux princes, dix princes sont plus faciles à éduquer que dix millions d'électeurs ou, même, que neuf à dix centaines de ces politiciens pour la plupart improvisés, qu'on appelle parlementaires.

Mais enfin, l'essentiel du mécanisme royal ne repose pas sur la valeur des personnes, et la valeur du règne ne résulte pas de cet unique élément.

En République, tout tient à cela ! En République, il *faut* la vertu, la vertu héroïque, la vertu stoïque. Ou il n'y a plus rien. Et le minimum de vertu exigible comporte une foi romaine gardée aux promesses dont on a comblé l'électeur !

Dès lors que tout y dépend des suffrages donnés par l'électeur à un programme, le régime s'écroule et se déshonore, s'il n'y a pas fidélité de l'élu au programme de son électeur, au moins " dans la moyenne des cas ». Il se passe dès lors, il doit se passer, dans un pays républicain comme le nôtre, ce qui, par exemple, se serait passé au Moyen Âge si les serments de fidélité et d'hommage, fondements moraux de la hiérarchie féodale, n'avaient pas eu pour garanties courantes et normales un certain tonus moral et religieux, un certain sens de l'honneur qui rendait le système viable. Le système s'est affaibli quand ces vertus se sont affaiblies pour faire place à des états d'esprit et de cœur différents.

Au moins peut-on dire que la fidélité féodale a vécu, et a tenu durant plusieurs siècles ! Mais la vertu républicaine ? Même limitée à la seule fidélité aux engagements électoraux, elle a été niée, dès son berceau de 1792, au premier pas, quand les assemblées ont centralisé pour exécuter un programme décentralisateur, quand elles ont fait la guerre pour appliquer un programme pacifique, quand elles ont détruit la monarchie qu'elles avaient mandat de maintenir. Ces assemblées ont donc visé le pouvoir seul et la condition de ce pouvoir personnel au lieu d'exécuter le mandat de leurs commettants. Ces assemblées d'usurpateurs étaient donc le contraire de la « vertu ».

Cette vertu républicaine n'a existé que dans les rêves d'un certain nombre de doctrinaires idéologues. La réalité les a toujours si bien annulés que les républicains de la IIIème République, à peine vainqueurs électoraux de la réaction, n'eurent rien de plus pressé que de déclarer *les temps héroïques bien révolus* et de prononcer la déchéance des *vieilles barbes*.

Par leur déchéance, l'institution a réalisé la déchéance de la Patrie.

Ils se mirent alors à gouverner entre eux pour leur usage et avantage, qu'aidaient, servaient, protégeaient confortablement les fictions et les réalités du régime. Mais ainsi fut précipitée la ruine de tout le reste.

Ou nous abjurerons ces fables menteuses, démolirons ces réalités dangereuses, relèverons la vérité politique et rétablirons la monarchie nationale, ou nous avons de sûres et tristes chances de devoir nous dire avant peu les derniers des Français.

Déjà parus

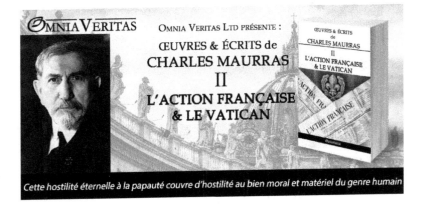

OMNIA VERITAS LTD PRÉSENTE :

ŒUVRES & ÉCRITS de
CHARLES MAURRAS
III
POÉSIES & VÉRITÉS

Cette faculté d'invention et de création ne réside qu'en un petit nombre d'esprits

OMNIA VERITAS LTD PRÉSENTE :

ŒUVRES & ÉCRITS de
CHARLES MAURRAS
IV
ANTHINÉA
&
LES AMANTS DE VENISE

Ce peuple d'élite prit plaisir à imaginer les relations stables, permanentes, essentielles

OMNIA VERITAS LTD PRÉSENTE :

ŒUVRES & ÉCRITS de
CHARLES MAURRAS
V
PRINCIPES

Une conscience française se réveille dans les moments de colère et de deuil

CPSIA information can be obtained
at www.ICGtesting.com
Printed in the USA
BVHW040950121119
563585BV00010B/480/P